4大デッキで紐解く

タロット
リーディング事典
完全版

78枚のカードの
すべてがわかる

JN112483

吉田ルナ　監修

片岡れいこ　編

はじめに

　「タロットは、カードによって解釈がまったく違うの？」「デッキの種類ごとに解説本を買わなければいけないの？」この本は、タロットを扱う人やこれから始めようとする人の、そんな疑問を解消することができる万能なタロット事典です。

　タロットには、古代からの叡智と伝統に基づいた神秘思想の概念が込められています。本書では、タロットが根源的に持っている普遍的なテーマを元に、共通する不可欠な意味や要素を分かりやすく解説しました。

　さらに、今日の数多くのタロットが影響を受けている伝統的タロット・マルセイユ版、秘教的思想が込められたゴールデンドーン版、そして占術用として人気の高いライダーウェイト版とトート版の４大デッキを取り上げました。

　タロット占いは、占者がそのデッキの持つ独自の世界観からインスピレーションを得て表現することが重要です。占いをするのはあなた自身です。あなた独自のタロットカードの洞察を作りあげて占いを楽しむことこそが、本書の狙いでもあります。この一冊は、あなたのタロット占いの強い味方となるでしょう。

この本の使い方

　第Ⅰ章では大アルカナ、第Ⅱ章では小アルカナの普遍的な意味を解説。占目・ポジション・正逆に分けたリーディング表（大アルカナでは計40項目）を元に、初心者の方でもすぐに占いを始めることができます。その上で４大デッキの考察を確認することで、あなた自身が持つデッキの特徴を客観的に受け止め、自由なリーディングを深めていただくことができます。第Ⅲ章では実践として、リーディングのコツを３ステップに分け、それぞれ代表的なスプレッドと、それに合った占目を使用して解説しています。実際に占う時の参考にしましょう。

STEP①…まずはお好みのスプレッドで出たカードを、第Ⅰ章・Ⅱ章のリーディング表を見ながら解釈していきましょう。22枚の大アルカナのみで、占いを行うことも可能です。タロット占いをマスターしていなくても、占いを楽しんでください。

STEP②…第Ⅰ章・Ⅱ章の４大デッキの考察や第Ⅲ章の実践例を参考にしながら、応用的なリーディングを身につけていきましょう。

STEP③…本書なしでも占目に合ったスプレッドを選択し、リーディングできるよう練習していきましょう。どんなデッキでもカードの意味を連想できるように、第Ⅲ章では吉田ルナ・片岡れいこオリジナルの「ラブアンドライトタロット」を使用しています。

この本の用語

「正」…正位置（ポジティブ）、場に出たカードが占者から見て、上下が正しく配置された状態。
「逆」…逆位置（ネガティブ）、場に出たカードが占者から見て、上下が逆に配置された状態。
「マルセイユ版」…マルセイユ版タロット
「GD版」…ゴールデンドーン版タロット
「ウェイト版」…ライダーウェイト版タロット
「トート版」…トート版タロット

＊リーディング一覧表において
「ポジション」項目の具体的内容
心理・気持ち…潜在意識や顕在意識、自分や人の気持ち。
現象（過去・現在・未来）…過去・現在・未来・結果など、時間軸での出来事やオラクルとしても。
課題となるもの…その相談の問題や障害となっているもの。乗り越えるべき課題。
アドバイス…カードが示す教訓と知恵。良い状態に導くアドバイス。

「占目」項目の具体的内容
出会い［恋愛］…相手がいない場合の恋愛運。対人関係に置き換えることも可能。
相性［恋愛］…相手がいる場合の片思い、両思い、夫婦関係など。対人関係でも可能。
仕事・金運…出世や仕事につながる社会運。ビジネスで利益を得る、という意味での金運。
対人・個性…家族や友人、社会の人間関係。自分や相手の個性や才能を知りたい時に。
健康・その他…健康運やその他の総合的なエネルギーとして。

専門用語

- **アルカナ (Arcana)** …ラテン語で「神秘」「奥義」を意味する。タロットカードは一般的に、大アルカナ（Major arcana）22枚と小アルカナ（Minor arcana）56枚の、計78枚で構成されている。
- **スート(Suit)** …小アルカナを構成する4つのグループ。ワンド（Wands）、カップ（Cups）、ソード（Swords）、コイン（Coins）に分かれ、各スートは14枚ある。スートはそれぞれ、世界を構成するエネルギーの四大要素であるエレメント（Element）＝火、水、風、地に対応している。
- **数札（ヌメラルカード Numeral cards）** …各スートの1（Ace）〜10までの10枚の札を数札といい、1はAceと表記されている。全部で40枚ある。
- **宮廷札（コートカード Court cards）** …各スートごとに4枚で構成される、ペイジ（Page）、ナイト（Knight）、クィーン（Queen）、キング（King）などと呼ばれる人物札。全部で16枚ある。
- **スプレッド (Spread)** …タロットカードを展開すること。または、レイアウト法を意味する。
- **パイル (Pile)** …カードの山のこと。
- **デッキ (Deck)** …一組のカードを示す。
- **オラクル (Oracle)** …神託、預言を意味する。ワンオラクルは、タロットカードの1枚引きを示す。
- **カバラ (Cabbala)** …ユダヤ教の伝統に基づいた秘教で、（ヘブライ語）直訳すると「受け取る」だが、「師から口伝によって伝えられる、神から伝えられた知恵」という意味で使われる。
- **生命の木** …カバラで用いられる、神の創造のプロセスを示し、私たちが神の世界へ帰る回帰の図。宇宙の中で働いている原理を客観的に示している。

4大デッキで紐解く タロットリーディング事典 完全版 78枚のカードのすべてがわかる

※本書は2019年発行の『4大デッキで紐解く タロットリーディング事典 78枚のカードのすべてがわかる』
に加筆・再編集を行い、新たに発行したものです。

さまざまなタロットデッキ

　タロットカードは、古代より神秘思想家によって秘教を学ぶためのツールとして、また、現在のトランプのルーツのような形で遊戯用としても用いられてきたと言われています。その起源ははっきりしていませんが、現存する最古のタロットは、15世紀半ばにミラノ公が画家に描かせた「ヴィスコンティ・スフォルツァ版」です。

　現在、私たちが使っているタロットは、18～19世紀の神秘思想家によって、より秘教的な意味が見出され、ゲーム的要素から脱し、占術用として深く考案されました。また、正位置・逆位置の意味の違いを取り入れ、神とつながる特別なツールとして、誰もが使うことのできる占いカードとして認知されるようになりました。

　昨今、さまざまなカードが世に出ています。本書では、その中で今日でも人気のある代表的な4種類のデッキを紹介しながら解説していきます。

TAROT DE MARSEILLE（マルセイユ版タロット）

マルセイユ版タロットの原型は17世紀にあり、18世紀に占い兼ゲーム用として普及しました。歴史が古いだけに、さまざまな種類のカードが存在しています。
小アルカナの数札は、数を示すだけのデザインになっています。大アルカナはシンボリックな絵柄が個性的で、オカルティックな図柄が少ない分、隠し絵的な工夫があり、占者に高度なリーディングが求められるとされて、マニアックなファンに人気です。写真はグリモー版。

GOLDEN DAWN TAROT（ゴールデンドーン版タロット）

現在のタロットカードの意味を確立した秘密結社・ゴールデンドーン（和名：黄金の夜明け団）内で使われたカードの復刻版。現在普及しているウェイト版やトート版の原点とも言えるものです。
19世紀後半、創立者マグレガー・メイザースの指導の元、妻ミナが作画したオリジナルを、ロバート・ワン博士が筆写、イスラエル・リガルティ博士により公開されました。魔術的要素の強い象徴や構図が描かれた、秘伝的タロットです。

RIDER WAITE TAROT（ライダーウェイト版タロット）

20世紀初頭、ライダー社より初版。ゴールデンドーンに所属した隠秘学者アーサー・エドワード・ウェイト（1857年〜1942年）が占術専用のタロットとして秘義を込めて監修し、パメラ・コールマン・スミス女史により78枚すべてに絵柄がつけられたのが特徴で、一大ブームを巻き起こしました。イメージが湧きやすく初心者にも人気で、世界でもっとも普及しているカードです。絵柄に人物が多く登場し、カバラなどの神秘思想が込められています。

THOTH TAROT（トート版タロット）

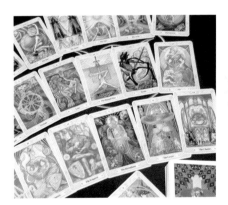

20世紀最大の魔術師と言われているアレイスター・クロウリー（1875年〜1947年）がスケッチを描き、実際の絵を弟子のフリーダ・ハリスが天使にチャネリングをして描いたと言われ、芸術的なカードとして世界的に愛されています。占星術や四大要素、カバラなどの奥義が絵図に深く盛り込まれており、魔術的エネルギーが強く、大アルカナをアテュ（鍵）、小アルカナをスモールカードと呼ぶのも特徴です。強い欲求や願望があり、運命を動かしたい時に使うのがお勧めです。

世界のさまざまなタロットデッキ

前述の4大デッキの影響を受けつつ、今日では監修者の意図や思想が織り込まれた、創造的なデッキがたくさん誕生しています。特定の宗教に則したもの、動物などのモチーフを中心としたものや、デザイン重視のものなど。美術品としてコレクションする人も少なくありません。どのようなデッキでも、あなた自身が命を吹き込み唯一無二のタロットにすることで、そのカードの持つ力を最大限に発揮し、答えを得ることができるでしょう。

第Ⅰ章

大アルカナ
22枚事典

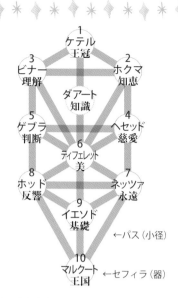

GD版以降からタロットに取り入れられた、カバラの生命の木は、神のエネルギーを受け取るプロセスを示しています。10のセフィラ（器）と22本のパス（小径）から形成され、大アルカナはパスに対応しています。

✳ 運命的な出来事を示す大アルカナ ✳

　タロットカードは、通常78枚のカードで構成され、美しい絵柄が特徴の大アルカナ（メジャーアルカナ）と呼ばれる22枚と、数や人物を示す小アルカナ（マイナーアルカナ）と呼ばれる56枚に分かれています。大アルカナには、0［愚者］〜21［世界］と、番号と名前が書かれています。デッキによって異なる場合がありますが、マルセイユ版の番号と名前がスタンダードな名称とされています。

　例えば、トート版はいくつかのカードの名前が違いますし、ウェイト版やGD版（ゴールデンドーン版）はカバラ神秘思想に基づき、マルセイユ版での番号を入れ替えて、8［力］、11［正義］となっているなど、デッキごとに監修者の思想に基づいた変化があります。

　私たちの魂は神性な世界から転生して、何世も人生を繰り返し、神性な世界に回帰すると言われています。大アルカナは、私たちの神性を成長させる魂の旅を物語っています。実占において、大アルカナは占いの核となり、一時的な思考や感情ではなく、魂からのメッセージを示します。また、マルセイユ版では大アルカナのみで占いを行ってきたこともあり、他のデッキでも大アルカナのみを使用して占うことができます。

　ひとつのカードについて、4ページずつ解説をしています。1ページ目は、正位置・逆位置の4つのキーワードと、そのカードの持つ根源的な意味を記載しています。GD版のように格式（隣接するカードとの相性）を用いるなど、正・逆を取らないで占いを行う場合は、カードの持つポジティブな意味とネガティブな意味を解釈しましょう。このキーワードとカードの解説から、イメージを膨らませてリーディングを行いましょう。もし、イメージが湧かない場合や言葉にするのが難しい場合は、2ページ目に記載しているリーディング表で確認してください。占目やポジションごとの意味を、正・逆合めて40項目記載しています。後半見開き2ページでは、4つのデッキの特徴を解説していますので、前半見開き2ページの内容にプラスしてそれぞれのデッキの特徴や個性を活かして、自由にイメージを膨らませましょう。リーディングのコツは、あなた自身のカードに対する考察や閃きです。

＊マルセイユ版
今回紹介する4大デッキの中でも、マルセイユ版はひとつではなくたくさんの類似品があり、マルセイユ系タロットとして扱われています。本書ではグリモー版を使っています。タロットメーカーの創業者、バプティスト・ポール・グリモー（Baptiste Paul Grimaud）の名前に由来します。

＊ゴールデンドーン版（GD版）
GD版の特徴は、神秘思想カバラという概念を取り入れたタロットデッキであることです。大アルカナは、カバラ（ヘブライ文字と生命の木）に対応しています。ヘブライ文字の対応はGD版では割愛し、トート版にて記載しています。また、各カードには名前以外に秘密の称号があり、それを記載しています。

＊ウェイト版
GD版の流れを汲むタロットで秘教的ではありますが、GD版の儀式魔術の要素を抑え、占術用として使いやすいタロットとしてデザインされています。GD版とウェイト版で8［力］と11［正義］となっているのは、神秘思想（この件に関しては占星術）の研究の成果によるものです。

＊トート版
GD版の流れを汲み秘教的な象徴が込められたトート版は、GD版と同じくカバラに対応しています。対応はGD版とほぼ同じですが、［皇帝］と［星］の対応は異なります。各カードは、タイトル以外にGD版と同じ称号を持っています（記載と解説は割愛）。また、占星術の対応も記載しています。

― THE FOOL ―

愚者
ぐしゃ

自由	**正**	無限
「0」		無欲
無知	**逆**	無計画
経験不足		無責任

無から始まる、自己成長の旅への冒険

　[愚者] は、0番もしくは番号のないカードです。それは「無」、形のない世界から始まり、知識や技術、経験、責任がまだ存在していない状態です。本能的欲求に支配されず、自由意志を持って行動する人の霊的成長の始まり。それは、新しい始まりやチャンスを意味するだけでなく、自己発見や成長に向けた旅の始まりでもあり、何も恐れず直感的に選択し自由奔放に活動していくことを象徴します。[愚者] は、社会の束縛や規制を受けず、自分自身の内なる声に従って行動し、行動より自己を知り、自己成長を追求します。

　自らの赴くまま、ありのままに、世間や社会の規範や常識に囚われず生きることを象徴するカードですが、無知や経験のなさからくる無謀な行動や思慮の浅さによる失敗に注意しなければいけません。それは、形のない世界から始まる新たな旅路やチャンスを意味し、人生の新しい場面で最初の一歩を踏み出す勇気や、自分自身の内面に向き合う勇気を持った人に、新たな始まりやチャンスが訪れることを暗示します。

オラクル
メッセージ
　未知のことを恐れずに、新しい経験をするチャンスです。できるかどうかは、やってみなければ分からない。失敗を恐れず、結果に囚われずに挑戦しましょう。経験することが人生の宝になります。

＊リーディング表

ポジション／占目	心理・気持ち	現象（過去・現在・未来）	課題となるもの	アドバイス
出会い[恋愛] 正	縛られたくない。面倒な恋愛よりも自分の好きなことがしたい。責任を取りたくない。	出会いは一期一会。自由を愛し、友だちのように自由な関係から交際に進展する可能性も。	自由に生きてきて、周囲からは恋愛に興味がないと思われがち。恋愛には無頓着。	自分の個性や生き方、恋愛観を、はっきりと人に伝え、理解してもらうこと。
出会い[恋愛] 逆	一歩が踏み出せない。未経験なことへの不安。性的魅力に欠けていると思い込む。	何度も同じことの繰り返し。出会いの機会がない。恋愛のリスクを考え、行動しない。	無難に生きようとして、面倒な恋愛を避ける。不倫など非常識な交際にも無頓着。	出会いは一期一会。出会いを運命的なチャンスにするかは行動次第。もっと遊び心を。
相性[恋愛] 正	将来や過去のことよりも、今の自分の気持ちを大切にしたい。純粋に恋を楽しみたい。	楽しい人だけど、交際から結婚に至るかは不明。フィーリングを合わせ、恋を楽しもう。	お互いが無責任な関係。夢や理想に走り、現実的な結婚について建設的に考えない。	お互いの個性を尊重すればもっと楽しい関係に。２人にとって未経験なことに挑戦しよう。
相性[恋愛] 逆	次の展開に気後れしている。自信がない。責任を持てないと感じ、恋愛を楽しめない。	子どもっぽく平凡で物足りない相手。交際がつまらない。結婚には向かない。	ときめき感がなくなってきている現実を、素直に受け入れられないでいる。	相手の存在が、日常的で平凡な関係に変わっていく現実を受け入れよう。
仕事・金運 正	やりたいことなら頑張る。責任を負いたくない。嫌になれば辞めればいい。自由に働きたい。	仕事が決まらない。非正規社員。フリーター。クリエイティブな仕事。ベンチャー企業。芸人。	お金に無頓着。どんぶり勘定。会社のルールを守れない。個性的過ぎて周囲と合わない。	勤務時間が自分に合うフレキシブルな仕事。未経験な仕事にチャンスあり。
仕事・金運 逆	リスクは極力避けたい。リスクに向き合えない。現状を変えていく勇気も自信もない。	新しい仕事をしたいが、一歩を踏み出せない。経験不足で結果が出せない。現状維持が無難。	いつまでも夢を捨てきれないが、積極的に行動に出て叶える勇気もない。能力不足である。	なぜその仕事をしたいのかをはっきりさせる。常に初心を忘れず、勉強し続けることが大切。
対人・個性 正	好奇心が高められる。勉強になる。興味があるから関われる。楽しいと思っている。	相手や家族からどう思われても気にしない。ルールや約束事に縛られたくない。一期一会。	放任主義というよりむしろ無責任。相手の言うことを聞いていない。立場をわきまえない。	相手の言動に干渉し拘束しないこと。双方の個性を重視し、尊重し合うことが大切。
対人・個性 逆	そこにいてもいなくてもいいと感じている。自分の可能性を信じ、挑戦することが楽しい。	相手に対する興味が失せる。平凡でぱっとしない雰囲気。人間関係が進展しない。	本当は問題が見えているが、見えないふりをしている。自分の個性が活かせない。	前もっての約束はしない方が良い。仮に関係性の中に問題が見えても触れないでおく。
健康・その他 正	自分の力で、いつか夢が実現することを信じている。挑戦することが楽しい。	若々しく活力に満ちている。自由に行動して、未経験のことに挑戦する。夢を追いかける。	気分で行動してしまいがち。精神的に不安定。能力不足で非現実的。無責任。	経験がないがとにかくやってみる。人生を楽しむように、結果にこだわらず挑戦しよう。
健康・その他 逆	できれば無難に生きていきたい。経験のないことは上手くいかないと考えている。	平凡でつまらない。自分の愚かさを自覚し、リスクのない方を選びがち。習慣に支配される。	自分の可能性を理解していない。現実的な課題に囚われ過ぎて何もできない。思慮不足。	正直に喜怒哀楽を表現すること。聞くは一時の恥、聞かぬは一生の恥。人生を楽しもう。

ワンモアアドバイス　[愚者]は占う内容によって、良い意味にも悪い意味にもなるカードです。良し悪しをよく分かっていない状態を示すので、組み合わされるカードがネガティブだと悪い意味が出やすいでしょう。

▼マルセイユ版

LE・MAT

愚だからこそ伝えられる真実

　特徴は、カードに「0」と番号が振られていないこと。これは、数えられるものがないということで、「ブランク」または「無」を象徴しています。竿の先にある袋には、この世界を構成する四大要素（火・水・風・地）のもとになるエネルギーが入っています。

　男が左から右に進む構図は、過去から未来に進むことを示し、新しい経験に向かう彼にはあらゆる可能性が開かれています。マルセイユ版では、［世界］の次・最後に配置され、霊的成長も表しています。

＊リーディングのポイント

巡礼者や道化師のような姿は、自由に旅することを示します。それは欲に囚われず、責任がないからこそ、真実を生きることが大切であることを示します。

▼GD版

0　THE FOOL

＊「生命の木」の対応パス
　ケテル（王冠）-ホクマ（知恵）
＊称号…「エーテルの精霊」

地上に降りた純粋無垢な魂の霊的成長

　GD版［愚者］の称号は「エーテルの精霊」です。一般的な［愚者］が狂人や放浪者を描いているのとは異なり、裸の子どもが叡智の象徴である左側のバラの花に手を伸ばしています。子どもは、無知と純粋無垢な状態を表しています。バラのある左側は霊的世界を、草原は物質界を示します。

　子どもの傍には、鎖につながれた灰色の狼が描かれています。狼の示す動物的本能を味方につけ、高みにある叡智を得ようとする人の持つ生来的な性質を表します。

＊リーディングのポイント

「エーテル」は、物質界を構成する四大要素の元です。［愚者］は無からの創造を示し、源や神の世界からの直感的なインスピレーションを得ます。

デッキチェック

高い霊性と生のエネルギーを表すカードです。本能的欲求を示す象徴として動物が描かれていますが、男性は動物に気を留めていません。それは、本能的欲求に支配されない自由な生き方を示します。

非日常への冒険に対する期待と危険

▼ウェイト版

THE FOOL.

　派手な衣装を身にまとった若者が、軽い足取りで荒野の崖の上を歩いています。[愚者] の典型的なデザインの放浪者で、緑の服には花や果実が描かれ生命力を表します。白い犬や左手の白い花は彼の純粋さを、荒野を歩くことは彼の才能がまだ顕現していないことを示し、崖を進もうとする姿は現在の状況から踏み出す勇気が必要であることを意味します。崖の先は未知の領域であり、彼は進むことで多くを学び成長することができます。

＊リーディングのポイント

軽快な雰囲気ですが、若者は足元を見ていません。これは新たな始まりや冒険に対する期待と同時に、思わぬ危険に遭遇することを示しています。

自由と無限の創造のエネルギー

▼トート版

0

The Fool

＊ヘブライ文字…アレフ [牡牛]
＊占星術記号…[風のエレメント]

　ブドウと一緒に描かれた愚者はギリシア神話の酒の神ディオニュソスを示し、狂気を表しています。愚者を取り巻く紐は大宇宙とつながり、紐の上にはさまざまな変容のシンボルが描かれ、彼の心臓の上でハートを象っています。

　右手のたいまつと左手の聖杯は、それぞれ火と水のエレメントや陰陽の融合を示しています。占星術記号が描かれた袋は宇宙の法則を示していて、愚者の股間で輝く太陽は性的なエネルギーを象徴しています。

＊リーディングのポイント

足が浮いているのは、この愚者が霊的世界にいることを示します。無限のエネルギーとつながっていて、無から有を生み出す創造力が働くことを示します。

読み解きの極意！

新しいことに挑戦しようとするマインドが必要なことを暗示します。自由で斬新な発想を受け入れてくれる環境があるなら、このカードは吉札です。しかし、ずっと安定継続を願うのは難しいでしょう。

— THE MAGICIAN —

I

魔術師

まじゅつし

	正	
知性		器用
言語表現		意図

	逆	
狡猾さ		偽り
過剰な活動		知識不足

言葉を使って創造する知の力

　「Magician」は、「Magus」ゾロアスター教の祭司や東方の三賢人に由来する言葉で、カードには魔術を使う人物が描かれています。魔術とは、神のように生き不老不死を得ようとするオカルティズムです。[魔術師]は、魔術を習得し知恵を使って自分自身を磨き上げ、自分の思い描いた世界を実現することを目指します。

　西洋の神秘思想では、物質界は火・水・風・地の四大要素から成り立っていると考えられています。カードには、物質界を創造するために必要な四大要素を象徴するバトン・カップ・剣（ナイフ）・コインが描かれています。彼はそれらの道具や言葉を使い、物質界を創造するのです。

　このカードが「1」であることから、彼の創造がこれから始まっていくことを暗示しています。彼がこれから経験を積もうとするこの現実世界は無限の知恵とつながる舞台であり、その世界は無限の可能性があることを示しています。

オラクル
メッセージ

まずは思い描くこと。あなたがイメージする事柄に従って行動すれば、それは実現できます。そう、あなたは小さな神なのだから。さあ、何でもできることから行動をスタートさせましょう。

*リーディング表

1 魔術師

ポジション／占目	心理・気持ち	現象（過去・現在・未来）	課題となるもの	アドバイス
出会い［恋愛］ 正	恋愛を通して新しい経験がしたい。話が楽しい相手に惹かれる。恋愛に対する情熱が低い。	恋の始まり。仕事を通した出会い。年下の異性に縁がある。話しかければ、進展しそう。	会話が弾むだけで行動ができない。性的な魅力を表現しにくい。良い格好をし過ぎる。	本心の誠実さを伝えること。恋愛に冷めやすいので、考え過ぎないで恋の夢を膨らませる。
出会い［恋愛］ 逆	新しい出会いを刺激にして、何かを変えたり始めたりしたいが、恋愛に興味が持てない。	進展しない。情熱が湧かない。出会いがあってもすぐに気持ちが冷める。チャンスがない。	恋愛に対する関心が低い。恋をすることはばかげている。自分を表現する自信がない。	考えるだけでは恋は始まらない。事実は小説より奇なり。恋をして分かることがある。
相性［恋愛］ 正	恋やコミュニケーションを楽しむ。交際の展望に期待している。初恋のように新鮮。	会話が弾む楽しい恋。結婚や交際の未来のイメージを話し合う。青春のような若々しい恋。	言葉で愛を語っても現実的には進展しない。若さや経験不足で上手くリードできない。	共通の話題や将来を語り合い、交際を続けながらお互いの理解を深めること。対話する。
相性［恋愛］ 逆	マンネリ化した恋に飽きる。本心や事実を言うと関係や信頼が壊れる。気持ちが他に移る。	恋に冷める。嘘をつく。相手の行為を利用する。計算高い恋。しゃべり過ぎてムードがない。	恋の情熱が冷めた後どう関係を維持するのか、コミュニケーションの取り方を考える。	興味がなくなった関係を継続すべきかどうかは、自分と2人の未来を考えて決めること。
仕事・金運 正	仕事が楽しい。新しいことを学び習得する喜び。自分の才能を信じている。得意気。	新しい仕事。情報通。アイデアをお金に変える計画。才能のアピール。ビジネスチャンス。	アイデアがあっても具体的な行動がとれない。頭でっかちになっている。若さゆえの迷い。	教え、話し、伝える仕事。デスクワーク。正社員。IT関係。技術職。企画書や資料を準備する。
仕事・金運 逆	手段を選ばず利益を得ようとする。騙されるのが悪い。誰かを出し抜くことへの快楽。	意欲の欠如。進展しにくい。コンプライアンス違反。不誠実な態度。ミス。偽装。リピート。	分かっている、できているという思いから努力をしなくなり、謙虚さがなくなる。蛇足。	初心を忘れない。純粋な仕事の喜びを思い出すこと。周りに勝っていてもおごらない。
対人・個性 正	誠実な態度がお互いの信頼関係を高める。若い感性を取り入れたい。進展を期待している。	コミュニケーションが活発で発展的な関係。若い人との交流。教えてあげたりもらったり。	言葉や表面的な態度で相手を評価し過ぎない。非言語的表現を理解しにくい。駆け引きする。	気持ちを言葉にすることでお互いの本心を理解する。コミュニケーションを取ること。
対人・個性 逆	相手に対する興味がなくなってきている。嘘をついて、その場を乗り切ろうと考える。	コミュニケーション不足。相手の嘘が見破れない。八方美人。嘘や失言が増える。	相手の言葉を信じられない。ごまかしの効く相手だと見下している。誤解を招く表現をする。	言いにくいことは、手紙でもメールでもいいから、言葉にして伝えること。嘘はダメ。
健康・その他 正	知識や情報を習得することに喜びを感じる。言葉などで表現することを楽しむ。聞き上手。	知的活動に吉。コミュニケーションが活発。言語表現力がある。始まり。創造力がある。	理性的であるがゆえに、感情的なものが分かりにくい。要領が良いので難しさが伝わらない。	自分の才能を信じて表現すること。アイデアを形にする準備を。書く、話すことが大切。
健康・その他 逆	悪いことはないが、良いこともない。本当の自分を知られたくないので嘘をつく。軽薄。	知性の悪用。進展しにくい時期。きっかけがつかめない。出遅れる。呼吸器系の病気に注意。	自分の気持ちを素直に言えない。その場しのぎの嘘を言ってしまう。聞き上手の話し下手。	知ったかぶりはやめる。急がば回れ。ごまかさず、自分に嘘をつかない。効率を求め過ぎない。

第Ⅰ章　大アルカナ22枚事典

ワンモアアドバイス

［魔術師］は1番のカード。スプレッド中のどこに出たかで、始まりのタイミングが分かります。自分の中にある思考や才能やイメージを、言語を使って表現し、外側へ働きかけることで、その世界が始まります。

＊デッキごとの意味

▼マルセイユ版　[手品師]

LE・BATELEUR

天性の才能を活かし、始める

「Bateleur」、つまり手品師は、左手でバトンを回しながら反対の方向を見ています。これは手品師ならではの人の注意を逸らすトリックで、彼は賢者と愚者の両方の性質を持っています。交互に対照的な色で彩られた衣装も、それを表しています。

テーブルの脚が3本で描かれているのは、第4番目の要素が隠されているという暗示です。足の間から芽吹く葉は男根を示していて、生命そのものを生み出す力であり、これからの成長を象徴します。

＊リーディングのポイント

右手のコインは金銭を示し、彼は手品を生業としています。言葉や手先を使って何かを創造していくことを表しています。

▼GD版

1　THE MAGICIAN

＊「生命の木」の対応パス
　ケテル（王冠）-ビナー（理解）
＊称号…「力の賢者」

叡智と精神の力で創造する

男性の頭上には水星の惑星記号が、衣装には錬金術の神ヘルメスのシンボル神・カドゥケウスの杖が描かれています。このカードには「力の賢者」という称号が与えられています。

彼は、テーブルの上に置かれた四大要素を象徴する道具を前に瞑想しています。この魔術師は熟練者であり、彼の意識はアストラル界に入って四大要素の力を統合・制御しています。テーブルの上のメダルには、叡智の象徴である六芒星が彫刻されています。

＊リーディングのポイント

隣り合うカードによって、その知恵を正しく使えるかどうか影響されます。現実においても、知恵や技術を正しく使えるかは環境に左右されます。

デッキ
チェック

マルセイユ版では78枚の最初のカードは[手品師]です。経験や努力を重ねて技術を習得していくスタートというよりも、天性の才能や閃きを活かしながらの始まりという意味があります。

▼ウェイト版

THE MAGICIAN.

神の力を地上に及ぼし世界を創造する

ウェイト版は、若い魔術師が描かれているのが特徴で、彼が新参者であることを表し、赤いローブは彼の情熱を示しています。頭上の無限大∞や、ベルトに施された自らの尾を噛むウロボロスの蛇は無限と永劫を示し、知性や精神の無限の可能性を表しています。

天に向かってバトンを掲げ大地を指さすポーズは、万能の神の力を地上に及ぼすことを表しています。赤いバラと白ユリは天国の花を象徴していて、これから進もうとする世界は生命や光に溢れています。

＊リーディングのポイント

若さや生命力に満ち、これから何かを始めるエネルギーを示しています。道具は置かれた状態ですので、今はイメージを膨らませていると言えます。

▼トート版

The Magus

＊ヘブライ文字…ベス［家］
＊占星術記号…［水星］

言葉による創造の始まり

英国の魔術師クロウリーは、このカードに「手品師 The Juggler」という異称をつけ、虚実を取り混ぜました。

神の言葉のメッセンジャーであるローマ神話のメルクリウスが描かれていますが、ギリシア神話のヘルメスとエジプト神話のトートが融合したヘルメス・トリスメギストス（錬金術師ヘルメス）とも言われています。頭上の尖筆とパピルスは書記の神トートの象徴であり、右下の猿もトート神を表しますが、こちらは獣性や嘘を意味しています。

＊リーディングのポイント

「Mercurius」は英語では「Mercury」、水星を指します。水星は占星術においてコミュニケーションや知性の象徴なので、ビジネスには吉となります。

読み解きの極意！

［魔術師］は、知恵による創造や言葉を使った表現を示します。その一方で、真実と嘘という二面性の意味も持っています。言葉や知識は正しい使い方をすることが大切だと意識しましょう。

— THE HIGH PRIESTESS —

Ⅱ

女教皇

おんなきょうこう

	正	
受容性		二元性
女性性		知識

	逆	
潔癖		敏感
閉鎖的		秘密主義

自己受容と叡智による女性性の力

このカードは、穢れのない処女や聖なる母の象徴で、神秘や叡智を意味します。多くのデッキで霊性を表す青を基調とし、その色合いは、海・空・聖母マリアを彷彿とさせます。それらは、冷静さや静寂・神聖さを示し、穏やかで深い洞察力と知識を持ち、物事を分析する能力に優れています。

彼女は、熟考や内省を重視します。叡智や洞察力を持つ女性性の象徴的な存在で、その力は男性的な力と同じくらい強力です。それは、自分自身を客観的に見つめて自分の内面を深く理解し、自己成長を追求する力です。自分自身と向き合うことで、内なる叡智や洞察力を発揮することができます。彼女には内面を深く掘り下げることで、真の自己を発見し自己実現を達成する力があるので、自己を啓発する人にとって、自己の感情や心理・思考を深く理解するためのヒントをこのカードから得られるのです。

［女教皇］や［女司祭長］と呼ばれる彼女は聖なる存在で、退廃や堕落とは無縁であり、清らかで高貴な存在であることを示しています。

オラクル
メッセージ　自分と向き合う時間を作りましょう。答えは自分自身にあり、大切なことは目には見えないものです。静かに熟考する時間を持つことで、あなたの中にある叡智とつながることができます。

＊リーディング表

ポジション／占目		心理・気持ち	現象（過去・現在・未来）	課題となるもの	アドバイス
出会い [恋愛]	正	恋愛に対して自信がなく、行動ができない。片思いの方が、楽だと思っている。	片思い。恋よりも仕事や勉強。恋愛に対する自信のなさ。人見知りで引っ込み思案。	人を愛する優しい気持ちはあるが、恋愛感情にはならない。気持ちを上手く表現できない。	人を愛し恋をすることで成長し、新しい世界が開ける。精神的に高められる相手が合う。
	逆	傷つくのを恐れ、出会いのチャンスを避ける。女性的な魅力がないと思っている。	恋に冷める。閉鎖的で出会いのチャンスがない。秘密の恋。終わった恋を守る。片思い。	異性に対する苦手意識。恋に傷つくことへの怖れ。過去の恋を忘れられずにいる。	神経質にならずに人と関わること。恋心で傷つくことを恐れず、自分の魅力を信じる。
相性 [恋愛]	正	精神的に通じ合う相手。自分のことを受け入れてくれる安心感。お互いを尊重し合える。	愛し合っていても、恋愛としては冷めている。バランスが取れている。セックスレス。片思い。	性的に満足していない。2人のバランスは取れているが、恋愛としては盛り上がらない。	相手の気持ちを受容し、思いやりを持って接する。恋に燃え上がることはないと理解する。
	逆	距離を取って関わりたい。相手の気持ちが分からない。受容できない。心を閉ざす。	気持ちが伝わらない。つき合っていても片思い。恋に冷める。発展しない。実らない。	恋する気持ちは冷めている。相手の欠点を受け入れられない。心をオープンにできない。	相手を受け入れる努力が必要。心を許すこと。セックスに対する嫌悪感や劣等感を捨てる。
仕事・金運	正	知識や才能があっても、世俗的なことに使いたくない。精神的な充実感を大切にする。	与えられた状況を受け入れて仕事をする。物質的なものにお金を使わない。儲け下手。	能力を持っていても商業的に活かせない。ビジネスに不向き。営業や交渉には向かない。	崇高な愛の精神が活かせる職業。看護師。カウンセラー。秘書。事務職。研究職。占い師。
	逆	仕事やお金など、世俗的な営みに興味がない。お金のために動きたくない。研鑽不足。	交渉は上手くいかない。条件は受け入れがたい。試験は不利。利益は上がらず。報われない残業。	能力が認められないストレス。信頼できる人がいない。閉鎖的で知識・才能を活かせない。	できないことを認める。従順さが大切。完璧主義をやめる。冷静に現状を受け入れること。
対人・個性	正	少女のような純粋さを持つ。控えめで誠実な人物。調節役。人の意見が聞ける人。本が好き。	孤独。一人の時間を大切にする。秘密を守る。相手と自分のバランスが取れる。良い相性。	相手の気持ちを聞くことができても、自分の気持ちを素直に言えない。人間関係の調和。	自分の中に答えがあるので、自分の気持ちと向き合うこと。控えめな態度が愛される。
	逆	潔癖症で神経質。人見知りや閉鎖的な性格。ヒステリックな人物。情緒が不安定。	進展しない関係。苦手意識から相手を避ける。人間関係における我慢。仲良くなれない。	相手と心の距離がある。信頼でき尊敬できる者の言うことしか聞かない。人を見下す。	気の進まない相手ならつき合うのをやめるべき。知的レベルが同じ人とつき合うこと。
健康・その他	正	世俗的な物事への関心が薄い。精神的な充実が大切。勉強運吉。2つのものの調和を取る。	勉強、読書をするのに良い時。状況や物事を理解する力。直感が働く。精神的な充実。	どれだけ働いても自分をアピールできない。自己主張、自己表現ができない。受動的。	状況を理解するセンスがあるので直感を信じる。人に聞くより、本の中に良い答えがある。
	逆	情緒不安定。恥をかく。ヒステリック気味。穢れることへの怖れ。世間に馴染めない。	小さなことに囚われる。精神的に理想を追求し過ぎる。バランスが悪い。冷え性。婦人病。	嫌なことを避けて、追い詰められていく。潔癖症。一度穢れると取り返しがつかない。	現実を受け入れ認めること。心と体のバランスを取る。自信を持つことで道が開ける。

> **ワンモアアドバイス**
> ［女教皇］は内向的なカードで、ひとつのことを受け入れ守る力に優れていますが、ビジネスや自分の欲望を満たす行為にはブレーキがかかり、自分を主張することや外向的な活動に困難を感じます。

＊デッキごとの意味

秘教とつながる深い叡智

　伝説上の人物・女教皇ヨハンナをモチーフにしたと言われます。カトリックでは女性が司祭以上の職に就くことを認めていないので、彼女は反ローマ教皇を表し、秘教と叡智を守る女性として描かれています。

　冠の内側から頭を覆う白いベールは処女であることを、天の色の青い衣は聖母マリアを示す清らかさを、血を連想する赤い衣は秘教を意味します。

　女教皇の手にしている書物トーラ（律法書）は、深い知識を示しています。

＊リーディングのポイント

伝説の女教皇ヨハンナは赤子を産み落とした後、亡くなります。このように、秘密は秘められていることで力があり、露見してしまうと力を失います。

2 THE HIGH PRIESTESS

＊「生命の木」の対応パス
　ケテル（王冠）-ティフェレット（美）
＊称号…「銀の星の女司祭」

最も神聖な秩序と調和する

　優しい水色の中に若く美しい女性が描かれて、ベールを被っています。この姿は、すべてを受け入れてくれる受容性と不可侵の神聖さを意味しています。彼女は水の性質を示すカップを持ち、足元の波紋は水を示しています。これらは、生命の源である大いなる女性性を示しています。

　生命の木のパスはケテル-ティフェレットを示し、源から真っすぐにつながっています。自然の秩序と調和に満ちた美しい創造のプロセスを示しています。

＊リーディングのポイント

称号は「銀の星の女司祭」で、「月の女司祭長」とも呼ばれ、三日月を象った冠をつけています。月は変化と影響の受けやすさを表しています。

デッキチェック

[女教皇]は処女性を示すと同時に、生殖力も示されています。また、受容的で調和的な女性的な強さを表しています。女性の持つ直感力・受容力が神聖化されて、女神の力として表現されています。

▼ウェイト版 ［女司祭長］

THE HIGH PRIESTESS.

神の世界に入る聖なるシンボル

　牡牛の角を象った三日月と太陽を示す王冠は陰陽の統合を表し、エジプト神話の女神イシスを示します。

　背後の柱はエルサレム神殿に由来し、白い柱にある「J（ヤヒン）」は「主が堅く建てる」、黒い柱にある「B（ボアズ）」は「力を持って」という意味で、「神自身が建てられた神殿」を守っています。彼女の足元には聖域である海が広がり、背後の垂れ幕に描かれるザクロの果実は女性そのものを象徴していて、［女司祭長］が聖なる母であることを意味しています。

＊リーディングのポイント

黒と白の2色の柱の間にいることから、相反するもののバランスをとることを示します。そのための知恵や受容、理解する力を有する人物を示します。

▼トート版 ［女司祭］

The Priestess

＊ヘブライ文字…ギメル［ラクダ］
＊占星術記号…［月］

受容し、深い愛と知性で受け入れる

　美しい光のベールを被った［女司祭］は、ギリシア神話の月の女神アルテミス、エジプト神話の神々の母・天空の神ヌト、魔術の女神イシスを象徴しています。大きく開かれた両手は、受容する姿を表します。

　トート版もGD版も、生命の木に対応して神の世界からアイデアを受け取り、深淵（ダアート）を越えて形成されます。この道を進むラクダは、ヘブライ文字「ギメル」に対応しています。ラクダは深淵を示す砂漠を越える乗り物です。

＊リーディングのポイント

アルテミスの武器で楽器でもある弓矢は純粋さを、クリスタルは明晰性を、花や果物は豊穣を示しています。霊性だけでなく、女性の力を象徴しています。

**読み解き
の極意！**

［女教皇］は処女です。処女は、簡単には受け入れないが、一度受け入れると一生守り育む質を意味します。また女性性の問題やテーマを持ち、女性としての生き方や女性との関わり方を問いかけています。

— THE EMPRESS —

女帝
じょてい

| 豊饒 | 正 | 美的表現 |
| 母性 | | 養育 |

| 贅沢 | 逆 | 甘え |
| 横着 | | 情欲 |

生み出し育む、愛に満ちた創造の母

　[女帝]のカードは女性的な魅力を有し、人物としては既婚者や妊婦を表します。王冠を被り豪華な衣装を身に着けた姿は権威を示し、優雅さが溢れています。内的な力に支えられた確かな自己肯定感に裏打ちされた主張を秘め、傲慢さとは一線を画す自己愛や自己信頼に満ちています。突き詰めれば、女性的な力や美徳・母性・創造性を表現し、生命の営みを受容し支える母のような存在であり、新しい美を生み出す地球の象徴です。命の種を受け取り、育み、形を与えてこの世に誕生させ、そして命が終わる時に母なる大地に還るというサイクルを表しているのです。

　[女帝]は、母性的な愛情や優しさ、洞察力を持ちながら、対照的に力強い創造性と自己表現、インスピレーションそして知恵を与えます。

　自分を知り直感に従って愛情深く他者と関わり、創造性を発揮することで、内に秘めた可能性が開花します。また、物質的な豊かさや地位の確立を象徴し、芸術や文学、ビジネスなど、創造性が必要な分野での成功を示します。

オラクルメッセージ
直感的に感じたことを表現しましょう。自分の思いや感情を表現することで、もっと愛されもっと豊かになっていきます。自分を信じ愛することで、周りの人に愛を与えることが容易になります。

*リーディング表

ポジション／占目	心理・気持ち	現象(過去・現在・未来)	課題となるもの	アドバイス
出会い[恋愛] 正	愛されたいという願望。恋愛欲求や、結婚願望。女性的魅力を表現したい。母性的な人が好き。	人を惹きつける。性的魅力がある。華があり注目される。女性的で優しい印象。	現状に満足しているので、自分からアクションは起こしにくい。既婚者のように見える。	女性的な魅力や感性があるので、異性にうけることを自覚して、出会いの場に行こう。
出会い[恋愛] 逆	出会いを求める気持ちがあるが、自分から動くのは嫌。お金持ちとつき合いたい。	性的な魅力を持っていて異性にもてるが、自分本位な考えから交際は続きにくい。	物質欲や性欲を求める傾向。快楽やムードに流されやすい。ふしだら。母親の影響。	女性は性的な魅力を認識し、正しく使うこと。男性はお金目当ての女性に注意すること。
相性[恋愛] 正	愛し合い、充実している。安心できる恋愛や結婚。愛される幸せ。性的な満足感。	恋が愛に変わる。性的な結びつき。結婚。妊娠。愛される幸せを味わう。女性としての幸せ。	愛情を与えられることが、当然だと思う。喜ばしいが、予定外の妊娠をする可能性。	性的魅力を表現することを楽しみ、愛を育むことができる。相手の愛情表現を受容する。
相性[恋愛] 逆	相手の愛情表現などに不満を感じている。セックスが物足りない。自分からは動かない。	わがままな女性に振り回される。自己満足と快楽を求める交際。真の愛の欠如。夫の自慢。	愛情表現の問題。物質的な満足と性的な満足に執着。女性の満足が優先される交際。恐妻。	真実の愛とは何かを考え、本心から愛を伝える。自分本位にならず、相手の幸せを育む。
仕事・金運 正	仕事に対する満足感。人間関係などが安定して楽しい職場。キレイで楽な仕事がしたい。	職場の人間関係が円満。美的センスや才能を発揮。職場のヒロイン。女性が活動的な職場。	女性的な考え方。受動的な反応しかできず、自主的に活動できない。労働を嫌う。	ファッション・美容関係。女優。女将。保育に関わる仕事。女性の感性が活かせる仕事。
仕事・金運 逆	楽して儲けたい。やりたくないことはしない。ヒロインになりたい。勝ち馬に乗りたい。	能力より外見の美しさで人気が出る。怠け者。惰性で仕事をしている。人の才能に嫉妬する。	怠惰で努力をしない。職場の女性とは上手くいかない。セクシャルハラスメントに注意。	職業に対する偏見を捨てる。面倒な仕事を後回しにしない。女性の地位を向上させる。
対人・個性 正	女性の上司。母親。美しい女性。女性のリーダー。母親の意見に影響を受ける。マドンナ。	女性のリーダーが仕切る。実りのある関わり。家庭円満。多くの人に愛され人間関係は順調。	誰かから与えてもらった幸せであること。受動的反応。母親という役割や立場による制限。	社交的になることで得るものが多い。美しくすることで自信が持てる。母性愛を発揮する。
対人・個性 逆	面倒くさがり。自分が注目されないから関わりたくない。納得しないとできない。年増。	わがままな人物に振り回される。キレイだが浅はかな人。好き嫌いが激しい。過保護。	目に見えて形あるものしか信じない。浅はかで考えが足りない。快楽優先。マザコン。	自分を含めて人間関係のひいきをしない。問題のある関係性にきちんと向き合うべき。
健康・その他 正	美意識が高い。女性的な魅力を保ちたい。慈愛に満ちている。母性愛。ヒロイン願望。	豊かさを味わう。実り。幸せ。物質的な満足感。安心と安らぎ。思いを表現する力がある。	自ら動こうとしない。誰かがしてくれるのを待っている。八方美人。横着。運動不足。	女性的な感性や、魅力を活かす。社交的になることで運勢がアップ。美容と健康を意識する。
健康・その他 逆	性的魅力の減退や容貌の衰えを恐れている。強い物質欲。贅沢な生活をやめられない。	容貌が衰える。女王の座に執着する。庇護の下で好き勝手な態度を取る。肥満。わがまま。	美しさや性的魅力で、他者をコントロールする。女の武器が通じない。だらしがない。	節度を保つ。運動する。物質的なことにとらわれない大らかさを持つ。過干渉をやめる。

ワンモアアドバイス　このカードは、理性的に考えるより感情に従って決断するという内向的な力を象徴しています。自分自身を知り、そこから受け取った直感や感情を表現することを手助けしてくれます。

第Ⅰ章　大アルカナ22枚事典

*デッキごとの意味

▼マルセイユ版

創造を物質界にもたらす

　黄金の錫杖（しゃくじょう）には「地上的な現実」を表すとされる球体と「霊」を表すとされる十字架が取りつけられています。[女帝]は錫杖を、腹の高さで持っています。これは、彼女が身ごもっていることを示しています。

　盾に描かれた黄金の鷲は権威と霊的要素を示し、彼女の創造は高次のレベルからのインスピレーションを受け取ったことによる創造であることを示しています。また鷲は不死鳥の象徴で、盾は[女帝]の持つ保護の性質を示しています。

*リーディングのポイント

一般的に盾は左手で持ちますが、彼女は腹を守るように右手で盾を持っています。これは母性や守り育む性質や優しさを持ったリーダーシップを示します。

▼GD版

*「生命の木」の対応パス
　ホクマ（知恵）- ビナー（理解）
*称号…「万能主の娘」

叡智を受容し表現する

　GD版の[女帝]は、先の[女司祭長]と同じ人物と考えられています。[女司祭長]はベールを着けることで霊性や自然の神秘を示し、逆にベールを脱いだ[女帝]は霊性を物質化し、自然の美と生命の喜びを前面に顕現化させています。

　鳩やアンク十字は、エジプト神話の魔術の女神イシスのシンボルである金星を象徴しています。生命の木のパスの「ホクマ」は聖なる父性を示し、「ビナー」は聖なる母性をつなぐパスに対応しています。

*リーディングのポイント

[女帝]は、エジプト神話の愛と美の女神ハトホルや豊穣の女神イシスの象徴です。愛の力や生命力、大地の恵みを示し、女性的な幸せや喜びを表します。

デッキ
チェック

マルセイユ版を使った占いでは視線の向きを活かしてリーディングすることがありますが、右側を向くことは未来を意識していると読みます。[女帝]のカードは、続く[皇帝]と向かい合います。

▼ウェイト版

III
THE EMPRESS.

自らが生み出す自然を賛美する

　[女帝]は、女性性と豊穣の象徴である果実が描かれた衣服を纏っています。王冠の12個の星は黄道12星座を表し、宇宙の秩序と叡智につながる高い創造性とインスピレーションを示します。

　足元の穀物は、実りを示しています。背後に描かれたイトスギは死の象徴であり、自然界の生と死のサイクルを表しています。[女帝]は繁栄の象徴であり、地球の乗った錫杖と金星の記号のついた盾は、地上の愛と美と調和を表しています。

＊リーディングのポイント

クッションを背に座る姿は豊かさや成功を示し、自己肯定感を感じさせます。ハート型の盾は、女性的なリーダーシップを示しています。

▼トート版

III
♄ The Empress ♀

＊ヘブライ文字…ダレッド［扉］
＊占星術記号…［金星］

受容し、深い愛と知性で受け入れる

　[女帝]のポーズは、錬金術記号の塩を示します。塩は、結晶化し凝縮することで物質化します。このカードの示す結晶化とは、愛の物質化です。それは子を持つペリカンとして表現され、愛情を表しています。彼女は生命を与える女神イシスと生命を奪う女神ネフティスの質を併せ持ち、クロウリーは処女性・母性・老婆の3つの質など多くの女性性の意味を持たせました。対応するヘブライ文字の「ダレッド」は扉を示しており、神の世界への扉につながるカードです。

＊リーディングのポイント

王冠は地球、鳩は金星のシンボル、描かれた月は女性性を意味します。このカードは、愛し愛されることによって創造的なパワーを発揮することを示します。

読み解きの極意！ 　[女帝]は、アイデアやエネルギーを受容して形あるものへと創造します。占いで出た時、近く（隣）にあるカードのエネルギーを受け取り、育む特性があるので、そのカードの質を増幅する場合もあります。

— THE EMPEROR — IV

皇帝

こうてい

権威	正	責任
父性		支配
激情	逆	老化
破壊的		孤独

地に足をつけて、指導力を発揮する

　先の［女帝］で創造されたプロセスは、［皇帝］により継続的に力を広げ
ていきます。皇帝は、「女帝の夫」と解釈できます。または万物の母であ
る女帝から創造された者、すなわち「息子」とすると、［女帝］の創造性を
引き継ぎ、物質界の支配者として世界を守って君臨しようとしているとも
解釈できます。また、［女帝］同様、倫理や道徳、秩序などを形成する力
を持っています。それは自分自身をコントロールすることで、自己の意志
や力によって現実を変える力です。［皇帝］は支配者や指導者としての役割
を有し、他者を導いて支配し、父性的なのです。
　皇帝が座る玉座は、彼が支配する社会や政治を表しています。彼は堂々
と玉座に座り、手には権威のシンボルである王笏を持っています。
　数字の「4」は物質界を象徴する数で、四方位（東・西・南・北）、四大要素（火・
水・風・地）、4つの性質（温・乾・湿・冷）などを示し、物質界を支配すること、
すなわち支配者をイメージすることができます。

オラクル メッセージ	自己の目標を明確にして計画を立て、困難に立ち向かう覚悟を持ち ましょう。皇帝のエネルギーを受け入れることで、あなたやあなた の周りの人々は成長し、安定した基盤を築くことができます。

4 皇帝

ポジション／占目	心理・気持ち	現象（過去・現在・未来）	課題となるもの	アドバイス
出会い[恋愛] 正	仕事ができる年上の男性を好む。パートナーを得て、社会的に信頼を得たい。	父親の影響。責任感ある年上男性からのアプローチ。恋より仕事。プライドが障害に。	孤独を好む傾向があり、出会いの活動に積極的になれない。相手を受け入れられない。	自分に自信を持ち、出会いに積極的になろう。オープンハート。結婚に焦らない。
出会い[恋愛] 逆	自分の気持ちを相手に分かってほしいと思い、焦る。恋愛が成就しないので、イライラする。	父親の悪影響。強引な男性。年上男性からのアプローチ。傲慢な態度で仲良くなれない。	横暴な態度で人が近寄らない。他者を信用できず、ガードが堅い。孤独を恐れている。	孤独であることをネガティブに捉えず、生き方に自信を持つ。過去に囚われないこと。
相性[恋愛] 正	交際に対する責任感を持っている。結婚について建設的に考えている。男性がリードする。	男性が交際の主導権を握る。恋愛よりも仕事優先。安定はしているが交際は進展しにくい。	安定はしているが、恋愛から結婚など、交際の進展を変えにくい。上下関係がある。	相手を支配しようとしないこと。相手を信頼して誠実に関わる。交際をリードする。
相性[恋愛] 逆	つき合っていても、相手に愛されていないという不安がある。欲求不満。	力の強い方が弱い方を支配する関係。性的な衰え。孤独を紛らわすための恋。	女性の気持ちが分からない。プライドが高く、パートナーと協調する関係を作れない。	愛を試すために自分本位な態度を取ることをやめる。自分からの歩み寄りが必要。
仕事・金運 正	成功したいという情熱。出世欲。名誉欲。責任感を持っている。やりがいを感じている。	仕事で大役を任される。社会的成功。出世。上司に目をかけられる。やりがいのある仕事。	成功者なので、他者からの助言がもらえない。自分の判断が社会に影響するという責任。	経営者。社長。リーダー。今すべきことをすれば、結果やお金は後から必ずついてくる。
仕事・金運 逆	自分の地位が脅かされるのではないかと恐れている。成功している者への嫉妬。	業績や売り上げが落ちてくる。やる気や情熱の欠如。支配的な上司に悩む。パワハラ。	考え方ややり方が古い。ブランド力や老舗の看板に頼りすぎている。実力がない。傲慢。	古い成功パターンを捨て、方法を変えてみる。執着や意地を捨てる。若手の意見を聞く。
対人・個性 正	カリスマ的なリーダー。頼りになり、責任感のある人物。関わった人を守りたい。	人間関係は安定している。リーダー役になる。頼られる。父親との関係が深まる。	孤独を好み、気難しい人だと見られる。取り入る隙がない。カリスマ性があり近寄りがたい。	正々堂々とした態度。自ら他者に働きかけ、リーダーシップを持つことで信頼される。
対人・個性 逆	努力が報われない苛立ち。弱さを見せたら終わり。支配的人間関係を作り孤独を紛らわす。	傲慢で気難しい人物。怒ってばかりの暴君。マウンティング。自分のテリトリーを守る。	虚栄心。古い価値観や伝統、関係性に縛られている。油断ができない。ファザコン。	自分の力がだんだん衰えていくことや、考えが古いことを認める。孤独を楽しむ工夫をする。
健康・その他 正	自尊心を大切にしたい。こだわっていることを追求したい。生涯現役。権力を振るいたい。	自信に満ちている。名誉を得る。形にこだわる。リーダーシップを持つ。肉体的な衰え。	ひとりですべてを考え成し遂げようとする。権力が集中している。足腰が弱い。	自分に自信を持ち、努力すること。頑張った分だけの結果が与えられる。
健康・その他 逆	過去の思いや出来事にとらわれて前を向けない。こだわりを捨てられない。老いへの怖れ。	状況は動かない。油断大敵。成功するためには努力する必要がある。見栄を張る。	ある程度の成功では満足できない。老化を恐れている。精力減退。痛風。糖尿病。肥満。	年齢を問わず続けられるものを持つ。年を気にし過ぎない。こだわり過ぎない。

ワンモアアドバイス
仕事運を占う時にこのカードが出ると、大吉です。社会的な成功や地位の確立を示します。このカードには、戦って勝つのみならず、「努力や忍耐によって成功する」という意味が秘められています。

第Ⅰ章　大アルカナ22枚事典

＊デッキごとの意味

▼マルセイユ版

築き上げた世界を支配する

　［皇帝］は、左を向いて足を組み、その形は寛大さを示す木星、または結果を示す「4」を象っています。これは、過去に自分の成したことへの理解を示します。［女帝］と同様の物質と霊、「現実」を表す黄金の王笏を垂直に持ち、目線と同じ高さに掲げています。

　［皇帝］は現実世界の指導者として、あるいは政治的な支配や父権、社会的権力を象徴します。盾に描かれた鷲は翼を地に向けていることから、彼が世俗的な秩序の保護者であることを示しています。

＊リーディングのポイント

［皇帝］は、政治的な支配力を示します。［女帝］により創造された世界をいかに守っていくか、父性的な力と秩序を持って彼の世界を支配します。

▼GD版

＊「生命の木」の対応パス
　ホクマ（知恵）- ティフェレット（美）
＊称号…「暁の息子」「万能主の首領」

情熱と自信、男性的な指導力とパワー

　［皇帝］の足元に牡羊が描かれ、右手に持つ王笏（おうしゃく）にも牡羊があしらわれています。これは12星座の牡羊座に関係し、リーダーシップや勇敢さを意味します。赤い衣は戦いで流れる血の色と同じで、ダイナミックなエネルギーの中にある破壊的なパワーを示しています。安全や平和を示す緑の背景と対象的に描かれ、平和のための戦いを暗示しています。

　［皇帝］の称号は、春の始まりの牡羊座に由来した「暁の息子」「万能主の首領」です。

＊リーディングのポイント

「暁の息子」という称号からも暗示されるように、待ち望んでいたことを実現する新しいエネルギーが動き出すことを象徴しています。

デッキ
チェック

GD版とトート版は共にヘブライ語と生命の木に対応しますが、［皇帝］は両者の対応は異なります。GD版では「ヘー・ホクマ-ティフェレット」、トート版では「ツァディ・ネッツァ-イエソド」です。

▼ウェイト版

THE EMPEROR.

活力に満ちた戦いのエネルギー

　　正々堂々と真正面を向いて鎧を身に着け、玉座に座っている[皇帝]は、男性的な力強いエネルギーを象徴しています。赤い服は争いや戦争を象徴し、皇帝の玉座の背もたれは四角形で、牡羊座を表す4つの牡羊の頭の飾りがあしらわれています。「4」という数字は、物質界や安定を象徴し、彼は争いのない天下泰平の世界を広げようと力を行使します。

　　背景にそびえ立つ岩山は現実社会の厳しさや試練を象徴していますが、戦いの不毛さも表しています。

＊リーディングのポイント

白髪と白髭が印象的に描かれているところから、リーダーシップやエネルギーに満ちたカードではありますが、栄枯盛衰と老化を暗示するカードでもあります。

▼トート版

IV

The Emperor

＊ヘブライ文字…ツァディ[釣り針]
＊占星術記号… [牡羊座]

現世の物質的支配を象徴

　　[皇帝]の上半身は三角形を、下半身は足を組んで「4」を象り、錬金術記号の硫黄を示しています。[女司祭]は水銀を、[女帝]は塩を示し、これら3つは万物の三原質を表します。[女帝]の白い鷲の盾は銀を、[皇帝]の太陽が描かれた盾は金を示しています。

　　宝珠のついたマルタ十字の8つの角は、忠誠心・敬虔さ・率直さ・勇敢さ・名誉など、騎士道の示す8つの美徳を表します。赤い色は金や火星を示します。火星は情熱や男性的エネルギーの象徴です。

＊リーディングのポイント

[皇帝]の横に威嚇をするように牡羊が、足元には勝利の旗を手にしてくつろぐ子羊が描かれています。このカードは、戦いと平和が示されています。

読み解きの極意！

　　大アルカナの物語では、[皇帝]は万物の母である[女帝]の創造性を引き継ぐ息子として登場しますが、リーディングにおいて人物を示す時は夫や父親と捉え、父性を表すカードです。

— THE HIEROPHANT —

V

教皇

きょうこう

助言	伝道
指導	知恵

正

即物的	倫理の乱れ
不信	独りよがり

逆

神の教えを伝達し、人々に平安をもたらす

　[教皇]や[司祭長]などと名づけられ、英語で教皇を表す「Hierophant」は「聖なるものの顕現」を意味し、古代ギリシアの神秘儀式の司祭を指します。[女教皇]は秘教的ですが、[教皇]は聖なるものを顕かにします。行動によって得られる男性的な深い知恵であり、物質界の助言者となります。

　教皇とは一般的にカトリック教会のローマ司教を指し、キリスト教の最高位聖職者の称号です。カトリック教会では、イエスから天の国の鍵を受け取ったペトロが権威を与えられて初代のローマ教皇となり、その権威を代々のローマ教皇が継承しています。

　[皇帝]が物質界のあらゆるものを支配し所有するヒーローであるなら、[教皇]は戦わずして教えにより物質界に秩序や安定をもたらし、精神的な指導により豊かさと平和を伝える教師です。教皇は神に豊穣の祈りを捧げ、平和と安定の中で人々を導きます。そして神の教えを弟子に伝え、弟子はその教えを世界に広めるのです。

オラクル メッセージ	あなたは導かれています。つらいことがあっても心を閉ざさず、慈しみを持って受け入れてください。今の自分に何ができるかを考えて行動すると、あなたを助けるものが現れるでしょう。

*リーディング表

ポジション／占目	心理・気持ち	現象(過去・現在・未来)	課題となるもの	アドバイス
出会い [恋愛] 正	年上で人生を導いてくれる人を求めている。良い人を紹介してもらいたい。	知人の紹介や、学校や習い事での良い出会いのチャンス。結婚相談所に行く。	良い縁を求めるあまり、恋愛に対して保守的。最初から、結婚前提のつき合い。	結婚相談所でも知人でも出会いや結婚を斡旋してくれる人の力を借りること。
出会い [恋愛] 逆	相手を紹介してもらうと気を使う。相性の合う人はなかなかいない。結婚への憧れ。	出会いがあってもイマイチ。婚活を誰も応援してくれない。きっかけが作れない。	別れた恋人に対する執着心がある。終わった恋を引きずって新しい恋がしにくい。	結婚相手探しを、自分の力でやってみると、良い出会いや運を味方につけることができる。
相性 [恋愛] 正	信頼できる人。安心感がある。結婚について考えている。相性の良い縁だと思っている。	同じ思想や価値観でつながっている。両親に相手を紹介する時期。相手との交際は順調。	交際はお互いの心と体が一致した聖なる結びつき。無責任なつき合いをしてはいけない。	交際が順調なら結婚を考え、神に誓う結婚式を行おう。交際が不調なら、話し合う機会を。
相性 [恋愛] 逆	相手の干渉や束縛が気になる。別れるほど嫌ではないからつき合っている。腐れ縁。	悪いわけでもないが、良いわけでもない。マンネリ。価値観の相違。相手との上下関係。	不誠実さ。本能的な欲求で成り立つ関係。2人の関係には第三者の仲介が必要。	相手に対し不誠実なところがあるので、それを改める。謝罪が必要ならきちんと謝る。
仕事・金運 正	信頼する上司や部下との良い仕事。働きやすく安心できる会社。物質的金銭的な安定感。	チームワークで成功。指導力のある上司。風通しの良い職場。人材育成ができる。	組織の力で成功する。上司や社風など、組織のカラーがはっきり出る。縦社会の組織。	良い上司や先生との出会い。上司の指示を守る。積極的に営業することで利益が上がる。
仕事・金運 逆	人の成績が気になる。信頼してはいけないと思っている。会社の在り方への不満。	上司の能力が低い。モラルハラスメント。仕事のできない上司や部下。やりがいがない。	新しいやり方で利益を得る。組織力は弱い。売り上げの取り合い。お金に対する執着心。	会社のシステムを改善する。悪い習慣を変える。商品や企画、サービスを向上させる。
対人・個性 正	上司。医者。先生。師匠。精神的に影響のある人との出会い。上下関係での良縁と安定。	良縁。信頼できる。相談できる。みんなで話し合って物事を決める。良好なチームワーク。	安定した関係性。立場や上下関係はいつまでも続く。考え方を一致させる必要性。	何でも相談できるような関係性を持つこと。ともに力を合わせれば救済がある。
対人・個性 逆	信頼できない上司。不信感。相談したくても頼りにならない人物。過干渉にうんざり。	悪い習慣や惰性のつき合い。親子や嫁姑関係に気を使う。利益を最優先して行動する。	即物的になり過ぎ。関係を楽しめない。相手に対し独占力、所有欲などの我欲が強い。	相手の人生での困難は、自身が乗り越えるべき課題と考え、むやみに助けない。
健康・その他 正	多幸感。神や聖なるもの、尊敬できる人物との縁を感じている。精神的な充実感。	健康状態は良好。良い医師に出会える。援助者が現れる。グループで行動すると吉。	自分の行動を正当化している。思想の押しつけ。組織で、一人の力は弱い。変化しない。	自分の考えや意見を人に伝える。責任者を立てその人に任せる。寺社仏閣を訪れる。
健康・その他 逆	本能を抑えられない。物質的な安定感や安心感が欲しい。お金や名誉に執着する。	糖尿病や痛風など生活習慣病に注意。間違った指導をしたりされたりする。援助がない。	効率が上がらない。贅沢をし過ぎる。なかなか悪い習慣を断ち切ることができない。	物質的な誘惑から遠ざかること。人に頼らず、自力で乗り越えることを考える。

ワンモアアドバイス

[教皇]は、精神的な指導を示します。このカードが出たら、占った事柄に直接関わっていなくても、先生や師匠や親など、相談者が尊敬する人物の教えが影響している場合もあります。

第Ⅰ章 大アルカナ22枚事典

▼マルセイユ版

LE・PAPE

慈悲と教えの伝播

　[皇帝]とは対照的に、[教皇]は未来を示す右側を向いています。教皇は2人の聖職者より大きく描かれて右手で祝福を授け、さらに後ろから別の信者の手が伸びていて、教えが伝わっていくことが暗示されています。杖を持つ手袋をはめた左手は、人間の手ではない超越的な力が働くことを示しています。

　教皇の背後に聖なる場所を示す2本の柱と、左下にも柱が見え、カード全体で「3」という数のメッセージがあり、三位一体が示されています。

＊リーディングのポイント

教皇と他の人物が描かれ、救済するものとされるものという2つの立場を示しています。質問者の立場によってリーディングが変わります。

▼GD版　　　　　[司祭長]

5 THE HIEROPHANT

＊「生命の木」の対応パス
　ホクマ（知恵）- ヘセッド（慈愛）
＊称号…「永遠なる神の賢者」

平和をもたらし救済する

　[皇帝]の象徴は牡羊でしたが、[司祭長]は牡牛。牡牛は繁栄と豊穣のシンボルで、パワーを表します。占星術で牡牛座は平和と物質的な安定を示し、ねばり強い行動力を意味しています。

　彼は、右手にモーセやアーロンの奇跡を起こす牧杖を模した司祭杖を持っており、超自然的な力を有していることを表します。トーラは[女司祭長]ではなく[司祭長]が左手に開いて持っていることから、「顕示や説明」「人々に教えること」を示しています。

＊リーディングのポイント

「永遠なる神の賢者」という称号を持っています。トーラを開いていることから、教え導き霊力で世界を守り、知恵と熟考で現実を変える力を示しています。

デッキ
チェック

教皇の三層の冠は「司祭・司牧・教導」の三権を、また「天国・煉獄・（地上の神の国である）教会」を象徴します。「3」は人間の心・身体・魂を表して、3つのレベルで救済することを示しています。

▼ウェイト版　[司祭長]

THE HIEROPHANT.

神の国へと導く、聖なる教えを説く

　[司祭長]に描かれた教皇は正面を向いて描かれ、2人の剃髪（トンスラ）の聖職者と向き合って、彼らを祝福しています。この2人の聖職者は双子と言われ、それぞれユリとバラの服を身に着け、宗教的部分と世俗的部分など人間の持つ二面性を表しています。

　足元の鍵は、「あなたが地上でつなぐことは天上でもつながれる。あなたが地上でも解くことは天上でも解かれる」という言葉と共にイエスがペトロに授けた神の世界へと続く門を開く鍵を表しています。

*リーディングのポイント

ミトラ冠、教皇十字、衣装に描かれた3つの十字、また3人の構図と、「3」が強調されています。これは、三位一体や表現力による繁栄を暗示します。

▼トート版　[秘儀の司祭]

The Hierophant

*ヘブライ文字…ヴァウ［釘］
*占星術記号…［牡牛座］

理解し変容し、知恵を体現する

　[秘儀の司祭]のカードは、エジプト神話の豊穣と再生の神オシリス。その前に、クロウリーの思想、太母「緋色の女」であるイシス女神が立っています。胸の五芒星には、踊るホルス童神が描かれています。彼が右手に持つ杖の3つの輪は、このエジプト三神の知恵を有していることを示します。

　また、五芒星は人間の秩序を、司祭の頭を頂点とする六芒星は宇宙の秩序を表し、2つを統合します。象は、牡牛と同様の現実的なエネルギーを示します。

*リーディングのポイント

上部に9本の釘が描かれています。釘は物をつなぎとめるパーツです。啓蒙し大いなる知恵とつなげる役割が[秘儀の司祭]にあることを示しています。

読み解きの極意！

　[教皇]は神の知恵を人にもたらすオカルティックな側面を持っています。しかし、この物質界に平和と秩序をもたらすため、世俗的な豊かさも受容します。その上で正しい教えで人を導きます。

— THE LOVERS —

VI

恋人たち

こいびとたち

正	
選択	衝動
好奇心	コミュニケーション

逆	
浅はかさ	不真面目
自己矛盾	不信感

純粋な愛の結びつきやパートナーシップ

　[恋人たち] の基本的な構図は男女の姿で、恋愛関係や結婚におけるパートナーシップの重要性を示し、相互の信頼や調和を強調します。男女という相反する質の出会いにより、互いに刺激され活発になり求め合って融合します。それは、愛と情熱、結合と選択、調和と調整を象徴しています。恋のエネルギーは、衝動的で情熱的で喜びに満ちています。人や物、相反するものに惹かれ求める純粋さとエネルギーを表すカードです。

　相反する質は「自分の内面にある」と考えることもできます。その場合は、自己決定を重んじ、内面の調和を重視して選択することを示すカードでもあります。自分自身の存在価値を尊重して、自分の気持ちや思考に基づいてパートナーなどの選択を行うことが大切です。

　愛も選択も自由であるべきですが、若い2人が描かれていることから、彼らの恋には衝動的で未熟さゆえの軽率さがあり、周りから影響や干渉を受けやすい状態であることを示します。

オラクルメッセージ	自分が好きなことに素直になってみましょう。それを楽しむことで幸せになり、さらに追求していくことであなたは成長することができます。自分の選択を信じましょう。

*リーディング表

ポジション 占目	心理・気持ち	現象（過去・現在・未来）	課題となるもの	アドバイス
出会い [恋愛] 正	新しい出会いへの期待。運命的な出会いだと感じている。出会いも恋も楽しみたい。	出会ってすぐに好きになる。直感的に相手を選ぶと良い。運命を感じる出会いがある。	直感的な感覚が強烈で、他の選択肢を考えられなくなる。自分と相手との一致を求める。	恋愛に期待すれば、出会いを引き寄せることができる。積極的なコミュニケーションが吉。
出会い [恋愛] 逆	相手が信用できない。恋愛に興味が低い。嫌いではないが好きかどうか分からない。	恋愛感情が芽生えても一時的。遊びで終わる恋。つき合うことにストレスを感じる。	恋に対して真剣になれない。傷つかないように距離を取る。コミュニケーション不足。	どうすれば恋を楽しめるかを考え、誰かに相談すること。傷つくことを恐れないで。
相性 [恋愛] 正	心と心が通じ合い信頼できる相手だと感じている。相手に魅力を感じ、恋をしている。	恋愛関係になる。お互いに魅力を感じるロマンチックで楽しいおつき合い。	相手に惹かれる気持ちが強く結婚を考えるが、責任感は低い。衝動的な結婚に注意。	相手を求める気持ちに素直になれば、魅力的になる。コミュニケーションを積極的に取る。
相性 [恋愛] 逆	相手のことが分からない。相手と自分とがひとつでないと感じている。浮気心が出てくる。	交際は続いているが、気持ちは離れている。性格の不一致。セックスフレンド。三角関係。	直感で行動。相手を振り回し、自分も消耗する。享楽的になる。思慮深さが足りない。	コミュニケーション不足を解消すること。適度な距離感を保つ。別れるという選択もある。
仕事・金運 正	新しい仕事に好奇心がいっぱい。協力者と仕事を進めたい。楽しみを感じ仕事をしている。	パートナーとともに仕事を進める。相手とのコミュニケーションが活発化する。契約成立。	センスはあるが、経験が少ない。協力者の理解を得ないと前に進まない。頑張れない。	相手の協力を信じ、話し合いを積極的に。直感を信頼する。営業。アナウンサー。IT関係。
仕事・金運 逆	気持ちが散漫。やる気や意欲が失せる。どうすれば良いのかが分からずに不安。	相手が非協力的。ミスに注意。決断ができない。コミュニケーションや知識、経験が不足。	その場の判断で決めるので一貫性がない。いい加減になる。ミスコミュニケーション。	仕事の魅力を再確認。軽率な言動や行動を慎む。判断が必要な時は誰かのアドバイスを。
対人・個性 正	相手と話をしてみたい。一緒にいて分かち合いたい。好奇心が旺盛な人物。若い人物。	協力し合って上手くいく。友好的。双方のコミュニケーションが活発。兄弟と上手くいく。	相手の意見と一致しなければ満足できない。運や直感に頼り過ぎ。努力をしていない。	心を開いて歩み寄り、コミュニケーションすれば上手くいく。関わり方に工夫や変化を。
対人・個性 逆	興味やセンスが合わないので話が盛り上がらない。楽しくない。話すきっかけがない。	話し合いのチャンスが持てない。誤解が生じる。関わり合いが減る。一時的なつき合い。	相手との関係性が上手くいかないのに、対処していない。都合の悪いことは無視する。	話しても無駄という考えを捨てる。楽しむ方法を考える。距離を取れば良い関係を作れる。
健康・その他 正	好奇心旺盛で、新しいことを知る喜びに満ちる。ワクワクするアイデアが浮かぶ。	新しい情報が入ってくる。直感的な選択や行動。楽しいと思う方を選択すると良い。	一時的な欲求で選択するが、後で後悔する事態となる。2人で一つという考えに縛られる。	2人で協力すれば楽しい気持ちで物事が進む。積極的にコミュニケーションを取ること。
健康・その他 逆	いろいろな考えが湧き散漫になっている。面白いことがないと思っている。自信がない。	興味がなくなる。軽率な行動での失敗。別れ。風邪やインフルエンザに注意。肺の病気。	勉強不足。物足りない優柔不断。諦め。注意力散漫。協力者の力を信用していない。	後に気が変わることを考えて選択を。意欲が失せているので、新しい別のことに取り組む。

第Ⅰ章　大アルカナ22枚事典

ワンモアアドバイス	仕事など、恋愛とは違うカテゴリーの占いにこのカードが出た場合は、恋をするように物事に取り組むことが大切です。[恋人たち]が示す選択の鍵になるのは、「ときめく気持ち」です。

＊デッキごとの意味

▼マルセイユ版

衝動的な選択

　２人の女性の間に挟まれているひとりの若い男性は、顔は左に身体は右を向くという姿勢から、彼自身の優柔不断さが見て取れます。その頭上にローマ神話のクピドーが、恋の矢を射ようとしています。矢は恋の衝動的で情熱的なエネルギーと、物事を一瞬で決める直感的な決断も暗示しています。

　［恋人たち］は、相反する要素の結びつきを表します。男と女だけでなく、肉体と霊性、生と死、陰と陽などの結びつきも示します。

＊リーディングのポイント

クピドーが描かれているので、恋愛や結婚などで男女の恋を示す意味合いが強く、３人の構図はお見合いや結婚、時に三角関係を示しています。

▼GD版

＊「生命の木」の対応パス
　ビナー（理解）- ティフェレット（美）
＊称号…「神声の子ども」「全能主の神託」

恋による日常からの解放

　岩に縛られた裸の女性を、海に潜む怪物が狙っています。それを、雲から現れた英雄が救おうとしています。これは、ギリシア神話でアンドロメダが母カシオペヤの罪の償いとして捧げられたところをペルセウスが救う、ロマンチックな場面がモチーフになっています。その後、２人は結婚します。

　天から現れたペルセウスは霊性を、岩に縛られたアンドロメダは物質界の囚われた心を示します。また、霊的意識の接触と受動的な霊感を示しています。

＊リーディングのポイント

称号は「神声の子ども」「全能主の神託」。GD版では霊感や直感を示す意味合いが強く、神託のような直感的恋愛によって日常が変容することを表しています。

デッキ
チェック

タロットカードの中でも［恋人たち］は、デッキにより表現が大きく異なります。そのため描かれているものによって意味が変わることが特徴です。注意深い観察を要するカードです。

▼ウェイト版

好奇心旺盛な無邪気な心

　創世記のアダムとイヴがモチーフで、2人を見守るように雲の中から現れた大天使ラファエルが描かれています。雲は霊的な次元を示し、女性の後ろには善悪を知るための知恵の木、男性の後ろには永遠の命を司る生命の木が描かれています。知恵の木には、エデンの園のエピソードの中で彼らを惑わした蛇が巻きついています。彼らがイチジクの葉で性器を隠していないことから、知恵の木の果実を食べる前の無知で純粋な2人を示しています。

＊リーディングのポイント

恋愛を示すカードですが、誘惑にかられ魅力的なものへと移ろいやすい恋です。2人の間に描かれた山は、男女の心の隔たりと試練を暗示しています。

▼トート版

＊ヘブライ文字…ザイン［剣］
＊占星術記号…［双子座］

相反する質の統合

　フードを被った隠者を思わせる男性が、黒のキングと白のクィーンの結婚を執り行っています。［恋人たち］には錬金術的な象徴がたくさん込められ、金と銀、硫黄と水銀、男性原理と女性原理を示しています。ライオンは火のシンボル、鷲は水のシンボルです。中央の下の蛇が巻きついた卵はエネルギーと新たな創造の象徴で、この婚姻の結果です。また黒と白の2人の子どもは、カインとアベルです。これは、相反する2つの質の統合を象徴しています。

＊リーディングのポイント

対応するヘブライ文字は「ザイン（剣）」。剣は知性の象徴です。星座の双子座にも、知的で分析力に優れ、相反する質を明晰に統合するという意味があります。

読み解きの極意！

　［恋人たち］は名前の通り、恋愛成就を示す恋愛占いの吉札です。相手を知りたいという欲求に基づく衝動的で純粋な恋ですが、お互いを知ることで、良くも悪くも恋の情熱が変化していく可能性があります。

— THE CHARIOT —

戦車

せんしゃ

勝利	**正**	意志
勇敢		パワー
争い	**逆**	強引
失敗		暴君

新たな世界へ果敢に挑戦する若いエネルギー

　３［女帝］と４［皇帝］の息子が、７［戦車］のパワフルな若者です。彼には若さと機動力があります。素数である「７」は独自性を示しており、彼は故郷の城を旅立って、母の束縛を逃れ父の支配の及ばない新しい世界へと挑みます。このように、若者が新しい挑戦をするエネルギーを表します。［戦車］という名前から、このカードは勝つために必要な知力・体力・技術力を有していることを示しています。

　旧約聖書で戦車は、魂の乗り物メルカバー（神の戦車）として預言者エゼキエルの幻視にも出現します。メルカバーは聖なる神の玉座とも言われ、神と接するための乗り物です。人の意識を表す御者は肉体や感情を示す馬を支配し、神の世界である霊の世界へと運びます。馬を制御する男性は、物質界と霊的世界両方を制御する可能性と能力を持っていることを表しています。

　「７」はタロットや神秘思想ではひとつのサイクルを表しているため、７［戦車］は、物質世界から精神世界への飛翔を意味します。

オラクル メッセージ	自分を信じて今、前進しましょう。あなたには勝利する力があります。しかし、行動しないとそれを体験できません。行動することで自分自身の力を実感し、喜びを体感してください。

＊リーディング表

ポジション／占目	心理・気持ち	現象（過去・現在・未来）	課題となるもの	アドバイス
出会い[恋愛] (正)	男性がリードする恋愛に憧れる。理想の人を求め、恋人を探したい。情熱的な恋をしたい。	恋のライバルに勝つ。積極的なアピールが吉。（女性にとって）理想的な男性との出会い。	やりたいことを優先し、恋愛が後回しになる。プライドが高い。恋のライバルに負ける。	自分に自信を持つこと。積極的になれば恋愛運がアップ。待つより自分から求めること。
出会い[恋愛] (逆)	傷つくのが怖くて心を閉ざす。気になる人への執着。相手にリードをしてほしい。	相手がいないことへの焦り。第一印象が悪い。強引な誘い。発展を急げば失敗する。	自信が持てないので消極的になる。傷つくことを避け、自分から働きかけない。	今は追い過ぎないこと。何度も行動することや恋をすることで、良い出会いは得られる。
相性[恋愛] (正)	恋を楽しんでいる。積極的に誘ってみたい。男性が女性をリードし、守る恋愛をしたい。	理想的な関係性。ドライブデートに吉。男性がリードすると順調に進む。プロポーズに吉。	ストレートな愛情表現に相手が困惑。気持ちが強くて相手の気持ちに対する配慮が不足。	リードすることで交際は順調に進む。積極的に愛を表現していくことで、結婚につながる。
相性[恋愛] (逆)	相手とはウマが合わない。なぜかケンカになる。自信がなく、別れを考えている。	強引なリードが裏目になる。思いとは裏腹な態度を取ってしまう。喧嘩。別れ。謝れない。	自信のなさそうな態度により不信感を抱かせる。自分の意地やプライドが優先される。	自分を理解してもらうためには落ち着いて相手の話を聞くこと。結論を急がない。
仕事・金運 (正)	意欲満々。未経験な仕事にも果敢にチャレンジする。ベンチャー企業への興味。	大成功。勝利する。新規開拓に吉。過去の経験を活かし、未来を見据えた行動が功を奏する。	勝利や成功の陰で敗れた人がいること、成功しても終わりがないことを知るべき。	自信を持って行動する。誠実で正々堂々とした態度を大切にし、交渉相手の話を聞く。
仕事・金運 (逆)	手段を選ばない仕事ぶり。自分の能力では無理。無謀。焦り、イラついている。	頑張り過ぎて空回り。強引な取引で反感を買う。焦りからの失敗。力不足。知識不足。	調子に乗ると失敗する。力が出しきれない。若さゆえの失敗。挑戦することへの怖れ。	手段を選ばなければ勝つ。結果にこだわらない。ダメで元々と思って挑戦してみよう。
対人・個性 (正)	自信満々。若い男性。活動的で物事に意欲がある。人間関係を積極的に持ちたい。	若い男性との出会い。友好的な関係になる。和解。人との積極的な関わりや親孝行に吉。	リードする側とされる側という立場ができる。自ら働きかけないと関係が深まらない。	誠実に積極的に取り組み、自分から声をかけて誘ってみる。お互いの成長を楽しむ。
対人・個性 (逆)	誰も自分の気持ちを分かってくれない。普段は心を閉ざしがちである。関わりを避けたい。	行動や思いが相手に通じない。独りよがり。相手のためにやったことが裏目に出る。	相手をねじ伏せる。自分が勝っていると思って相手を軽視する。攻撃的な側面。	良かれと思ってやっても、相手に伝わらないものと理解する。強引な行動は裏目に出る。
健康・その他 (正)	気力、体力が充実。物事に対して積極的に挑戦する意欲。自分の知識や能力を活かしたい。	溢れる若さ。積極的に行動して成功する。乗り物に乗ると吉。大成功。情熱を表現する。	まだ成熟していない。自己の成長のことしか考えない。勝者こそが正義だと思っている。	自信を持って行動すること。現状維持ではなく、挑戦が大切。勝利を信じて行動すること。
健康・その他 (逆)	体力不足。不安からの発言や行動。イラついている。焦り。失敗する怖れ。戦いたくない。	失敗を恐れて進めない。力のコントロールができない。衝動を抑えきれない。暴走。	何が正しいか分からない。方向性を失ってしまう。暴走する。理性で感情を抑えられない。	周りの人の理解があってこそ成功する。無謀な行動を控え、しっかり考えて行動すること。

ワンモアアドバイス	物質界での成功を示します。ライバルに打ち勝って前進します。挑戦への勇気を持てば直感も働き、その上で過去の経験を活かすことができます。さらには、未来への夢が自分の意欲を引き出します。

▼マルセイユ版

ひとつの目的に向かい勝利する

　２頭の馬は、動物的エネルギーの肯定的・否定的側面と身体的・精神的側面を象徴します。この戦車には手綱はなく、馬と台座、その上の御者である若者も戦車と一体になっているように描かれています。戦車には２本ずつ違う色の４本の柱があり、天蓋がつけられて凱旋の行進を思わせます。さまざまな要素が［戦車］に融合されていることから、若者の意識が一点に集中しひとつの方向に向かい進むことによって、勝利を収めると考えることができます。

＊リーディングのポイント

車輪が少し横向きに描かれ、馬の脚もそれぞればらばらの方向に進むように見えます。真っすぐに進まない様子は、彼の未熟さを表現しています。

▼GD版

7 THE CHARIOT

＊「生命の木」の対応パス
　ビナー（理解）‐ゲブラ（判断）
＊称号…「水の力の子ども」「光の勝利の支配者」

強い行動力で勝利する

　黒い馬、白い馬の２頭立ての戦車に乗って鎧を着けた若い男が雲の上を駆けていき、高次の霊の力が肉体と感情を完全に手なづけることを表しています。

　称号の「水の力の子ども」の水は情緒的なエネルギーを示し、「光の勝利の支配者」から勝利という意味があります。しかし、戦車を引く馬が大きく、御者である若い男が小さく描かれていることから、意志の力よりも動物的なパワーの強さが現れていて、若者の制御の弱さも感じさせます。

＊リーディングのポイント

２頭の馬と御者の構図は、「霊・魂・身体」の三位一体を表しています。馬の間にある鳥の顔はひとつの方向を示し、３つの質を目指すことを表しています。

デッキ
チェック

マルセイユ版とウェイト版に描かれた両肩の肩当ての月は、描かれている男性が若さや未熟さ、感情の不安を抱えていることや、行動が安定せず持続性がないため、心が変化しやすいことを示しています。

▼ウェイト版

THE CHARIOT.

自己成長の新しい挑戦

　天蓋は天界を示し、頑丈な石造りの戦車に乗る若者は意気揚々と真っすぐに前を見つめて、未来に向かって前進していきます。背景の町には生家があり、彼はそこを出て自己成長の旅に出ます。

　戦車の正面に描かれた独楽は不安定性を示し、その上に描かれた翼のある円盤は魂の成長のシンボルで、高次の力への昇華を表します。戦車を引く白と黒のスフィンクスは慈愛と峻厳さを示し、高い理念と本能の力によって前に進みます。

＊リーディングのポイント

背景に彼の住んでいた町が描かれ、彼は意気揚々と見えます。挑戦は始まったばかりであり、黄色の背景も明るい未来への期待を示しています。

▼トート版

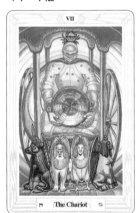

The Chariot

＊ヘブライ文字…ケス［柵］
＊占星術記号…［蟹座］

聖なる戦車で自分を守り、意識を上昇させる

　［戦車］は占星術の蟹座に対応し、甲冑を纏った男の頭には、蟹が描かれています。これは彼の内向的な質を示し、勝利するために意識を守って集中し、瞑想している姿となっています。男は手綱を持たず、大きな聖杯を持っています。アメジストでできた聖杯は陰陽を統合するシンボルで、青と赤の色彩がそれを示し、回転しています。クロウリーは聖杯の中にエリクシール（不老不死の霊薬）が入っていると語っており、勝利とは神に近づく霊的成長であることを意味します。

＊リーディングのポイント

天蓋は宇宙を示し、戦車を引く4頭のスフィンクスは物質世界の四大要素を象徴します。男は物質世界の摂理を理解し、大勝利を収めています。

読み解きの極意！

　「7」はひとつのサイクルをつくり、その終わりを示します。［戦車］では、物質界での勝利にチャレンジします。そしてチャレンジが成功すると、次のステージに入ることになります。

VIII XI
— JUSTICE —

正義
せいぎ

公正	バランス
調整	厳格さ

正

不調和	カルマ
偏狭	独善的

逆

秩序を守り、調和をもたらす公正な判断

古代ギリシア以来の西洋の中心的な徳目とされる枢要徳の「思慮・節制・勇気・正義」は、タロットカードの中にも込められています。[正義]は、そのうちのひとつを擬人化したカードです。古代ギリシアの哲学者プラトンは、「正義」を国家・個人が共通して持つべき徳目として主著『国家』の中で挙げ、為すべき事柄についての正しい理性が大切であると考えました。

[正義]の象徴は、剣と天秤と女神。女神は物事を受容することを、剣は物事を理性的で冷静に判断する力を、天秤は中立的な立場で公正で平等な思考を表します。このカードは名前の通り正義を表しますが、同じ行為でも時代や状況、立場によって、それは善にも悪にもなります。

また秘教的には、バランスが取れた状態を示します。占いでは、文化慣習の中での正しい判断や、客観的で理性的な視点でバランスを取ることを意味します。具体的には、支出と収入・公私・自他など、2つの事柄の調和や契約、結婚の成立などを示します。

オラクルメッセージ 今、抱いている感情や思考は、一時的なものではないでしょうか？考えてみてください。自分を客観的に見つめてあなたの真心に意識を向け、揺るがない正しい心で決断して行動しましょう。

＊リーディング表

ポジション／占目	心理・気持ち	現象（過去・現在・未来）	課題となるもの	アドバイス
出会い[恋愛]（正）	家族や社会に認められた結婚をと思っている。相手は欲しいが、恋愛意欲に欠けている。	結婚相談所などに相談すれば良い人との出会いがある。社交的で出会いのチャンスがある。	ギブアンドテイクの関係を保ち距離が縮まる。本能的で感情的な恋愛欲求が弱い。	結婚相談所などの出会いが結婚に繋がりやすい。恋を楽しむために心を開くことが大切。
出会い[恋愛]（逆）	誰も理想に合わない。関わるのが面倒。みんなに好かれたい。良い人と思われたい。	自分の気持ちを上手く表現できない。八方美人で、恋愛成就しにくい。思わせぶりな態度。	恋愛や相手に求めるものと自分がつり合わない。社交的でも心を開くことができない。	良い出会いがないか、出会いがあってもすれ違いやすい。進展を焦らないように。
相性[恋愛]（正）	相手と自分は相互に信頼する関係。社会的にも信頼できる人。結婚まで進展する恋。	ギブアンドテイクが成立し、みんなが認める良い相性。結婚へと順調に進展する。	本能や感情の表現力が乏しくなる。不倫の恋愛は許されない。誠意を強く求められる。	お互いの価値観や人生観を尊重してつき合えば上手くいく。結婚へ話を進めていこう。
相性[恋愛]（逆）	相手との距離を縮められない。相手の言葉や行為にイラつく、価値観の違いを感じている。	けんかするほどではないが相手との意見に相違がある。周囲から交際が認められない。	情熱が冷めた関係。お互いの本音が分からない。誠意が伝わらない。疎遠になる。	不誠実な関係は終わらせること。相手に合わせ過ぎないこと。自立することが望ましい。
仕事・金運（正）	納得できる取引をしたい。決めた通りに事を進めたい。お互いに信頼できる材料が必要。	商談がまとまる。お互いに利益のある合意。順調に仕事ができる。法律関係の仕事。	相手との交渉の余地がない。法律、組合、教会、自治体などからの影響。不正があれば正す。	人間関係の調和が良い仕事につながる。ルールやしきたりを守った方が上手くいく。
仕事・金運（逆）	自己利益を優先した契約に対する不満や悩み。不公平感。意見の違いを調整する心労。	双方の話し合いが必要。契約は不成立。人間関係の不調和。コンプライアンス違反。	職場のルールに問題がある。職場の人間関係が上手くいかない。上下関係の板挟み。	相互利益になるように、妥協と協調が必要。信頼関係を得るまでは話を急がない。
対人・個性（正）	正義感が強い。冷静で知的な判断ができる人。上手く関わりが持てている。公平な人。	適度な距離が保てている。お互いに信頼している。相互利益の関係性。平等な態度。	安定しているので発展しにくい。相手と自分は違う人間という距離感が常にある。	相手の個性を尊重すること。誠実であること。適切な距離を取れば良い関係が継続できる。
対人・個性（逆）	相手の気持ちや関わり方が分からない。距離を取りたい。相手に劣等感を持つ。	価値観が違う。相手を尊重できない。すれ違い。人間関係にバランスが取れない。	本音と建前を使い分けて関わる必要がある。お互いの領域が侵食されている。板挟み。	親しき仲にも礼儀あり。与えられたら礼をすること。相手との距離の取り方に注意。
健康・その他（正）	物事が規則正しく進んでいくことを望んでいる。決めごとやルールを守って平和に暮らす。	心と体、理性と感情のバランスが整っている。訴訟に有利。知的で冷静な判断力がある。	自分が正しいと思い、間違いや非に気づかない。物事は法則がすべてだと思っている。	客観的な視点を持つことが大切。常識や人道的な目を持ち、自分の考えを定めること。
健康・その他（逆）	ルールや約束を守らない人は、それ相応の罰が必要。不正を黙っておくことは罪だと思う。	両立不可。非常識。訴訟に不利。正しくても上手くいかない。腰痛、腎臓病に注意。	アンバランスになっている。複数を同時進行できない。自己管理ができない。公私混同。	問題の解決は保留に。理性と感情のバランスを取り、客観性を持ってすべてを見ること。

ワンモアアドバイス	公正という立場において、双方が平等であると良いと考えます。常に自らの行為に見合った結果が返ってきます。だからこそこのカードが出ると、物事を客観視し理性に従って生きることが大切になります。

*デッキごとの意味

▼マルセイユ版

公正で在ること

　女神の顔も視線も正面に向けられ、偏った視点や個人的な思考や感情に流されないことが現れています。剣は冷静な判断力を、天秤は公正さや均衡を象徴します。2つのものが釣り合っていることから、因果応報を示すカードでもあります。

　後ろに描かれた2本の柱は、[教皇]と同様、ソロモン神殿の柱を模しています。[正義]の柱には幕が張られて、神殿の門は閉じられており、正義の女神の裁きを通して聖なる世界に入ることを意味します。

*リーディングのポイント

[正義]は、個人と社会に秩序をもたらします。お互いに持っているものが均等に配分されることにより秩序が保たれ、偏りが正されることを示しています。

▼GD版

*「生命の木」の対応パス
　ケブラ(判断)‐ティフェレット(美)
*称号…「真理の支配者の娘」「均衡の保持者」

本能や個人的欲求を超えた判断

　19世紀の秘密結社ゴールデンドーンのカバラや占星術の研究により、獅子を手なずける[力]は8番、公正な判断を示す剣と天秤を持つ[正義]は11番になりました。「11」が示すものとは、カードの構図にもあるように2つの柱で、それぞれの柱は慈悲と峻厳さを意味します。女神は黒の柱に沿うように剣を真っすぐに持ち、厳格な裁きを下すのです。足元に描かれた獣は動物的な本能を支配し、理性的な判断をすることを示しています。

*リーディングのポイント

「真理の支配者の娘」「均衡の保持者」という称号にあるように、このカードの最も大切な意味は、神の摂理や秩序に基づきバランスを取ることです。

デッキチェック

マルセイユ版・ウェイト版の女神には、厳しさが現れています。GD版に至っては、本能を超越した存在として描かれています。しかしトート版では、女性の性的な喜びが込められ満たされています。

▼ウェイト版

JUSTICE.

善悪を正す揺るがぬ真理

　GD版を踏襲した11番［正義］の女神のモチーフは、ギリシア神話の掟の女神テミス、正義の女神ディケやアストライアー、エジプト神話の正義の女神マアトです。エジプトの「死者の書」では、魂の象徴である心臓とマアトの羽根を計りにかけて生まれ変わりの可否を判断します。これは善悪を判断する正義の摂理です。

　また右手の剣は、サタンに戦いを挑んだ大天使ミカエルの剣とも考えられます。ミカエルも左手に魂の公正さを測る天秤を携えて描かれることがあります。

＊リーディングのポイント

女神の手にしている剣は、両刃の剣と言われています。自分を正しているからこそ、厳しい判断を下して相手を正すことができるのです。

▼トート版　　　　　　　　［調整］

> Adjustment △

＊ヘブライ文字…ラメッド［鞭］
＊占星術記号…［天秤座］

男性性を受け入れる女性性

　カバラにおいて、完全な善悪は存在しません。カバラにおける善はバランスを取ることであり、悪は偏って固まっているのです。このカードは［調整］と名づけられて左右対称に描かれ、物事を受容する美しい女性性を表しています。女神はマアトですが、天秤には心臓と羽根ではなく、「α（アルファ）」と「Ω（オメガ）」が載せられています。これは始まりと終わりの調和を示し、全宇宙のバランスを調整していることを表しています

＊リーディングのポイント

クロウリーは、「満たされた女性を表し、彼女の中央に描かれた剣は男根状である」と言います。男女の結びつきとバランスというテーマを持っています。

読み解きの極意！

正義とは、立場や環境、思想によって変わるものです。正しく生きることとは、自分の真心に従って生きることではないでしょうか？このカードは自分の中の良心と向き合うことを教えてくれます。

— THE HERMIT —

IX

隠者
いんじゃ

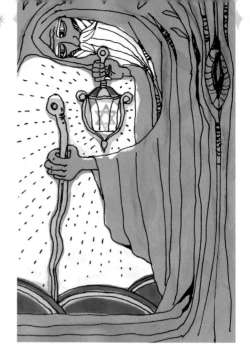

正	
探求	思慮分別
洞察	引退

逆	
引きこもり	寂寥感
疎外感	厭世観

内なる自己を深く見つめ、真理を探究する

　［隠者］は「思慮」を寓意画にしたもので、［正義］と同様に枢要徳がタロットカードに盛り込まれています。「思慮」は正しい欲求に基づいて行われるので、8［正義］から9［隠者］という並びになります。

　0［愚者］の目的を持たない若者の旅の結末は、9［隠者］に賢人となった姿で描かれています。しかしながらその旅は終わることなく、老賢人となってなお道を進みます。彼はランタンを手に、不老不死になる賢者の石を探し求めているのです。行く先を照らし出すその光は、さまざまな経験を乗り越えた長い人生の中で手に入れた深い知恵を意味します。

　自分の人生に関わる疑問に対する答えは、常に求め続けなければ得られません。その探求の旅は命ある限り続くのです。やがて肉体の死を迎える間際にこそ、深い洞察を示すことができるのです。

　1桁の最後の整数である9［隠者］は人生の終末期を示し、天界の入り口が描かれる10［運命の輪］につながります。

オラクル メッセージ	誰が何を言おうと、真に求めるものを追求しましょう。あなたの最も美しい真心が求める思いを大切に。あなたの人生はあなたのものであり、あなたのための今日があるのだから。

*リーディング表

ポジション / 占目	心理・気持ち	現象（過去・現在・未来）	課題となるもの	アドバイス
出会い [恋愛] 正	ひとりの時間を大切にしたい。恋人はいらない。人とつき合うことが煩わしい。	出会いに積極的になれない。孤独な状態が続く。出会いにも恋愛にも興味がない。	恋愛や出会いを楽しむよりも、自分の心の世界にいる方が快適。心を閉ざしている。	恋愛相手を探すよりも、自分の時間を大切にすることで得られるものが多い時期。
出会い [恋愛] 逆	誰とも関わりたくない。でも孤独は嫌。嫌われるのは嫌。容姿や性格に自信がない。	恋に対して自信がなく行動できない。出会いの機会を避ける。出会いがない状態。	恋愛に興味がない。どうせ分かってもらえないと思っているので、出会いに興味がない。	恋人よりも、信頼できて何でも話せる人を持つこと。傷つくことを恐れないで。
相性 [恋愛] 正	嫌いではないが、好きという感情もない。相手に関心がない。邪魔にならない相手。	ひとりでいる時間を大切にしている。内緒の恋。信頼関係があっても発展しない。	深く相手のことを思っていても表現できない。相手からの理解を得にくい。	精神的な信頼関係を高めること。お互いに個人の時間を大切にすること。
相性 [恋愛] 逆	分かり合えない相手。孤独を感じながらつき合っている。気持ちを表現できない。	老夫婦のような関係。終わりに向かう恋。不倫。相手の考えが分からない。	常識的ではない関係性に気づくべき。分かり合えない孤独感。老化による性的機能不全。	将来性のない恋は終わらせても良い。つき合うなら将来性がないことを自覚する。
仕事・金運 正	お金儲けよりも精神的な満足感を得たい。仕事を探したい。ひとりで仕事をしたい。	成績や売り上げは上がらない。休職中。仕事を探す。専門分野。定年退職。研究職。	お金や経済活動に興味が低い。仕事に対する意欲が低い。利益が得られない。	マイペースを守る。金銭よりも精神的な満足感を。ひとりで仕事する方が良い。
仕事・金運 逆	仕事に興味が湧かない。辞めたい。同僚と上手く打ち解けられない。定年への不安。	人から仕事に対する理解が得られない。孤独な職場環境。保守的な行動が裏目に。	職場での孤立。現実的な問題から逃げる。失業。納得いく仕事が見つからない。	ひとりで責任を背負い込み過ぎない。自分を信頼し、今までの知識や経験を活かそう。
対人・個性 正	人間関係に煩わされたくない。誰かと向き合うのが面倒。誰にも会わず孤独を好む。	信頼していても親密に関わり合わない。個人主義。引きこもり。消極的なつき合い。	お互いに自分のペースを優先し、関わり合いを持とうとしていない。心の隔たり。	相手の生き方を尊重して関わる。相手の話を傾聴すること。秘密を守る。
対人・個性 逆	仲良くなれそうな人はいない。家族や親しい友人でも、気持ちは分かってもらえない。	人目を避ける。こだわりが強く孤立している。心を閉ざし、分かり合おうとしない。	理解してもらえない。孤独感。相手に興味がない。心を閉ざして関わり合わない。	心を閉ざす理由を理解し、関わり合いを諦める。状況を変えるために無理強いしない。
健康・その他 正	人とは違う道を歩く。やりたいことをして生きていきたい。探求心。学問を究めたい。	精神的なことに興味を持ち、自己を高める。老化現象。目の疲れ。足腰の痛み。	世間とずれていても気がつかない。時代遅れ。加齢の衰え。孤独を招く考え方や行動。	ひとりで自分の人生を顧みる時間が必要。年齢を理由に諦めない。秘密を守る。
健康・その他 逆	老いることや老後の生活への不安。知識不足を感じて不安。孤独感。疎外感。	老衰。生命の危機。進展がない。やり方が古い。自分の思いに体がついてこない。終活。	勉強不足。生きることからの逃避。偏狭な考え。老化に伴った健康上の問題を抱える。	身辺整理をする。他者の考えや行動を理解する。自分の知識や経験を信頼すること。

ワンモア アドバイス　「隠れる者」と書く名前の通り、[隠者]は密かに物事を進めるには良いカードです。人との関わりを避け、孤独を好む時に出やすいです。ただ、社会的な評価を得たい場合にはそれが得られません。

* デッキごとの意味

▼マルセイユ版

老賢者の知恵

　老人の外套は、霊魂の不滅を信じるドルイド僧が身に着けた修道着です。老人の背中は丸いものの、顔は前を向き、杖に体重を預けることもなく立っています。[愚者]では小さな袋でしたが、[隠者]では知恵の入った大きな袋を背負っていると考察できます。

　また左右の袖の色が違っていることから、この老人は「死と生」など相反する2つの質を有しています。杖が示すクンダリーニ（生命のエネルギー）が覚醒すると、彼は煩悩から解放され解脱に至ります。

* リーディングのポイント

[隠者]は人生の最終期です。しかし、老人はランタンの光の先を見て進もうとしています。それは、極限に至ってもまだ先があることを表しています。

▼GD版

* 「生命の木」の対応パス
　ヘセッド（慈愛）- ティフェレット（美）
* 称号…「光の声の賢者」「神の預言者」

高尚な研究によりもたらされた知恵

　[恋人たち]の霊感が受動的であるのに対し、[隠者]の霊感は能動的です。霊性を示す白い髭を持った老人が独り描かれ、自らの意志で霊的成長の道を進み、霊性の高い境地に到達した姿を描いています。また、[魔術師][教皇][隠者]の3枚のカードは、東方の三博士と言われています。

　賢者アポロニウスの外套を身にまとい、神の名を示す聖四文字の最初の「ヨッド」がフードに書かれています。ヨッドは、（神の）手や神聖な英知を意味します。

* リーディングのポイント

背景に描かれている麦の穂は乙女座から由来するメッセージですが、隠者自身の人生の実りも示します。人生経験の中に実りがあることを伝えています。

デッキチェック　ヴィスコンティ版[隠者]は、ギリシア神話の時の神クロノスを意味する砂時計を持っています。クロノスは農耕神でもあり、命を刈り取る神です。[隠者]は死に向かう者を表すカードです。

▼ウェイト版

THE HERMIT.

叡智の光で道を照らす

　杖とランタンを持った老人が、薄暗い中雪の残る高い山頂に立っています。杖は導きや男根、エネルギーを動かして生み出す力を象徴し、錬金術の神ヘルメスの杖と考えられます。この老人は、人間に永遠の生命を与える「賢者の石」を探しています。ランタンの光は内的光明を示し、六芒星の形に輝いています。六芒星は「ダビデの星」とも言われ、叡智を表します。

　老人は左側を向いているので、彼の旅は自身の内面における過去との対話の旅を象徴しています。

*リーディングのポイント
カード全体の構図も霊的世界である左側が強調され、孤独であることが思慮を深め、その思慮の深さが人生に創造性をもたらすと考えられます。

▼トート版

The Hermit

*ヘブライ文字…ヨッド［手］
*占星術記号…［乙女座］

霊性を高め神性を孵化させる

　クリスタルのランタンの中には太陽が輝き、［隠者］はギリシア神話の冥界の門の番犬ケルベロスを引き連れています。雌雄同体の神を孵化させた宇宙卵と精子が描かれ、生命創造のエネルギーを表しています。

　オルフェウス教では、再生の輪廻の輪に縛られた人間の霊魂は、ディオニュソス的な神性を高めてこの輪を脱します。死者の国からの生還の象徴はオルフェウスだけではなく、乙女座と関係するペルセポネーの神話にもあり、神秘思想を示すカードです。

*リーディングのポイント
背景に描かれている麦の穂は乙女座に関係するメッセージですが、彼の人生の実りも示します。人生経験の中に実りがあることを伝えています。

**読み解き
の極意！**

　［隠者］は孤独を示します。ひとりになる時間を恐れず、自分自身と向き合うことで、新しい創造が起こることを示しています。自分の経験の中に知恵や豊かさがあることを教えるカードです。

— WHEEL OF FORTUNE —

運命の輪

うんめいのわ

好機	**正**	変化
サイクル		許可

不運	**逆**	低迷期
悪いタイミング		運命的

人生のサイクルの中で起こる運命的な変化

　人生にはさまざまな周期や節目があり、それは巡り合わせやタイミングとして認識されています。自然界のすべてのものが巡り回っているように、人生にもまるで大きな輪が回転するかのようなサイクルがあり、霊的成長において繰り返されるパターンがあります。

　ギリシア神話の運命の三女神モイライは、糸を紡ぎ長さを計って糸を切り、寿命を割り当てます。またローマ神話のフォルトゥーナは、運命の車輪を司り人々の運命を決める女神で、[運命の輪] のモチーフになったと言われています。古代ギリシアのオルフェウス教では、人間の霊魂は神性および不死性を有するにもかかわらず輪廻転生を繰り返す運命と考えます。人は運命の輪の中を巡りながら成長し、意識は螺旋状に回転しながら上昇します。

　9 [隠者] で死を迎え、10 [運命の輪] で非物質世界に入っていきますが、1の位が最大の「9」から「0」になり、ここで10の位が現れます。それは今までのステージから新しいステージに進むことを意味します。

オラクル
メッセージ

許しの心が、あなたの可能性を引き出します。次のステージに進む勇気を持ちましょう。新しいチャンスが巡ってきました。今は幸運期ですが、運命を掴むかどうかはあなた次第です。

＊リーディング表

ポジション／占目	心理・気持ち	現象（過去・現在・未来）	課題となるもの	アドバイス
出会い [恋愛] 正	恋をしたいという気持ちが高まり、運命的な出会いに期待している。恋愛に前向き。	運命的な出会いが期待できる時期。チャンス到来。片思いが成就。恋愛運アップ。	自分の意思と関係なく運命が進んでいる。運命の流れに逆らうことができない。	積極的に行動すれば良い出会いがある。運命の人と思えるような人との出会いがある。
出会い [恋愛] 逆	出会っても、どうせ上手くいかないという思い。時間がないから恋人ができない。	恋愛運の低迷期。出会いのタイミングが悪い。出会いが少ない。積極的になれない。	恋愛のチャンスを逸してしまう。逃した魚は大きい。進展が遅い。タイミングが悪い。	出会いは一期一会を大切にすること。恋愛以外のことに興味を向ける方が良い時期。
相性 [恋愛] 正	運命の人だと信じている。恋愛の進展を楽しんでいる。交際が順調に進む予感。	順調な交際。恋愛の進展。結婚を考える。プロポーズをする、またはされる。	運命的な出会いと感じ、迷いなく話を進めていく。タイミングの良い出会い。	運命の流れがあるので、交際を進めていけば順調に進む。相手の短所を許すこと。
相性 [恋愛] 逆	あまり会いたくない。自然消滅的。別れたい。相手に対する興味が減少しつつある。	デートの回数が減っていく。すれ違いが多くなる。振られる。別れ。気持ちが冷める。	話が前に進まない。消極的になる交際。相手に対しての気持ちが薄れ、距離ができる。	恋愛の低迷期。関係性が維持さえできれば出来る。すれ違いが多くても焦らないこと。
仕事・金運 正	意欲的に仕事をこなせる時期。今がチャンス。好調である自覚がある。お金を使いたい。	金回りがいい。仕事ができる。転勤、天職や新規開拓に吉。外国関係、自動車関係の仕事。	運の流れが良いので仕事が流れてくる。次から次へと仕事があるのですべてを軽くこなす。	出世やスキルアップのチャンス。積極的に取り組むと、どんどん仕事が入ってくる。
仕事・金運 逆	上手くいかない。仕事運がないと感じている。お金に関する不安。仕事が面白くない。	低迷期。タイミングが悪くてチャンスをつかめない。何をやっても空回り。金回りが悪い。	運がないので仕事が上手くいかないと思い、問題を放置する。無駄金を使ってしまう。	タイミングが悪い時期なので頑張り過ぎない。やがて良い時期も巡ってくる。
対人・個性 正	一度会っただけの人が気になり、もう一度会いたい。相手と関わりたい気持ちが強くなる。	家族円満。積極的な関わり合い。友達になれる。タイミングが良い。順調な人間関係。	絆があるので相手との関係が当たり前だと考えている。関係がずっと続くと思っている。	上手くいく時期なので、思い切った話をする。心を開いて関わると、人間関係が良くなる。
対人・個性 逆	相手に避けられているような気分。話をしたくても、切り出しにくい。苦手意識。	仲直りできない。けんか別れ。タイミングが合わない。話が盛り上がらない。	タイミングが合わない。上手くいかないと思っている。縁がないという思い込み。	今、行動を起こすより、タイミングを変えた方が良い。関わらない方が良い時期。
健康・その他 正	いろいろなことに前向き。生活リズムが整って気持ちが良い。日常を変えたいという要求。	物事が順調に進む。外国旅行。新たなステージが開かれ、変化に順応できる。合格。	問題があっても気がつかない。新しいことに挑戦し、拡大し過ぎてしまう。	運命を受け入れ、流れに乗ると成功する。環境を変えると良い。変化を受け入れること。
健康・その他 逆	ついてないと思っている。過去の失敗の影響を受けている。元気が出ない。気乗りしない。	物事が裏目に出る。タイミングが悪い。チャンスがない。低迷期。不合格。	問題を克服しないとまたやってくる。元気が出ない。エネルギーの無駄遣い。	悪い時期もずっとは続かない。良い時期もいつまでも続かない。運命は必ず巡ってくる。

ワンモアアドバイス	スプレッドにおいては、[運命の輪]が出たポジションで何らかの変化があります。正位置はラッキー、逆位置はアンラッキーな変化と読むと良いでしょう。その変化に対応することで状況が好転します。

＊デッキごとの意味

▼マルセイユ版

禍福は糾える縄の如し

　輪から独立した台座の上に鎮座する怪物は、火・水・風・地の四大要素を統合したスフィンクスです。ライオンの胴体と人面の頭、大きな翼を持ち、黄金の冠を被り裁きを象徴する剣を持っています。下降する猿と上昇する犬のような生き物は、回転する輪から逃れられません。運気の上昇と下降を繰り返し、幸と不幸が巡りくるのです。

　輪のスポークは調和を示す「6」で、この輪の回転こそが調和を作ることを暗示しています。

＊リーディングのポイント

輪に絡まっている生き物は一心不乱にあがいているにも関わらず、輪のサイクルに縛られています。輪から逃れるためには気づきが必要だと示しています。

▼GD版

＊「生命の木」の対応パス
　ヘセッド（慈愛）- ネッツァ（永遠）
＊称号…「生命力の支配者」

繰り返すことで成長する

　スフィンクスは、エジプトでは王を守り、メソポタミア神話における死を見守る存在で、ギリシア神話では、謎を問いかける怪物です。［運命の輪］のスフィンクスは、死後の世界の入り口である神秘の門の守護者です。猿（ヒヒ）は、知恵の神であり冥界の書記官のエジプト神話のトート神を示します。

　カードの称号は「生命力の支配者」。12本のスポークは時間や人生の12の側面を表し、さまざまな体験と課題を克服しながら成長することを表しています。

＊リーディングのポイント

このカードは幸運を示すカードですが、運気が上昇するとまた下降することも暗示しています。度を越すことのない幸運を示すカードと考えます。

デッキチェック

　9番までのカードには人物が描かれていましたが、このカードは人が登場せず、神の摂理を示しています。4デッキに共通して登場するスフィンクスは、神聖な存在で聖域を守っています。

大いなる運命の秩序

WHEEL of FORTUNE.

▼ウェイト版

カードの四隅に、火・水・風・地の精霊が描かれています。剣を持つスフィンクスが輪の上に、輪の右側にはエジプト神話の死者の神アヌビスが、輪の左側には悪魔の象徴である蛇が描かれています。

車輪の８本のスポークには錬金術の記号が刻まれ、水銀・硫黄・塩と水瓶座の記号、さらに外側には「TORA」とヘブライ文字の神の名である聖四文字「ヨッド・ヘー・ヴァブ・ヘー」が刻まれています。[運命の輪] とは、大いなる神の秩序を意味しています。

＊リーディングのポイント

[運命の輪] は一般的に因果応報を意味します。天の雲の中にある運命の輪は、地上を生きる個人ではどうすることもできない場合もあることを暗示しています。

人生の多方面へ影響する大きな変化

[運命]

♪ **Fortune** ♃

▼トート版

＊ヘブライ文字…カフ [手のひら]
＊占星術記号…[木星]

運命の輪には10本のスポークが描かれています。「10」は [運命] の数であり、神の摂理である生命の木の10 セフィロト（複数形）を意味します。

輪にあしらわれた叡智の象徴のスフィンクス、エジプト神話のアヌビスとギリシア神話のヘルメスが融合した猿の顔を持つヘルマニビス、ワニの頭の破壊神デュフォンの三神は、錬金術の三元素の硫黄・水銀・塩を表し、変容を意味します。木星を象徴する稲光と目まぐるしい回転は、変化の激しさを表しています。

＊リーディングのポイント

トート版では、10 番のカードを [運命] と名づけています。幸運というよりは激しい変化、パワフルな影響力を表しています。

読み解きの極意！ このカードのポイントは、ひとつのサイクルの終わりと始まりということです。輪が回転することで、また同じサイクルを繰り返す場合や新しいステージが始まる場合もあります。

— STRENGTH —

力

ちから

知力	**正**	克服
コントロール		勇気
本能的エネルギー	**逆**	意志が弱い
無気力		支配される

本能をコントロールする魂の力

[力] のカードには、武器を持たない素手の女性とライオンが描かれています。猛獣のライオンと女性が共に描かれている構図は、人間の持つ本質的な自己が自身の動物的な質と直面できるようになったことを意味します。

力は武器ではなく、人に備わっている内的な能力や、何かと直接的に関わることで発揮される能力であることを表しています。男性より非力である女性は、理性や知性によって本能の象徴であるライオンのエネルギーを受容し、正しい方向に制御しようとしています。

ライオンをまったく恐れない女性には、理性を基盤とした深い愛と強い意志があり、恐れを受け入れる勇気と力があります。彼女の愛の力によって、ライオンは牙を向けるのをやめ、素直に従っています。

また、[力] は枢要徳のひとつの「勇気」を表すカードです。理性と愛を持って力を制御し、そのエネルギーを自己の成長のために使うことで自己実現を達成できることを物語っています。

> **オラクル
> メッセージ**　自分の力を信じてください。そして自分を奮い立たせて、今あなたが取り組まなければならない問題に立ち向かってください。敵は自分自身の心の内側にいます。恐怖心に打ち克ちましょう。

＊リーディング表

ポジション／占目	心理・気持ち	現象（過去・現在・未来）	課題となるもの	アドバイス
出会い [恋愛] 正	情熱的な恋を通して自分を成長させたい。恋をすることで、活き活きと輝いている。	出会いや恋愛に対する意欲が増す。積極的な行動が満足感のある恋愛につながる。	強い女性と思われている。情熱的で相手と温度差ができやすい。女性が支配する恋愛。	恋愛に対する情熱を素直に出す。困難があっても諦めなければ出会った人と恋愛成就する。
出会い [恋愛] 逆	自分のすべてを捧げるような恋がしてみたい。陶酔するようなセックスがしたい。	気になる人がいても勇気がなくて進展しない。自信が持てなくて出会いに消極的。	自信が持てなくて、恋愛が進展しない。性的欲求により動かされる。理性が本能に負ける。	格好つけないで、本能に従って正直に動くこと。思うようにならなくても楽しんでみる。
相性 [恋愛] 正	理性と情熱のバランスを取っている。充実した恋愛ができている。恋の情熱を感じている。	課題を乗り越えて恋愛が成就する。充実した交際。告白やプロポーズするのに良い時期。	２人の関係性がペットと飼い主のような関係。問題を意志の力で克服できると思っている。	恋の情熱を素直に表現すること。問題から逃げず、話し合うことで解決策を見い出せる。
相性 [恋愛] 逆	自分の感情や欲求を抑えられない。情熱が冷めている。セックスに対する不満がある。	障害や問題に負ける。感情が抑えられない。告白する勇気が出ない。性的欲求不満。	困難な問題から逃げる。主従関係のような関係。性的欲求でつながっている。	本能的にノーだと感じることに正直になる。独りよがりにならないように相手を思いやる。
仕事・金運 正	難しい仕事ほどやる気が出る。自力で仕事を成功させる意欲。仕事に対する情熱がある。	努力の結果が出る。やりがいのある仕事。成績が伸びる。動物に関係する仕事。	プライドがあり悠然と構え過ぎて、危機に俊敏に対応できない。小さな修正ができない。	どのような問題や困難も越えられないものはないと考え、決して諦めないこと。
仕事・金運 逆	面倒なことはしたくない。難しいことや考えることが嫌。能力がないと思っている。	指示に従えない。パワハラ。上司がいないと仕事ができない。問題を解決できない。	障害を乗り越える確信がない。才能不足を感じてやる気を失う。慣習に流される。	良くないと思っていることにでも流されがち。変えたいと思う気持ちを育てていこう。
対人・個性 正	弱さを武器にできる。情熱的なキャラクター。ペットが大好き。動物と話したい。	家族の円満。人間関係は安定している。相手を受け入れる心の余裕がある。	自分に自信があり、他者を支配したいという欲求。他者の可能性を見い出せていない。	リーダーシップを発揮し人をまとめることができる。大胆さと情熱で、人を惹きつける。
対人・個性 逆	知らない人や初めての場所での社交が苦手。乱暴な人は嫌い。支配されたくない。	やりたくないことを強いられる。逆らえない関係性。いじめ。人と関わりたくない。	自己陶酔的で周りが見えていない。主観的になり過ぎて、感情をコントロールできない。	自分を信じて挑戦すれば結果は出せる。失敗から多くを学ぶことができる。
健康・その他 正	欠点を認め、欠点を克服したい。プライドを持っている。問題に挑戦する勇気がある。	困難を克服できると信じ、自信を持って行動し成功する。やる気に満ちている。元気。	怖れを知らず、危機を見抜けない。自分の周りの状況を見て、支配しようとする。	問題は必ず越えられる。自信を持つこと。成功する未来を信じ、勇気を出そう。
健康・その他 逆	意欲が湧かない。快楽に溺れる。プライドが傷つくことを恐れる。危ないことは避ける。	肥満や不摂生による生活習慣病に注意。楽な方に流される。怠惰。動物からの災難。	非生産的な日常生活に支配されている。欲望を制御できない。自信が持てない。	失敗は成功の母。諦めないこと。自分の弱さを認めることができる人間は強くなれる。

ワンモアアドバイス ［力］や［愚者］など、動物と一緒に描かれているカードが出てきた時は、動物の示すスピリチュアルな意味というよりも、ペットや動物との関わりを暗示していると読むことができます。

＊デッキごとの意味

▼マルセイユ版

本能と理性の調和

　マルセイユ版の特徴として、カードの数字に由来する意味があります。11［力］と1［魔術師］の人物は共に帽子を被り、［力］の女性の帽子はメビウスの輪や無限大を想起させます。これは、無限の力や本能と理性が表裏一体であることを表しています。

　また、「11」は「1+1」で「2」になります。2［女教皇］も処女の女性が描かれ、2つの質を調節する力があることを示します。［力］が受容しているものは、自分自身の本能的な激しい欲望を表しています。

＊リーディングのポイント

マルセイユ版には［フォース（FORCE）］という名称があり、女性が腕に着けた防具は戦う意志を表しています。［力］は、現実的なパワーを示します。

▼GD版

＊「生命の木」の対応パス
　ヘセッド（慈愛）- ゲブラ（判断）
＊称号…「炎の剣の娘」「獅子の指導者」

不屈の精神力で勝利する

　GD版とウェイト版では、［力］は8番です。そして、7［戦車］・8［力］・9［隠者］と物語が続きます。

　GD版の［戦車］で描かれていた2頭の馬は、［力］では身体を示す黒い馬はライオンとして、魂を示す白い馬は女性として描かれています。このカードは、荒々しい肉体のエネルギーを完全にコントロールする精妙なバランスや意志の強さを表しています。女性が右手に持つ花は昇華したエネルギーを示し、次の［隠者］の叡智によって導かれていく物語が描かれています。

＊リーディングのポイント

称号は「炎の剣の娘」「獅子の指導者」です。本能的なエネルギーを使いこなし、ライオンを恐れない不屈の精神力を示しています。

デッキチェック

　［力］の寓意は、旧約聖書の士師記に出てくる長髪で怪力の男サムソンがライオンを引き裂いたことに由来するという説があります。ヴィスコンティ版の［力］には、棍棒を持った男性が描かれています。

▼ウェイト版

大いなる導きより引き出される力

　ウェイト版とGD版の［力］は、共に［ストレングス（STRENGTH）］と名づけられ、もともと備わっている能力や強さ、人間の持つ精神の力を意味します。

　花の鎖で女性とつながっているライオンは、女性自身の獣性、本能的な性質を示します。ライオンは尻尾を丸めて、精神を示す女性におとなしく従っています。彼女もまたライオンを受け入れます。黄色い背景色は神の祝福を示す色で、草原は穏やかな心の状態を示しています。

＊リーディングのポイント

無限大の記号「∞」は、困難に向き合う力が無限にあることを意味します。それは精神力や意志力、知性や理性などで、物理的なものではないものです。

▼トート版　　　　　　　［欲望］

力を発揮することの喜び

　［欲望（LUST）］と名づけられ、ヨハネの黙示録のバビロンの大淫婦がモチーフですが、邪悪な意味はありません。彼女は、7つの頭と10の角を持った緋色の獣に乗っています。獣の7つの頭、尻尾の蛇は、本能的パワーの象徴です。クロウリーはこの絵で、獣に呑まれることもなく荒れ狂うこともなく、欲望に自己を解放し生きることへの歓喜やパワーを表しています。また「11」という数字は、新たなステージでの創造的エネルギーの始まりを意味します。

＊リーディングのポイント

ここでは、本能的・性的エネルギーを受容して自己を解放し、生命の歓喜を得ます。自分の獣性を抑圧しないで、受け入れることの大切さを表しています。

＊ヘブライ文字…テス［蛇］
＊占星術記号…［獅子座］

読み解き
の極意！

　［力］は、成功や勝利を示します。自己の成長により奇跡的な力が働き、今までできなかったことができるようになることで、初めてそれを得ることが可能になります。自分の未来を信じることが大切です。

— THE HANGED MAN —

XII

吊られた男

つられたおとこ

正	
視点を変える	奉仕
試練	救済

逆	
犠牲	苦しみによる変容
人生の危機	罰

あえて困難な道を選び、自己を高める

　イエス・キリストがそうであったように、高い意識の者が苦痛を伴う世界に降臨し、この世に変容をもたらします。逆さ吊りという肉体の不自由は意識の活動を活発にし、視点が変わることで新たな気づきを得ます。片足のみ縛られながらバランスを取り、苦痛ではなく笑顔や穏やかな表情を見せていることから、男はこの通過儀礼を経てさらなる高みへと進むことが暗示されています。

　[吊られた男]の12番はひとつのサイクルを示し、その終わりを迎えています。12時、12ヵ月など、男は時間に囚われた世界にいます。次の13［死神］で、肉体に囚われた意識が解放されます。この段階では霊的変容が目前に迫り、避けられない人生の大きな危機を表していると言えるでしょう。

　[吊られた男]は中世の吊るされた罪人を表すモチーフで、罪悪感や罰を示します。また、イエス・キリストの究極の自己犠牲による大きな愛の姿でもあるのです。

オラクル メッセージ	自分の立場や考えに縛られてはいませんか。時には相手の立場になって考えてみては？ 180度視点を変えるとまったく違った気づきが訪れ、あなたを新しいステージに導いてくれるでしょう。

＊リーディング表

ポジション占目	心理・気持ち	現象（過去・現在・未来）	課題となるもの	アドバイス
出会い [恋愛] **正**	空想恋愛している方が楽しい。自分からは積極的に動けないと思っている。	空想恋愛で満足している。恋愛のための行動が起こせない。恋をする心の余裕はない。	自分の幸せを考えにくい。現状や過去の何かの犠牲になり、恋する意欲を失っている。	自分からは行動できないという思い込みを捨てる。恋愛ができる環境を作っていこう。
出会い [恋愛] **逆**	恋を楽しんではいけないと思っている。過去の経験にとらわれて前に進めない。	過去の恋愛にとらわれて恋ができない。どう行動すれば良いのか分からず行動しない。	心理的な束縛により恋愛に制限がある。過去の恋愛による消耗で疲れきっている。	気を引くため、相手に対して奉仕的になり過ぎないこと。気分の切り替えが大切。
相性 [恋愛] **正**	相手のために何でもしてあげたい。尽くすことに恋の喜びがある。相手の役に立ちたい。	２人の関係に大きな変化はない。尽くすことで喜びを感じる。束縛される。我慢や試練。	尽くすことが常態化している。自己犠牲がないと成り立たない恋で、相手に依存している。	相手のためを思ってできることはやってみよう。困った時には助け合える関係を作ろう。
相性 [恋愛] **逆**	相手がいないと生きていけない。我慢してでも自己犠牲の愛こそが本物の愛と思っている。	相手に尽くしても無駄。会いたくても会えない。マゾヒズム。我慢の限界。	共依存の関係で互いの成長や自立を妨げている。相手に対する罪悪感から相手に服従する。	苦しい恋や解消したいと思う関係は終わらせること。執着を捨てれば関係が良くなる。
仕事・金運 **正**	与えられた仕事はこなしたい。試練を乗り越えての成功。自分を追い込むことで頑張れる。	福祉。サービス業。献身的に仕事をこなす。仕事を辞めたくても辞められない。辛い仕事。	自己犠牲で働いていることに気づいていない。サービス残業は良いことだと思っている。	困った人の力になる仕事にやりがいを感じる。視点を変えることで新たな気づきがある。
仕事・金運 **逆**	他人のためにお金を使う不快感。頑張っても報われない。きつい仕事はこれ以上できない。	努力しているのに良い結果が出ない。ミスや失敗を補填する。過労。八方塞がり。	自信のなさから、役に立とうと頑張り過ぎる。限界を超えて働こうとする。余裕がない。	今までのやり方では限界がある。こだわりを捨てて、新しいやり方に切り替えること。
対人・個性 **正**	奉仕的な人物。心理的束縛。相手の気持ちを理解して役に立ちたい。すがりたい。	献身的な態度で相手と関わる。辛い役割。控えめな行動。自我や個性を出さないつき合い。	良かれと思ってやっているうちに、依存的な関係になっている。自分らしさを失う関係。	相手の立場で物事を考える。奉仕的な気持ちで相手と関わる。自我を抑えること。
対人・個性 **逆**	これ以上自分を犠牲にしたくない。相手の手の内が分からない。罪悪感で服従している。	子どもや親のために自己犠牲的になっている。尽くすことをやめる。相手への我慢の限界。	疲労困憊で耐えられない。相手との関係が上手くいかず、自暴自棄になる。依存関係。	自分らしく今を生きること。自己犠牲を正当化しない。相手への罪悪感にとらわれない。
健康・その他 **正**	奉仕や献身を通じて、大いなるものに守られている安心感を得る。希望が見えてくる。	奉仕的な活動に参加。試練の時。見方を変えることで新しい可能性が見えてくる。	罪を償わなければ救われないと思っている。困難から逃げてはいけないと思っている。	献身的な行動から、人の信頼を得る。苦しみを受け入れることで変容することができる。
健康・その他 **逆**	自己承認できない。罪悪感。幸せになってはいけないと思う。いつも疲労感を感じている。	考え方も行動も固定されている。我慢や忍耐の限界。苦労が報われない。	罪悪感から自分を罰する。人柱。限界まで行う。虚偽性障害（ミュンヒハウゼン症候群）。	我慢すれば上手くいく、という発想を捨てる。辛いなら助けを求めることも大切。

ワンモアアドバイス　このカードは、自分の力で状況を変えられないことを伝えています。できることは、終わりを受け入れること。まったく違う考えを受け入れることによってのみ、新たな生命を得ることができるのです。

*デッキごとの意味

▼マルセイユ版

新しい世界へ向かうためバランスを整える

　2本の木の間に逆さ吊りにされた男が描かれ、彼が物質界と非物質界の2つの世界の間にいることを示しています。木は枝を切り揃えられていて切り口が12個あります。「12」は1・2・3・4・6で割り切れるので、物質界の四大要素などが整っていることを示す数です。服は肉体を示し、ボタンがあるので脱ぎ着ができます。男の意識は肉体を離脱しこのイニシエーションを経て、次のカード［死神］の霊的世界に入っていきます。彼はこれから魂の世界に入るのです。

*リーディングのポイント

2本の木の間で手足を縛られていることから男は相反する2つの事柄の間で身動きできません。自力でその状況を変えるのは難しいという状態を示します。

▼GD版

*「生命の木」の対応パス
　ゲブラ（判断）- ホッド（反響）
*称号…「万能の水の精霊」

聖なる自己犠牲による救済

　GD版の制作に携わったロバート・ワンは、低次元の者を救うべく高次元の者が水没し、霊性界から物質界へ下降する自己犠牲を表したカードと考えました。自己犠牲とは、神が人間を助けるために人間として生まれ、人類を導くことを示します。それは、多くの神話や宗教的思想の中に表れています。

　また白の三角形と十字を併せた形は秘密結社ゴールデンドーンの象徴で、生命と光を表し、聖なる光を引き降ろして顕現させることを示します。

*リーディングのポイント

称号は「万能の水の精霊」です。描かれている水は、受容性的な愛の力を示しています。生命の木の対応パスから、より実際的なサポートを示します。

デッキチェック

　［吊られた男］の足の形は木星を示し、許しや慈愛という意味もあります。また片足で吊られる男の絵は、中世の頃は反逆者を意味しました。裏切り者のイスカリオテのユダを示すという考察もあります。

▼ウェイト版

THE HANGED MAN.

苦行による悟り

　男は、タウ十字に模された葉が芽吹く木に吊されています。タウ十字は天と大地をつなぎ、神と人間の合流を示します。男の頭部には光輪が差し、彼は恍惚状態です。監修者ウェイト氏は「男の足の形はカギ十字卍を形作っている」と言い、これもまた天と地、神と人間のつながりを示す幸運と吉祥のシンボルです。

　また、神オーディンが世界樹に首を吊り続け、ルーン文字解読法の啓示を得たという北欧神話のエピソードから、修行を示す意味もあります。

＊リーディングのポイント

逆さ吊りという苦しい状態の中でも希望を見出し、その試練を乗り越えようと瞑想する男の姿が描かれています。大いなる気づきが得られるカードです。

▼トート版

The Hanged Man

＊ヘブライ文字…メム［水］
＊占星術記号…［水のエレメント］

終わりを受容し、変容する

　無表情の男は、死に瀕する前の自我の崩壊を意味し、次のカード［死神］へと続きます。しかし、彼は生命力を象徴するアンク十字に足をかけていて、足と頭の下に生命の再生や変容の象徴として蛇が描かれています。男の姿は手で三角形を作り、足で十字を作るGD版と同じく神の死を表しています。クロウリーは、二千年単位で変わる時代の観念があり、古い時代（オシリスのアイオーン）が終わり、新しいホルスのアイオーンへと向かう変容のカードだとしています。

＊リーディングのポイント

アンク十字の示す永遠の生命のエネルギーとつながるために、苦痛を伴うプロセスを抵抗せずに受け入れることや、なにがしかの犠牲を意味します。

読み解きの極意！

［吊られた男］は、辛い状況を試練として受け入れ身動きができなくなり、それが長く続くことを暗示しています。注意すべきなのは［教皇］や［悪魔］のカードとともに出ると、自分らしさを失うことです。

— DEATH —

XIII

死神

しにがみ

死		変容
終末期	正	魂の暗い夜

別離		再生
腐敗	逆	絶望

絶望と恐怖を超えて変容し、再生する

　イエス・キリストが磔刑に処せられた日が13日で、タロットでは13番目に［死神］が配置されます。死を連想させるカードは伝統的に不吉とされるため、この位置のカードに死神が描かれたり、13番と数字のみ記載されることもあります。［死神］には骸骨が大鎌を持って描かれています。これは、［隠者］で肉体を離れた意識（魂）が死神の大鎌で刈り取られ、高い次元の魂へ変容していく様子です。死は聖なるプロセスですが、生きる者にとって絶望的な状態です。それを表すのが骸骨と大鎌なのです。

　錬金術においては、死によって魂が高次の世界へ変容します。また新たな人生を歩むために、死は朽ちることを意味します。朽ちて腐敗するそのプロセスこそが変容であり、永遠の命に再生するひとつのプロセスなのです。［死神］が表す「13」は素数なので孤独な道を示しますが、時空を超え直接神とつながる数字です。不要なもの、穢れはすべてここで清算され、腐敗というプロセスを経て変容し、神の摂理の中に戻ります。

オラクル
メッセージ

　何かを止めることや終わらせることは、何かを始めることよりも難しく痛みを伴うかもしれません。それでも、今あなたがすべきことは、終わりを受け入れること。そうすれば新しい人生が始まります。

＊リーディング表

ポジション／占目	心理・気持ち	現象（過去・現在・未来）	課題となるもの	アドバイス
出会い [恋愛] 正	孤独を感じていて、恋をする気持ちではない。失恋の傷心からなかなか回復できない。	出会いに対して消極的。チャンスがあっても活かせない。恋愛する気持ちが湧いてこない。	恋に無縁で孤独でいる。恋愛に対する絶望的な思いに支配されている。恋を否定している。	過去の感情を断ち切ることが必要。未練や後悔があっても、魂の孤独を選ぶこと。
出会い [恋愛] 逆	出会いがあっても上手くいかないと思っている。傷つきたくない。人と関わりたくない。	恋をする余裕がない。過去の失恋の絶望から回復しつつある。心を閉ざしている。	愛を信じない。人を信じない。和らぎつつあるが、恋愛への絶望感から抜け切れていない。	人生の苦しみは終わり再生に向かう時。新しい恋へ歩み出す準備をしよう。
相性 [恋愛] 正	別れたい。別れた方が良いのだろうかと悩む。つき合っていても心の隔たりを感じる。	別れ。遠距離恋愛。つき合っていても会えない状態。気持ちが冷めていく。距離を置く。	別れたくなくても、距離ができたり破局へ向かう。疎遠になる。気持ちは戻らない。	上手くいっていないのなら別れた方が良い。交際を続けたいなら距離を取ること。
相性 [恋愛] 逆	相手と上手くいかず、どう変えれば良いのかも分からない。相手と接点が持てない。	恋する心も、恨みも、相手への気持ちもない。どうしようもない状態、自然消滅。	これ以上、関係は維持できない。連絡も取れず縁がなくなり、相手と関わりようがない。	関わりを持たない方が順調に進む。別れる場合もあるが、自然な流れで別れる。
仕事・金運 正	仕事が上手くいかない。売り上げが下がってくる。お金を徐々に失っていく不安。	売り上げや成績が下がる。仕事の規模を縮小する。収入が減る。取引停止。定年退職。	物事は発展しない。取引停止か、縮小するか、やめるかの選択に迫られている。	手にしたものを手放したり縮小したくはないが、そうすることで運命を変えられる。
仕事・金運 逆	何をやっても良い結果が出せない不安と絶望感。やる気が起こらない。転職したい。	仕事をやり遂げたので、やることがない。部署の移動。次の仕事に向けて準備をする。	何をしても上手くいかない。やりようがない。ただし、これ以上悪くなることもない。	今は停止期。時間が経つと状況が変わってくるので、今は何もしないこと。
対人・個性 正	誰かを信じることができない。別れの悲しみで絶望的な気持ちになっている。孤独感。	縁切り。関わるチャンスがない。接点が持てない。距離があって簡単に会えない。孤独。	縁が切れ、孤独になる不安がある。力が及ばない悲しみ。関われない。上手くいかない。	相手との距離を置くことで上手くいく。誤解を解決したくても今は関わらないこと。
対人・個性 逆	相手との関係は完全に終わったと思い、考えることもない。相手とはもう関わりたくない。	上手くいかない。縁が切れている。相手とは別々の生活がある。それぞれの人生を歩む。	相手に対する興味が失せている。別れることには問題がないので、別れが促進される。	終わりつつある関係は流れに任せよう。終わることで新しい出会いもある。
健康・その他 正	疲れが抜けず、健康に対する不安を持っている。意欲が出ない。虚無感。死にたい。	終わる。孤独。恐怖。別れ。手放す。俗世から離れる。距離を置く。手術。余命宣告。	死、終わりなど、絶対的なものの前に無力。誰の助けも得られない孤独感で絶望的になる。	始まったものは必ず終わる。終わることを恐れず、受け入れることで苦悩が軽減される。
健康・その他 逆	何もしたくない。引きこもりたい。何も考えず、何もしないでいることが楽。	昏睡状態。死について考える。イメチェン。環境を変える。ごみを捨てる。断捨離。旅行。	状況を変える意欲がない。なすすべがない。明け渡すしかない絶望的な状態。降伏。	終わり、それは苦しみの終わりでもある。思い切って明け渡し、手放す方が良い。

ワンモアアドバイス
[死神] は終わりを示す不吉なカードとされますが、敢えて言うなら縁を切りたい事柄に関しては吉札です。同じように不吉なカードは [塔] ですが、こちらは衝撃を伴う破壊を示す激しいカードです。

▼マルセイユ版 ＊名前なし

始まりがあれば終わりが来る

　13（名前がないカード）は、3［女帝］の創造のエネルギーと反対のベクトルが働き、創造と破壊が表裏一体であることを意味します。また、1＋3で「4」の数字が現れます。「4」は、物質界を象徴する数です。「13」は2桁なので、死は物質界を超えることであり、その先には「3」が新しく生まれることを暗示しています。死神は大鎌を持ち、魂というエッセンシャルな質のみを刈り取り、次の［節制］の示す再生のための浄化のプロセスへと誘います。

＊リーディングのポイント

大地上の王や女王の顔は、物質界の二元性の対立が終わることを示しています。また、別れによって男女が新しい関係になることを暗示しています。

▼GD版

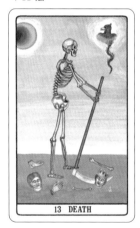

13 DEATH

＊「生命の木」の対応パス
　　ティフェレット（美）- ネッツァ（永遠）
＊称号…「大いなる変成者の子」「死の門の支配者」

腐敗から変成される再生への道

　錬金術の思想は物質だけでなく、人間の霊的変容にも及んでいます。物質は腐敗し分解されることで、まったく新しい物質が生成されると考えられました。人間におけるそのプロセスを示すのが［死神］です。それは「魂の暗い夜」とも呼ばれ、左上に虹色に輝く月が生命力を示す太陽を隠すことで表されています。右上には変容を示す蛇が、炎によって自由に天を飛ぶ鷲に姿を変えようとしています。カードの称号は「大いなる変成者の子」「死の門の支配者」です。

＊リーディングのポイント

このカードのテーマは、腐敗からの再生です。終わりへ向かう変化と死からの再生を示し、時間や時代を経ることで起こる本質的な変化を示します。

デッキ
チェック

鎌は、収穫時に使う道具です。［死神］自身は結果を得ているのです。4デッキとも、死神の顔の向きは未来を示す右向きで、ひとつのことが終わり、結果を踏まえて次に進むことを暗示しています。

▼ウェイト版

終わりのプロセス

「ヨハネの黙示録」に記される、第4の封印が解かれた時に現れる青白い馬に乗り疫病によって死をもたらす騎士がモチーフです。軍旗を手にしたこの死神は鎌を手にはしていませんが、人々の魂を刈り取る存在であることを示しています。また、高僧や王、乙女や子どもなど、誰にでも死が訪れることを表しています。旗には神秘を象徴する薔薇が描かれています。

背景に描かれた川は、三途の川です。向こう岸には、生命力を示す太陽が沈んでいきます。

＊リーディングのポイント

今までの環境や立場、関係性を失うカード。死は、再生のための休息を示します。古い自分が死に、新しい自分に生まれ変わることを意味します。

▼トート版

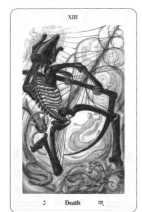

＊ヘブライ文字…ヌン [魚]
＊占星術記号…[蠍座]

エネルギーの変換のための終わり

骸骨の男は大鎌を持ち、エジプト神話の死と再生の神オシリスの王冠を被っています。不吉さを感じさせますが、ダンスをしているのでエネルギーも感じさせます。これは生命のエネルギーを動かして、次のカード [技] へとつながります。

[死神] は、錬金術の黒化（腐敗）・白化（浄化）・赤化（生成）のプロセスを示します。萎れたユリとハス、足元の蛇、頭上の鷲は変容のプロセスの象徴、足元の蠍は性的エネルギーと死と再生の象徴です。

＊リーディングのポイント

[死神] の変容は大きなエネルギーの変容であり、終わりではありません。もしエネルギーがないなら、再生する力はなく、破壊が起こるのみです。

読み解き
の極意！

[死神]は、不要なものを切り捨て、終わりを受け入れることで変容が促進され、次のステージに移行することを示します。終わらせること、諦めることができれば、上手く物事が動くと解釈します。

― TEMPERANCE ―

XIV

節制

せっせい

癒し	調和
浄化	規律

正

倹約	無駄
不規則	不誠実

逆

２つのバランスを取って浄化し、洗練する

　天使が左右の手に持った２つの水差しは、陰と陽、男性性と女性性、火と水、霊性と肉体などの対極を象徴し、２つを混ぜ合わせてバランスを取っています。また、２つの液体を混合させる作業は、錬金術の技術でもあります。

　天使はエリクシール（不老不死薬・万能薬）を作り、生命を活き活きと輝かせます。錬金術の目的は物質ではなく、意識の変容なのです。肉体は死を迎えても、魂は不老不死です。私たちの魂は、何度も輪廻転生を繰り返しながら意識を上昇させることを［節制］は示しています。「14」は「7×2」と表わされ、調和を示します。これは、神聖な法則で、質量保存の法則のように物理世界に働き、霊性と物質の法則が調和しているのです。

　ここで、［隠者（思慮）］、［正義］、［力（勇気）］、［節制］という４つの枢要徳が示されました。［節制］は特に禁酒を指し、欲望におぼれて度を越さないよう適度に慎むことが大切と説きます。次は欲望を示す［悪魔］へと、タロットの物語は続きます。

**オラクル
メッセージ**　どんなことであっても経験そのものに価値があり、そのことを人生の豊かさに変えることができます。驕らず、嘆かず、冷静に物事全体を受け入れれば、物事は順調に進んでいきます。

＊リーディング表

ポジション／占目	心理・気持ち	現象（過去・現在・未来）	課題となるもの	アドバイス
出会い [恋愛] 正	ぴったり合う人と出会いたい。交際しながら愛を深められる恋愛がしたい。恋愛に前向き。	恋の仲介者が出てくる。結婚相談所を利用する。良い人だけど真面目で隙のない印象。	誠実で真面目なので、恋を楽しめない。きっちりしていて隙がないので、口説かれにくい。	パートナーを求めれば得られる。急いで結果を求めない。時間をかけて相手を探すこと。
出会い [恋愛] 逆	嘘のない誠実な人と出会いたい。共感できる人でないとダメ。忙しくて恋愛する暇がない。	恋愛にエネルギーを注ぎ過ぎ、他とのバランスが取れない。失恋の痛手から立ち直る時期。	恋愛をしたくなったり、恋愛に興味がなくなったりと、常に不安定。タイミングが合わない。	理想の恋愛を求めるあまり、自分らしさを失ってしまうかも。自分らしさを忘れないこと。
相性 [恋愛] 正	以心伝心。気持ちが通じ合っていて落ち着く。一緒にいると心が和む。結婚を考える。	純愛。順調に進む交際。だんだんと仲良くなっていく。お互いの気持ちを理解し合う。	相手と自分がすべてにおいて一致していないと気が済まない。双方の境界線が曖昧。	今のつき合い方で順調に交際が進む。相手の気持ちを開くことで仲がより深まる。
相性 [恋愛] 逆	一緒にいても落ち着かない。考え方の不一致による不快感。尽くしても無駄。	相手と価値観がずれている。イライラする。信頼できない。すれ違い。マンネリ。	考え方が合わない。相手と意見が合わないが、問題がないので放置している。	お互いに相手のことを思いやり、きちんと関わる時間を持つこと。忖度が必要。
仕事・金運 正	成績が順調に伸びて、やる気が湧いてくる。上手く節約ができていることに満足している。	売り上げが順調に伸びる。環境に配慮した仕事。収支のバランスが取れる。会社の合併。	物事を自分のコントロール下に置こうとする。絶対的なルールに基づいて仕事をする。	大きな仕事は一日では成せない。時間をかけることで、良い方向に進む。
仕事・金運 逆	大きなトラブルがあるわけではないが、仕事が低迷して面白くない。やる気が出ない。	取引が上手くいかない。仕事のミスや無駄が多い。ケチ。収支のアンバランス。	サボったツケが回ってきている。規則やルールに縛られ、上手くいかない。ミスが多い。	大きな仕事を成し遂げるためには、自分の能力を信じ、着実に行うこと。集中力が大切。
対人・個性 正	カウンセラー。セラピスト。心が通じ合う喜び。相手の体験が自分の体験として感じられる。	対等に話ができる。気持ちが通じる。一緒に何かをする。適度な距離感でつき合う。	相手は自分の気持ちや考え方を理解していると思い込んでいる。問題を軽視している。	相手を信頼しても大丈夫。双方の関係性は時間とともに徐々によくなっていく。
対人・個性 逆	面白くない。疲れる人。できれば一緒にいたくない。気持ちが通じずがっかりする。	コミュニケーションが取れない。価値観の違い。できれば関わり合いたくない人。	相手の問題に深く関わり過ぎている。関わらなければならない問題に関わろうとしない。	しっくりいかない関係ならば、相手と徐々に距離を取っても良い。公私混同しないこと。
健康・その他 正	心と体のバランスが良く気持ちが良い。思ったことが順調に進む。リラックスしている。	物事が順調に進む。相反するものを融合させる。物事に深入りしないで関わる。	きれいごとで片づけようとする。物事の表面を知っていても、裏面を分かっていない。	異なるものを融合して、新しいアイデアを生む。堅実に努力を続けていると必ず成功する。
健康・その他 逆	物事がしっくりいかず、リラックスできない。ロスやミスで気持ちが消耗している。	考える軸や信念がない。優柔不断で判断がつかずロスが多い。深入りし過ぎ。すれ違い。	集中力がない。合わないものを合わせようとして上手くいかない。不節制。慢性的な疲労。	自分や他人に甘すぎたり、厳しすぎたりで上手くいかない時。物事に深入りしないこと。

ワンモアアドバイス　生活において、正確に仕事を行い、節度正しく生きることを示します。しかし、世俗を生きる私たちにとって、正しくてもまったく無駄がないというのは、時に窮屈さを感じさせます。

第Ⅰ章　大アルカナ22枚事典

▼マルセイユ版

生命の再生のプロセス

　青と赤の服を着た天使が、青い壺から赤い壺へと、液体を注いでいます。この２つのものは、男性性と女性性、陰と陽など相反する要素を象徴し、壺から注がれる液体は混ざり統合されます。天使の頭につけられた赤い花は、精神のエネルギーの昇華と赤化（生成）のプロセスを示しています。13［死神］で刈り取られた生きるエネルギーが、地上で新たに芽吹きます。マルセイユ版では女性の姿ですが、羽を持つことから人智を超えた存在の天使です。

＊リーディングのポイント

13［死神］で無駄なものが剥ぎ取られ、再生へ移行する浄化と癒しのプロセスです。時間の経過と共に物事が穏やかに順調に進んでいきます。

▼GD版

＊「生命の木」の対応パス
　　ティフェレット（美）- イエソド（基礎）
＊称号…「命の運び手」「調停者の娘」

超自然的な力

　称号は「命の運び手」「調停者の娘」。［節制］は、［正義］と同様に２つのバランスを取っていますが、［正義］よりも能動的です。液体は古代ギリシアで天界を構成するとされる、第五要素と考えられます。常に輝き続けるものを「アイテール」と呼び、不滅の性質を持ち生命の誕生と存続に深く関与します。魂は「アイテール」と「アーエール」（天の下層の空気）の混合物と考えます。大地と水、爆発する火山が描かれ、ここには生命を構成する要素が整っています。

＊リーディングのポイント

赤と青の２つの壺、陸地と水面に触れた足。このことは、２つのものの間でバランスをとることを示しています。また、力のコンビネーションを表しています。

デッキチェック

枢要徳の「節制」を示す絵画には女性が描かれていました。その為天使は女性的に描かれていることが多いのです。悪魔に戦いを挑んだ大天使ミカエルや、死者を導く大天使ガブリエルとも言われます。

▼ウェイト版

TEMPERANCE.

精神と物質の調和

　人間の受肉のプロセスを表す聖なるカードとして、天使が描かれています。頭には生命力を象徴する太陽が、胸にある三角形と四角形は神秘を示す「7」を表し、聖四文字が刻まれています。2つの壺の生命のエネルギーを移し替えながら、足は水と陸地に置かれ調和を示しています。生命の誕生のプロセスにおいて進む道が地平線まで続き、王冠の形をした発光体が描かれています。生命の木の最初のセフィラ「ケテル（王冠）」を示していると考えられます。

＊リーディングのポイント

アイリスは水が豊かな場所に咲く花で、この地が豊かであることを示します。このカードは、自然界の秩序に基づき物事が順調であることを表しています。

▼トート版　　　　　　　　［技］

Art

＊ヘブライ文字…サメク［支柱］
＊占星術記号…［射手座］

低次の世界から高次の世界への昇華

　［技（アート）］と呼ばれるこのカードは、［恋人たち］で示された結婚の成就で、2人が合体した姿で描かれています。肌の色・髪の色・王冠が入れ替わり、カラスと骸骨が描かれた大釜に水と火を注ぎ、［死神］から続く錬金術の技が描かれています。

　背景に描かれた文字は、「大地の内部を訪れよ、精溜（繰り返しの蒸留により物質を精練・浄化するプロセス）により汝は秘石を見出すだろう」と書かれています。秘石とは宇宙の真理や神の叡智を意味します。

＊リーディングのポイント

大釜は女性性の象徴で、魔女が媚薬を調合するときに用いられました。［技］では恋愛や結婚の実現を示し、お互いの力が調和し融合します。

読み解きの極意！

[節制]は、物質的に何かを形にしていくというより、意識が浄化され洗練されていくことを重要視します。現状では結果が出ていなくても、継続すれば結果的に物事は順調に進むでしょう。

─ THE DEVIL ─
XV

悪魔
あくま

	正	
誘惑		強欲
隷属		堕落

	逆	
依存症		執着
不正		恐怖

欲望に囚われて、自分の本質を見失う

　[悪魔]は、誘惑と欲望の世界です。人間と動物が融合した姿で描かれ、本能的な衝動が人間性を凌駕していることを表し、混沌としています。ここには、[節制]で示された神の秩序はありません。

　ヴィスコンティ・スフォルツァ版タロットの最初期は手書きで、現存する世界最古のタロットのひとつに数えられ、マルセイユ版の元になったと言われていますが、そのデッキでは[悪魔]と[塔]は欠落しています。また、古典的な[悪魔]では厚顔無恥な動物的な態度を示し、コミカルな印象で描かれました。その画風をマルセイユ版が踏襲しています。

　創世記において、悪魔はイヴをそそのかして知恵の実を食べさせました。その結果、人間が知恵を得られ、新しいものを作り出せるようになりました。[悪魔]で示されるものは、神の秩序の外にある創造です。欲望に任せた創造は、時に節度を越え破壊的になります。人は悪魔の誘惑を乗り越えて、自らの知恵と創造性を使う必要があります。

オラクル
メッセージ

今あなたが何かをしようと悩んでいるなら、しないほうがいいでしょう。ひとつのことに囚われすぎて、大切なものを見失っているかもしれません。思わぬ誘惑や落とし穴に注意してください。

＊リーディング表

ポジション 占目	心理・気持ち	現象（過去・現在・未来）	課題となるもの	アドバイス
出会い [恋愛] 正	愛情に飢えている。性的欲求を満たしたい。別れた人への執着や未練が断ち切れない。	性的に魅力的な人との出会い。好きになってはいけない人に惹かれてしまう。誘惑。	自分の魅力を過信して、相手を支配しようとするか支配される。欲望を満たすことが最優先。	出会いのチャンスは多いが、既婚者だったり金銭目当てだったりと信用できないので注意。
出会い [恋愛] 逆	セックスフレンドが欲しい。不倫など、不実な恋にときめきを感じる。性的欲求不満。	結婚詐欺。お金や出世目当てで接近。気になる人への思いがとめられない。三角関係の恋。	自分のコンプレックスが恋の邪魔になっている。手段を選ばず相手の心をつかもうとする。	手段を選ばなければ、好きな人とつき合えるが、良い交際にはならない。
相性 [恋愛] 正	相手がどこで誰と何をしているのか気になり、仕事や勉強が手につかない。相手に執着する。	腐れ縁。不倫や略奪愛。予期せぬ性的交渉。予想外の妊娠。性的に相性が合う。本能的な恋。	性的快楽や物質的欲求を満たしたいという思いが強い。相手を支配したいという欲求。	相手に対する強過ぎる思いは、お互いに負担となるので、相手への執着心を捨てよう。
相性 [恋愛] 逆	孤独を恐れて別れられない。別れて相手が幸せになることが許せない。支配欲や独占欲。	お金の問題や弱みを握られ、別れたくても別れられない。DV。激しい嫉妬。性的倒錯。	強い猜疑心で相手が信じられない。セックスに溺れる。腐れ縁に疲れる。倒錯的な恋愛。	相手に対する恨みは捨て、意地悪はやめよう。これ以上つき合っても苦しみが増えるだけ。
仕事・金運 正	楽して儲かる仕事がしたい。倫理的に良くなくても儲かればいい。強い出世欲。金の亡者。	借金で首が回らない。足の引っ張り合い。セクハラ。パワハラ。違法行為で利益を得る。	絶対的な上司の考えに従わなくてはならない。法を犯しても欲しい物がある。辞められない。	欲張り過ぎても身を亡ぼすだけ。我慢も努力もほどほどに。甘い話には落とし穴がある。
仕事・金運 逆	人の出世に対する妬み。非合法な方法でも利益を優先する。借金苦。欲のために何でもする。	借金の限度額オーバー。これ以上不正をごまかせない。汚職。贈収賄。奴隷のような労働。	多くのものを犠牲にして仕事している。信用を失って回復できない。我慢と苦労の限界。	不正行為はいつか暴かれる。これ以上関わらないこと。嘘やごまかしは通用しない。
対人・個性 正	信用できない。噂や悪口が気になってしかたない。心配し過ぎ。苦手意識。偏見がある。	支配的な人間関係。相手を恐れる。関わらない方が良いと思っているが断れない。	悪い誘いに負けてしまう。人を見るというより利益を計算して関わる。仲がこじれている。	相手が上品で好印象でも、目的や魂胆を持って接近している。利用されないように。
対人・個性 逆	暴力団。泥棒。周りの人が信じられない。関わる人は私のお金を狙っている。束縛に疲れる。	倫理に反することに力を貸す。犯罪に巻き込まれる。お金の無心。腐れ縁。嘘がばれる。	嘘がばれてばつが悪い。相手を恐れて、相手の言いなりになってしまう。濡れ衣を着せる。	相手の嘘やずるさが分かった時には、罠にはまっている。痛手が少ないうちに縁を切ろう。
健康・その他 正	それをしないと落ち着かない。欲求不満でいつもイライラする。面倒なことは嫌。病気。	酒やタバコなどの悪い習慣をやめられない。良くない態度や状況が徐々にエスカレート。	物事が悪化しているけれどもやめられない。物質欲。支配欲。虚栄心。欲望に支配されている。	手段を選ばなければ、欲しい物を手に入れることができるが、その代償は大きい。
健康・その他 逆	自分をこれ以上ごまかせない。嘘にも限界がある。苦悩の限界。心理的に病んでいる。	薬物依存。薬が効かない。持病に苦しむ。孤独に対する恐怖。依存症。犯罪に巻き込まれる。	にっちもさっちもいかず、これ以上落ちることのない感覚。自分の力ではどうしようもない。	卑怯なやり方は通用しない。いずれ今までの罪が暴かれる。恐怖に支配されてはいけない。

ワンモア アドバイス　占いで［悪魔］が出た時に、特に不吉な予兆が思い当たらない場合は、自分自身の劣等感や執着心を表しているかもしれません。ネガティブな感情をパワーに変えて行動してください。

＊デッキごとの意味

▼マルセイユ版

LE · DIABLE

動物的・本能的欲求に支配される

　悪魔は頭部に鹿の角のような冠をつけ、舌を出しています。ソロモン王が封印した72柱の悪魔フルフルと似ています。フルフルは鹿の体に炎の尻尾、コウモリの翼を持ち、たくさんの嘘をつくと言われ、男女の愛や、雷や嵐を呼びよせます。

　手には鋭い爪を持ち、不浄の手とされる左手に柄のない剣を握っています。悪魔には、剣で示される理性や知性を理解できず使えないのです。小悪魔は後ろ手に縛られているように描かれ、呪縛を表しています。

＊リーディングのポイント

14［節制］と同じく錬金術を示し、異質なものの融合を意味します。悪魔は男根と乳房がある両性具有で、男女の融合・性交を意味します。

▼GD版

15 THE DEVIL

＊「生命の木」の対応パス
　ティフェレット（美）-ホッド（反響）
＊称号…「物質の門の支配者」「時の力の子」

死を恐れ生へ執着する

　悪魔の顔は逆五芒星です。逆五芒星は悪魔の力を受け入れることを示します。この悪魔はキリスト教徒が想像する異教の神バフォメット（魔術エリファス・レヴィが描いたもの）を模して描かれています。バフォメットは、錬金術のシンボルです。

　悪魔の台座に鎖で手をつながれた男女は、悪魔の角を模した飾りをつけています。人間は死を避けられませんが、［死神］での腐敗から［節制］再生へのプロセスより逃れたい人間が悪魔を崇拝しています。

＊リーディングのポイント

称号は「物質の門の支配者」「時の力の子」です。［悪魔］は、物質界の法則を超える錬金術のカードです。ただし、その知恵は欲望を満たすために使われます。

デッキチェック

多くのデッキに描かれている動物と人間を併せたような姿の悪魔は、ギリシア神話の半人半獣の自然の精霊サテュロスをモチーフとしています。自然の豊穣の化身、欲情の塊とされています。

▼ウェイト版

THE DEVIL.

獣性に支配される

　２人の男女が悪魔に囚われて人間性を失い、獣性に生きる姿を表しています。その気になれば簡単に抜け出せる鎖につながれ、本能的な衝動に支配されて欲望の虜となっています。

　彼らにとって、[悪魔] は厳しい現実を忘れさせる魅惑的な幻想を見せ、快楽を与える誘惑の象徴です。悪魔の元を離れられないのは、快楽がなければ厳しい現実に耐えられない自分たちの弱さゆえです。彼らは潜在的に恐怖に支配されています。

＊リーディングのポイント

悪魔に男女が囚われていることから、エロス（愛）とタナトス（死）を象徴しています。死（終わり）を意識するからこそ２人は強く結ばれるのです。

▼トート版

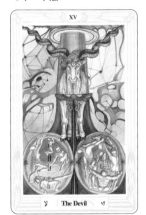

𝕏𝕍　The Devil

＊ヘブライ文字…アイン [目]
＊占星術記号…[山羊座]

生命を宿す男性的なエネルギー

　神秘的な力を司る第三の目を持ったヒマラヤ山羊が描かれ、ギリシア神話の豊穣の神である牧神パンを象徴しています。彼はヘルメスの息子で、中心にはカドゥケウスの杖が描かれ、錬金術を示しています。パンは好色な神とされ、角は強い男性的エネルギーを意味します。背後の生命の木は、象徴的に男性性器を描いています。木は勃起する男根であり、睾丸らしき球体の中に右に男性４人と左に女性４人が、エネルギッシュな精子として描かれています。

＊リーディングのポイント

男性性を表現したカードなので、男らしさを示します。背景に描かれた蜘蛛の巣のようなものは、罠や欲望に囚われやすい状態を暗示しています。

読み解きの極意！

　[悪魔] のエネルギーは、抗うことのできない欲望や恐怖心です。大切なのは、その衝動的なエネルギーをどのように使うかです。建設的で創造的に使うことができれば、悪魔も錬金術師に変容します。

— THE TOWER —

XVI

塔
とう

破壊	突然の変化
正	
束縛からの解放	ブレイクスルー

衝撃	崩壊
逆	
権威の失墜	組織の破綻

人生を揺るがす衝撃的な出来事

　[塔]のカードに描かれる建物は、「神の家」と解釈する説と「バベルの塔」と解釈する説があり、デッキによって異なります。もちろん、ひとつのデッキで複数の解釈を持たせている場合もあります。

　上に立つ者とその下に生きる者があるように、高い建物の上に立つと眼下に、さまざまなものを一望できます。このカードは、上下関係の中にある支配を示します。そして権力の背後には、権力闘争や混乱があります。[塔]は偉大なパワーがあり、人々を畏怖させ支配する権威の象徴です。また、天に向かってそびえ立つさまは男根を表しているという捉え方もあり、まさに性的な強い衝動を放とうとしています。

　天から稲妻の強烈な光が降り注ぎ、物質界の象徴でもある塔はもろくも打ち砕かれ、権力や古い体制が崩壊します。光は神の意識であり、日常を一変させる衝撃的な爆発です。この破壊的な触発により、[悪魔]で物質界の欲望に囚われ、肉体に閉じ込められていた人間の魂が解放されるのです。

オラクル
メッセージ

知らなかったことを知ってしまったり、今までの経験を覆すような急激な変化が起こりそうです。不測の事態に備えて準備をしておきましょう。それを乗り越えることで新しい可能性が拓けます。

＊リーディング表

ポジション／占目	心理・気持ち	現象（過去・現在・未来）	課題となるもの	アドバイス
出会い[恋愛] 正	傷ついたショックで恋愛ができない。誰とつき合っても上手くいかない。性的衝動。	出会いのチャンスが壊される。突然のタイミングで、予期せぬ人と出会う。	自分の人生や恋愛に対して、太刀打ちできないと感じる破壊的な力が作用している。	衝撃的な出来事だからこそ自分の恋愛観を見つめて、自己イメージを見直そう。
出会い[恋愛] 逆	異性に対して嫌悪感を持つ。恋愛に対する自信のなさ。倒錯的な恋愛。性的嫌悪感。	人生や恋愛のトラブルの影響で恋愛ができない。好きでもないのに肉体関係を持つ。	信念やプライドを折られる経験によって、大きな挫折感がある。再起不能だと感じている。	自暴自棄になっても恋愛は上手くいかない。恋愛に対するゆがんだ価値観を改めること。
相性[恋愛] 正	一緒にいても上手くいかない。イライラする。別れたい。傷ついていて関わるのが怖い。	浮気がばれる。突然の別れ話。けんか。破局。望まない妊娠。性的倒錯。性的刺激。	2人の間に緊張感があり上手くいかない。予想もしなかった問題や事件が起こる。不倫。	怒りがあるのなら、それを表現するべき。別れた方が相手と上手く関わることができる。
相性[恋愛] 逆	もうやっていけない。相手に対する激しい怒り。痛い目に合わせたい。修復不可能。	突然の別れ。不倫恋愛のトラブル。相手の信頼が壊れて修復できない。覆水盆に返らず。	トラブルが起こり、修復できないほど信頼が壊れる。避けられない力の影響で別れる。	けんか別れして未練があっても、今は修復できない。関わると関係がさらに悪化する。
仕事・金運 正	信頼を失うことへの不安と恐怖。上司との関係が上手くいかない。会社を辞めたい。焦り。	権威を示す。大きなトラブル。組織が揺らぐ。内部告発。不正が暴かれる。仕事を辞める。	組織的な問題を隠そうとしている。権力を正しく使えない。想定外のアクシデント。	欲を出し過ぎるとトラブルを招く。不正や良くない習慣を改めること。覚悟が必要。
仕事・金運 逆	会社や人に対する信頼が壊れてショックを受けている。失敗や惨敗による絶望と無力感。	仕事の未来に希望が持てない。個人のミスで済まされない。倒産。破産。パワハラ。	ミスや不正は暴かれる。再建困難。自力で問題を解決できず、トラブルが増えて昏迷する。	トラブルを処理してからでないと前に進むことはできない。覚悟を決めて取り組むこと。
対人・個性 正	信頼が壊れる。自分の力を示したい。相手の行動にイライラする。自分のことで精一杯。	権威者。自慢をする人。別れ。トラブル。けんか。信頼を失う。関係を修復できない。	人に言えない秘密や問題を抱えていて、それを暴こうとすることによるトラブル。不信感。	君子危うきに近寄らず。あえて強引なやり方をしてでも相手を正さなければいけない時。
対人・個性 逆	相手への怒りが収まらない。二人の間の力関係の変化や力の逆転を恐れる。	裏切り者。嫌な思いを残して別れる。絶縁。痛い思いをするが、悪い仲間との縁が切れる。	問題やトラブルがあってもその解決は見込めない。関わるとトラブルの被害が大きくなる。	手のほどこしようがないので、自力で解決できない。時間をかけて解決の道を探すこと。
健康・その他 正	体の不調に対する不安。焦りや怒り。無力感。力に対する執着があり、力を失うことを恐れる。	事故。怪我。アクシデント。建物。衝撃的な出来事。信用を失う。覚悟を問われる。天災。	健康上の問題。手術。キャパオーバーでこれ以上はできない。自己顕示欲の誇示。	良くないものは取り除く必要がある。痛みがあるかもしれないが、覚悟しよう。
健康・その他 逆	傷ついた心をそっとしていておいてほしい。トラブルの後遺症で力を出すのが怖い。ED。	転落。建物倒壊。火事。再建できない。トラブルの後処理。人為的ミス。挽回できないミス。	権威あるものにしがみついても自分を守ってはくれない。人生観を一変させる真実や事実。	どれだけ頑張っても力が及ばないこともある。自分の手に負えない問題だと理解しよう。

ワンモアアドバイス	稲光のような速度で劇的な変化を起こすことが特徴です。あまりにも急激な変化なので、予期できない出来事のように感じます。圧倒的な力によって、立場や状況や心境が変わる時期を意味します。

第Ⅰ章　大アルカナ22枚事典

▼マルセイユ版　[神の家]

神の聖なる導きと祝福

　神の偉大な力を示す炎のようなものが建物の屋根を吹き飛ばし、ひとりは逆さまでひとりは上半身が建物から出ています。6[恋人たち]と同様に、16[神の家]が表すのは異次元からの力の介入です。閃光を受けた衝撃で、肉体の束縛から魂が解放されることを表しています。また、三位一体を示す3つの窓のある塔は、聖バルハラの幽閉された建物を想起させます。たくさんの光の玉はマナ（モーゼの祈りに応じて神が天から降らせた食べ物）のようです。

*リーディングのポイント

神の家では、ヒーリングが行われました。この建物は病院、手術などによる治療を意味し、神により新たな生命のエネルギーが吹き込まれると読みます。

▼GD版

16　THE TOWER

*「生命の木」の対応パス
　ネッツァ（永遠）-ホッド（反響）
*称号…「万能軍の支配者」

物質的な創造の限界

　左上のホクマ（知恵）の位置に、三角形の集まりで表現された神のエネルギーが溢れ出し、稲光と赤い矢印で示される神の力によって塔は崩壊していきます。人々は塔の上に王冠を掲げて物質的な成功に浸っていましたが、物質界での創造は神の力の前では無力であるかのように破壊されています。まさに、バベルの塔を暗示する[塔]のデザインです。左右に白と黒の生命の木が描かれ、黒い生命の木にはセフィラがひとつ多く、いささか蛇足になっています。

*リーディングのポイント

称号は「万能軍の支配者」と言います。[皇帝]で示される力による、破壊的側面を表しています。[塔]では、創造のエネルギーが破壊の方向に使われます。

デッキチェック　塔が描かれている背景から、希望の光がないことが伺えます。[塔]が表す破壊的な力は神によるもので、その中に神の意志を示す光が描かれ、新たなエネルギーを吹き込んでいると読めます。

▼ウェイト版

不遜ゆえの崩壊

　[悪魔]で表された獣欲や物質欲、神への不遜な態度に対して、[塔]では懲罰が示されているようです。また、[悪魔]で欲望に囚われた男女が、神の力によって解放されています。それは衝撃的で破壊的なエネルギーで、突然やってくる落雷で象徴されています。男女が落下する落雷を受けた塔が示すものは性エネルギーの絶頂であり、射精を示していると考察できます。

　また、彼らに降り注ぐ光の粒はヘブライ文字のヨッド(神の手)であることから、神の導きを示しています。

＊リーディングのポイント

背景色が黒であることから夜であること、そして落雷による火災で男女が塔から落ちてくることから、恋愛占いの場合「不倫の恋」を示します。

▼トート版

The Tower

＊ヘブライ文字…ヘー［口］
＊占星術記号…［火星］

無限の可能性に対する期待

　他の[塔]と同様、破壊を象徴します。特徴的に描かれているインド神話の破壊と創造の神シヴァの第三の目は、人間が制御できない破壊と天災や予測できない不幸を示しています。

　トート版では、個人の意識が重要とされる「ホルスのアイオーンのための創造」として描かれ、鳩と蛇は生と死、女性と男性の統合による変容を示します。塔から飛び出す石でできた4つの人影は、魂が解放される様子を表しています。

＊リーディングのポイント

神の創造のための破壊を意味していますが、右下の冥界の口から炎が吹き上がっています。口は禍の門であるとも考えられるので、人災も考慮しましょう。

読み解き
の極意！

逆さまに落ちる人が描かれていることは、[吊られた男]と同様に、視点を変えて物事を見るという意味が含まれます。破壊や衝撃により、真実や潜在的な力があぶりだされることを示しています。

─ THE STAR ─

XVII

星

ほし

正	閃き	希望
	信頼	恵み

逆	無駄使い	目標を失う
	夢見がち	高望み

尽きることのない愛を受け入れ、与える

　降り注ぐ星の光の下、片足を水の中に入れた女性がひざまずいています。果てしなく満ちる愛を大地に流し、循環させるのが彼女の役割です。[星]のカードは、天から受け取ったインスピレーションや啓示を心から信頼すれば、この地上で必ず実現すると告げています。描かれている女性は、妊娠していると言われています。彼女が両手に持った2つの器からの流れは、ひとつになります。これは陰と陽の調和や融合を示しています。[星]は、対立することのない愛のある生命のエネルギーを生み出し続けています。

　16[塔]の破壊の後に最初に輝く星の光。17[星]は希望の星の光を示し、その光はこの後に続く18[月]・19[太陽]と明るさを増していきます。

　カードの中の人物は、水瓶を持つことからギリシア神話の美少年ガニメデを想起させますが、現代のタロットデッキでは、[星]には裸の女性が描かれています。かつてはギリシア神話の占星学と天文の女神ウーラニアーなど、天文学を想起させる象徴が描かれていました。

オラクル メッセージ	星は、あなたが迷わないように道しるべを示しています。あなたの進む道は、夢が実現する道です。夢や希望に向かって進みましょう。具体的な目標を持ち、計画を立ててみましょう。

*リーディング表

ポジション / 占目	心理・気持ち	現象（過去・現在・未来）	課題となるもの	アドバイス
出会い [恋愛] 正	理想的な恋への期待感。（男性）美しい女性への憧れ。（女性）恋をして美しく輝きたい。	さまざまな機会を通じて理想の人と出会う。魅力的な女性との出会い。恋への期待が募る。	憧れの人や、恋愛や結婚への憧れを持っているだけで、現実的には進展しない。	自分の直感を信じ、気になる人がいたら積極的にアプローチを。理想の人に出会えそう。
出会い [恋愛] 逆	恋愛に対する夢が叶うとは思えない。理想的な人。手が届かない。束縛されたくない。	八方美人。友だち以上恋人未満。気になる人と心理的にも物理的にも距離がある。片思い。	想像恋愛を楽しむ。二次元のキャラクターに恋をして、現実世界の人と恋をしない。	恋愛に興味が持てない時。自分の時間を大切にしながら、友だちを増やすと良い。
相性 [恋愛] 正	理想的な恋人。直感的に運命の人だと感じる。包容力のある人。相手の子どもが欲しい。	お互いに愛を育み合う。なんでも分かち合える。信頼できる。理想的な相手。無償の愛。	相手を受容することで成り立つ恋愛。相手に高い理想を描いて、そのために努力する。	お互いの個性を認め合い、相手を信頼することで人生に情熱と意欲が湧いてくる。
相性 [恋愛] 逆	相手や恋愛に対する情熱が湧かない。相手と自分の間に隔たりを感じる。期待外れの交際。	つき合っているのかいないのか分からない。遠距離恋愛。問題はないが、信頼できない。	愛やお金を無駄にしている。近くにいても距離を感じる。片思いで良いと思っている。	夢や理想を求め過ぎて、相手のことを見ていない。現実的に相手を理解し、受け入れること。
仕事・金運 正	仕事を通して夢を実現したい。憧れの職業、理想的な職場で仕事ができている充実感。	目標を定める。新しいアイデアが浮かぶ。プレゼンテーションの成功。信頼を得る。IT関係。	大きなエネルギーを与えることができる反面、仕事が大雑把になる。出費が多い。	正しく目標設定すれば夢は叶う。現実を受け入れて、実行可能な計画を立てよう。
仕事・金運 逆	現実と理想とのギャップを感じる。期待を裏切られた失望。目標に届かないがっかり感。	自分の考えを周りの人は理解してくれない。経費がかかり過ぎる。非現実的なアイデア。	自分の力を信頼していない。目標に手が届かないので高望みと諦めてしまう。	理想を思い描いているだけでは実現しない。事実を受け入れ、自分の力を信じること。
対人・個性 正	斬新なアイデアを理解してくれる人。安心できる相手。一緒にいると元気になれる。	信頼関係があり、楽しくつき合える。育む力。博愛精神。友だちを通じて交際が広がる。	信頼関係ができあがっている。安心して相手を疑わない。相手の変化に気がつきにくい。	共通の目標や希望を持つことで、相手との連携が強まる。信頼関係が深まる。
対人・個性 逆	深く傷ついたわけではないが、裏切られた。相手の期待に応えられない。サービスし過ぎ。	与え過ぎ。相手の行動に期待をし過ぎて裏切られる。信用しない。聞いた話と事実が違う。	理想を相手に押しつける。もしくは押しつけられる。本来の自分の力を出せない。	相手への過剰な期待は、結果が出なければ失望感となる。相手の失敗を受け入れること。
健康・その他 正	頭が冴えていて、気分が良い。若く美しくありたいと願う。みんなに愛を与えたい。	インスピレーションに満ちている。実現可能な立案。夢が叶う。与える。慈愛。妊娠。	夢や目標を持っても実現しにくい。アイデアはあるが、現実的な行動や努力をしていない。	夢や希望、未来と自分自身を信じて待つこと。夢や目標が人生を輝かせ、活き活きさせる。
健康・その他 逆	思ったようにならないでがっかりしている。どこまですれば良いか分からない。不信感。	与え過ぎる。ロスが多い。浅く広く。リンパ液の停滞。血圧の問題。不妊症。	チャンスが与えられることを信じて待っているが、受動的になって主体性を失っている。	自分の身の丈に合った場所、人、物を選ぶこと。自信を持って、自分の直感を信じること。

ワンモアアドバイス　このカードが出ると、「夢が叶う」と言われていますので、実現可能な目標設定をして努力を続ければ、必ず結果が表れます。現状を受け入れ、現時点からの目標設定をすると良いでしょう。

*デッキごとの意味

▼マルセイユ版

XVII

L'ÉTOILE

希望の道しるべ

　天上に大きく輝く八芒星は、コンパスマークを思わせます。コンパスは航海の道標です。インスピレーションシンボルとして、迷いを感じている人にモチベーションを与えることを八芒星が示しています。

　大きな星は、豊穣の女神イシスのシンボルのシリウスとも考えられます。夏至の頃、古代エジプト人は日の出前に昇るシリウスを見て、ナイル川の氾濫を予測していました。氾濫によってエジプトの大地は肥沃になりました。[星]は豊穣をもたらします。

*リーディングのポイント

描かれた女性のお腹は膨らんでいます。[神の家]で新たな生命のエネルギーが吹き込まれ、[星]では受胎して生命が育まれていることを表しています。

▼GD版

17 THE STAR

*「生命の木」の対応パス
　ネッツァ（永遠）- イエソド（基礎）
*称号…「天空の娘」「水中の住人」

聖なる愛の恵み

　裸の女性の頭上に白く輝く星と、空に大きく輝く星、それを取り巻く小さな7つの星は、いずれも七芒星です。霊性を示す「7」が示されています。

　女性の持つ赤と青の壺は、[節制]と同じものです。称号は「天空の娘」「水中の住人」で、彼女は天のエネルギーを水に注いで、その水は生命を育む恵みの水となります。後ろに描かれている2つの木は生命の木と知恵の木で、エデンの園を象徴し、このことからこの水は聖なる水であることを意味します。

*リーディングのポイント

[星]に対応する「ネッツァ - イエソド」のパスは「金星 - 月」に関係します。そのことから、大きく輝く星は金星と考えられます。金星は愛や平和を示します。

デッキチェック

　[塔]では創造のエネルギーは破壊的に描かれていますが、[星]では女性的エネルギーに受容されています。どのデッキの[星]の女性も、美しさや愛や平和の象徴として描かれています。

▼ウェイト版

永遠の輝きを放つ魂の光

　マルセイユ版と似た構図で、大きく輝く八芒星は
シリウスです。7つの星は、北斗七星やプレアデスや、
7惑星を象徴していると考察できます。女性はグレー
トマザーとして描かれて、ひざまずき大地と水中に
生命のエネルギーを注いでいます。[塔]の破壊によっ
て放たれた、美しい真実の内なる光と不死のエネル
ギーを表していると言われます。

　右奥に描かれている鳥は、子どもをとても大切に
育てる動物とされるペリカンで、神の愛の象徴です。

＊リーディングのポイント

[星]はキリスト教の七元徳のうち、「希望」を示すと
言われています。[塔]で打ちひしがれた心に永遠の
輝きをもたらす星の光は、希望の光を表しています。

▼トート版

＊ヘブライ文字…ヘー［窓］
＊占星術記号…［水瓶座］

無限の可能性に対する期待

　エジプト神話の天空の女神ヌートが、美しく描か
れています。背後にある惑星は地球で、その上の螺
旋の中心にある星は金星です。左上に描かれている
星は、ベイバロンの星です。クロウリーは、女神ヌー
トは「緋色の女」であり、聖なる娼婦としています。
彼女は金のカップで天空の不死の水を自らに振りか
け、銀のカップで大地に流しています。宇宙的なデ
ザインとして描かれているので、地上の法則という
よりも宇宙全体の真理を表しています。

＊リーディングのポイント

トート版も生命の木と対応し、このカードは「ホクマ
-ティフェレット」のパスに対応しています。イン
スピレーションを与えるという意味があります。

読み解き
の極意！

　[星]は[塔]の絶望の後の夢や希望を意味しますが、まだ小さな光
ではかないものです。これは、次のカード[月]の幻想へと続きます。
次へつなげるための行動を起こすことを促しているのです。

— THE MOON —

XVIII

月

つき

正	
不安	心変わり
隠れた敵	神秘

逆	
本能的行動	裏切り
恐れ	幻想

闇の中に深く沈んだ魂が覚醒する予兆

　[月]は日食を描いているとされ、カードの中には太陽が隠れていると言われています。太陽を陽とするなら、[月]は太陽の光が遮られた「魂の暗い夜」、すなわち霊性に近づくために経験する苦悩と孤独の期間を示します。ここでは、[星]で見つけた希望も失われます。その苦しい経験を通して、再生のための新しい生命力を得るのです。

　深く無意識の底に沈んで隠されていた真実や魂が、17[星]で希望を見出し、月明かりに照らされて闇の中で徐々に動き始めています。18[月]不安や迷いを感じながらも、覚醒する予兆が見えてきました。遠くに建つ門のような柱は、この世の終わりとあの世の始まりを示します。生と死の狭間の世界を背景に2匹の犬が吠えるのは、心の葛藤や動物的な惰性的感情が変化を恐れているからです。

　闇の中に潜む不安や恐怖を乗り越えて、18[月]の世界を通り抜けた時、次のステージである19[太陽]の世界へと道は開かれるでしょう。

オラクル メッセージ	あなたが思い描いている不安や孤独感は、すべて幻想です。自分の覚悟を思い出してください。そして、不安や孤独感が幻想であることを認めましょう。幻想を克服することであなたは成功するのです。

*リーディング表

ポジション／占目	心理・気持ち	現象（過去・現在・未来）	課題となるもの	アドバイス
出会い [恋愛] 正	恋愛をすることに憂鬱な気持ちを抱いている。恋愛に対する劣等感やぼんやりとした不安。	気になる人が常に変わる。相手が既婚者や、三角関係など恋敵がいる。空想恋愛。浮気。	気になる人が何人かいるが、迷ってしまい交際相手を決められない。関係が続かない。	夜の出会いに期待できそう。ただし不倫や三角関係の恋には注意すること。
出会い [恋愛] 逆	別れた相手を忘れられない。恋愛や異性に対する不信感。恋に対する自信のなさ。	終わった恋から抜け出せない。終わることもなく進むこともなく、とどまっている。	自分の欲求を満たしたくて、自分を良く見せようと、相手に嘘をついたり、つかせたりする。	本能的な欲求をコントロールできない時は、気になる人がいても急いで進めないこと。
相性 [恋愛] 正	すれ違いに対する不安。つき合っている人以外に好きな人ができる。先が見えない恋に悩む。	先が見えない不安な交際。幻想を思い描いて、相手の真の姿を見ていない。三角関係。浮気。	自分の気持ちが分からなくなるので、未来に建設的なイメージが持てない。	悩みがあるなら、誰かに相談して力になってもらおう。自己判断は失敗しやすい。
相性 [恋愛] 逆	破局のイメージに支配されている。相手の気持ちが分からない。裏切られることへの恐れ。	相手に対する不信感。引っついたり離れたりを繰り返す。浮気の発覚。別れ。騙されている。	自分に自信が持てなくて、相手に流されやすい。欲求不満から衝動的につき合う。	衝動的欲求と感情に支配されやすい時期。答えや結論を出すのは避けた方が良い。
仕事・金運 正	だんだんやる気が失われる。今の仕事に向いているのかどうか分からない。金銭的な不安。	判断できない。建設的な計画が立てられない。不正な取引。行き当たりばったりで仕事する。	経験があってもスランプで自信がない。漠然とした不安でやる気が出ない。不透明、不明瞭。	自己判断は慎重に。可能であれば、コンサルタントなどから客観的な意見を聞くこと。
仕事・金運 逆	仕事を辞めたい。一緒に働いている人が信じられない。経済困窮に対する強い不安と恐れ。	感情的に不安定で、仕事のミスが多い。無断欠席や遅刻。信頼を失う。裏取引。使途不明金。	不安要素にとらわれて、ネガティブな妄想が支配している。衝動的な判断による損失。	利益を上げるために、法に反することはしてはいけない。健全で建設的な判断が必要。
対人・個性 正	自分も相手も何を考えているのか分からない。気持ちを言葉に表せない。不信感。	人間関係の悩み。どのように相手と関わるべきか分からない。お互い不信感を抱いている。	感情や考えを上手く言葉にすることができず、お互いの不信感が増す。嘘をつく。	事実を感情と分けて考えるようにする。冷静になれなかったら誰かに相談する。
対人・個性 逆	嘘つき。劣等感。関わりたくないが気になる。相手の印象だけで今後の関係を妄想している。	劣等感から関係に否定的な行動を取る。騙される。裏切り。嘘。妄想を信じて行動する。	相手の考えを勝手に想像し、相手がそう思っていると妄信する。被害妄想。騙される。	ネガティブなことを想像して不安を募らせがち。建設的な考えが持てないなら休むこと。
健康・その他 正	霊的なものや神秘的なものに興味が湧く。自分には霊感や特別な力があると思っている。	心理的に不安定。被害妄想。予期不安。自分に自信がない。優柔不断。洗脳されやすい。	現実と、感情や思考などイメージ上のこととの区別がつかない。被害妄想。予期不安。	ひとりで悩むより、誰かにアドバイスをもらおう。時間があるなら、決断は急がずに。
健康・その他 逆	自分の衝動や感情に支配されていることに気がつかない。何が真実か分からない。	心理的に不安定で、社会生活に問題が出る。漠然とした健康不安。躁鬱。夜型の生活。	霊的なものを見る。幻聴、幻覚。正位置と同じだが、より本能的で衝動的となる。	健康のために太陽の光に当たること。医療機関の診断を受ける。事実を確認すること。

第Ⅰ章 ─ 大アルカナ22枚事典

ワンモアアドバイス　素数である17［星］と19［太陽］の光の輝きは絶対的な力を示し、その間にある18［月］は谷のようなネガティブな状態です。これが出た時は、満たされない思いや先が分からない漠然とした不安を抱えています。

18
月

第Ⅰ章──大アルカナ22枚事典

▼マルセイユ版

迷いや葛藤の中の不安

　月は地球に対して、いつもひとつの面を見せています。そして地上からは、月の裏面を見ることができません。月にはミステリアスな側面がありますが、[月]は漠然とした先の分からない不安を意味します。月の下に描かれている雫の形は、下から上に上がっていくように見え、月の引力を示しています。[月]のテーマは幻想ですので、月に上がっていくのは人々の心が作り出した産物であり、幻想やイメージと言えます。不安のエネルギーが集まって、幻想を生み出します。

＊リーディングのポイント

　2匹の犬は、それぞれ遠吠えを上げています。描かれている建物は違う形をしており、これは2つの異なる事柄の間で揺れ動く心を示しています。

▼GD版

＊「生命の木」の対応パス
　ネッツァ（永遠）-マルクート（王国）
＊称号…「干満の支配者」「万能主の孫」

不安の中、試練の道を進む

　赤い建物と青い建物の2つの建物の間に道があるのは、2つの葛藤の間を進むことを示しています。雲の中には、神の手を意味するヨッドが4つ描かれていますので、この道は神とつながるための道を意味しています。道には試練が待ち構えています。ザリガニは太陽の使いのスカラベの対極を示し、恐怖や闇を表しています。また闇夜に赤く輝く目を持つ犬もいて、修行者は恐怖を乗り越えて道を進まなければなりません。月が照らす薄暗い世界が描かれています。

＊リーディングのポイント

称号は「干満の支配者」「万能主の孫」です。月の引力は、生命のリズムを司っています。月は本能に働きかけ、明晰性を欠いて不安や混乱を引き起こします。

デッキ
チェック

　[女教皇]は月の持つ神秘性を示し、満ちていく月は叡智を示します。[月]は欠けてゆく月で、明晰性が失われていくというダークサイドを示します。池は心理世界であり、月は心の光と闇を表します。

▼ウェイト版

獣性を鎮め恐れを克服する

　２つの塔の間に、月が描かれています。この２つの塔は、[死神]でも描かれている物質界と霊界の境目の門であり、ここが星幽界（アストラル界）であることを示しています。池から山間まで続く一本道を月明りのみが照らし、不安な心理を表しています。

　月の光は知性の光ですが、それが照らし出すのは人の持つ獣性です。それは、犬や狼やザリガニで示されています。月で示される精神の光は、雫を散らして獣性を鎮めようと見守っています。

＊リーディングのポイント

水の中に潜むザリガニが姿を見せているのは、潜在意識からの本能的な恐れを表しています。知的に理解できない、漠然とした不安を表しています。

▼トート版

闇の恐怖を超えて日の出へ向かう

　恐怖を示す黒で描かれた２つの塔があり、エジプト神話の冥界の番人であるアヌビスが立ちます。頭部はジャッカルで、足元にもジャッカルがいます。アヌビス神が握るアンク十字は、生命を象徴します。太陽の使いであり聖なる力と繁栄をもたらすスカラベが太陽を運び、意識の覚醒と復活を表しています。

　また２つの山のように見えるのは、天空の女神ヌートの太ももです。赤いヨッドは経血のように描かれ、月経による不安定な精神状態を表しています。

＊リーディングのポイント

下向きの月は、不安定な感情を引き起こす月の魔力を示しています。周期波のようなデザインは、不安な感情が繰り返されることを暗示しています。

＊ヘブライ文字…コフ［後頭部］
＊占星術記号…［魚座］

読み解きの極意！

　[月]は、近くにあるカードに影響を与えます。良いカードと一緒ならポジティブな妄想、悪いカードと一緒ならネガティブな妄想を意味するか、そのカードの意味合いに不安定さをもたらします。

— THE SUN —

太陽

たいよう

正	
統合	生命
エネルギー	自己表現

逆	
自己中心的	浪費
自惚れ	稚拙

自己表現により、生命力を育む

太陽は光と熱を与え生命を育む活力の源ですが、その反面灼熱をもたらし、干ばつで生命を脅かす脅威でもありました。そのため多くの文化の中で古来より信仰の対象でした。[太陽]は、名前の通り陽の象徴で吉祥を示し、生きる喜びと充実感を放出しています。

[悪魔]から[月]までは、夜や心の闇について経験することが描かれていました。17[星]も 19[太陽]も、素数で本質的な自己の光を表しています。[太陽]では、[月]で示された恐怖や不安を超えて到達することのできる本質的な自己が輝き始めるのです。

多くのデッキの[太陽]のカードに描かれる2人の人物は、陰陽、男性性と女性性、肉体と霊体であり、自分の中にある対になる質を示します。この2つの質が統合されることにより、本質的な自己による表現が人々にエネルギーを与えるのです。太陽のまばゆさの中で、年齢とは関係のない純粋で無邪気な子どもの魂が目覚め輝き出します。その光は、すべての人に生きる喜びを与えます。

オラクル メッセージ	上手くできなくてもいいのです。あなたが「こうしたい」という思いがあれば、それで OK。なぜなら、そこには幸せになれる何かがあるから。限りなく人生を楽しみ、心から喜びを表現しましょう。

*リーディング表

ポジション 占目		心理・気持ち	現象（過去・現在・未来）	課題となるもの	アドバイス
出会い [恋愛]	正	楽しい出会いを期待している。恋に対して前向き。人を愛するエネルギーに満ちている。	人気があり人から注目される。昼間の出会い。運命を感じる出会い。第一印象から良い。	明るくて楽しい人だが、性的な魅力を感じない。誰にでもオープンで恋愛ムードにならない。	明るくみんなにエネルギーを与えるところが魅力だが八方美人になり過ぎないように。
	逆	出会いを期待して浮かれている。好きか嫌いかが分かりやすい。誰に対してもオープン。	出会いは多いが、気が多くて、恋人ができない。出会った人と恋愛ムードにならない。	自己中心的になって相手の話を聞いていない。何でも気軽に話し過ぎて幼く見える。	場所とムードを考えて出会いを楽しむこと。アピールし過ぎて自慢話にならないように。
相性 [恋愛]	正	楽しい交際。結婚を考えている。恋愛が充実して、人生が充実している。幸せ。	楽しい交際。結婚。幸せな妊娠。離れていても心はいつも一緒。告白。交際が認められる。	片思いでも、内緒の交際であっても、周囲の人に悟られる。公共の場所でもいちゃつく。	相思相愛。告白やプロポーズは成功する。結婚を考えているなら順調に進む。
	逆	楽しい交際だけど、お金やエネルギーを使い過ぎて疲れる。相手のことで心がいっぱい。	楽しい交際だが、出費が多い。恋愛に夢中で、他のことに手がつかない。気持ちの押しつけ。	2人の間での隠しごとができない。関係を続ける上で問題があっても、取り組まずに遊ぶ。	大げさな告白は失敗しそう。調子に乗り過ぎずムードを大切に。交際費の使い過ぎに注意。
仕事・金運	正	仕事が楽しくて仕方がない。やりがいのある仕事で充実している。才能を活かせている。	周囲の人が成功を祝福してくれる。才能を発揮する。名誉を得る。子どもに関する仕事。	明るく楽しく仕事ができるが、秘密が漏れやすい。自信に満ち溢れ過ぎで油断している。	自信を持って、自分の力を発揮できる時。楽しむことが才能を引き出すコツ。
	逆	自分の成功を周りの人はもっと祝福し、認めるべきだと思う。今以上に出世したい。	出費が多い。秘密の漏洩。失敗やミスが多い。傲慢から判断ミスをする。殿様商売。	支出が多い。秘密などが漏れやすい。無駄が多く効率が悪い。成功したことで傲慢になる。	たとえ上手く進んでいても天狗にならないこと。出る杭は打たれる。能ある鷹は爪を隠す。
対人・個性	正	子ども。子どもっぽい人物。オープンハート。ポジティブ。人間関係を楽しんでいる。	人間関係が円満。楽しいつき合い。何でも話ができる関係。発展性のあるつき合い。	目立ちたくなくても目立ってしまう。影響力が大きいので周囲の人を巻き込んでしまう。	楽しい人間関係を持つことができれば、才能が認められるので積極的に人と関わろう。
	逆	浪費家。自己中心的な人。幼稚な人物。もっと注目してほしい。影響力を持ちたい。	問題があっても気にせず楽観的。噂話が広がる。何をしても目立って注目される。躁状態。	良い人も悪い人も分け隔てなく関わることで、悪を許して、引き入れてしまう恐れがある。	周囲の人に踊らされて、見栄を張らないように。軽はずみな約束はしないこと。
健康・その他	正	自己実現した満足感。達成感。自信。物事に対してポジティブな時。オープンハート。	元気一杯。活力に満ちる。多くの人を引きつけ魅了する。自己実現できる。自信がある。	その場の主人公になろうとする。無理をしていることに気がつかない。陽気過ぎる。	愛やエネルギーを多くの人に与え、才能を人のために使うことで自己実現する。
	逆	自己顕示欲が強い。有名になりたい。もっと注目されたい。躁状態。自己中心的な考え。	子どもっぽい。自己中心的。自己愛。独りよがり。自慢。エネルギーの浪費。体力の消耗。	自己顕示欲が強く、自己中心的な考えで、人を振り回す。プライバシーが守られない。	真夏の太陽のように、強過ぎるアピールは裏目に出る。適度なエネルギーの使い方を。

ワンモアアドバイス	生命の高いエネルギーを示し成功を表すカードですが、エネルギーが強すぎて、ネガティブな働きをする場合もあります。隠したいことが表面化したり、目立ちたくないのに目立ってしまうことも。

＊デッキごとの意味

▼マルセイユ版

心理体の自己と、霊体の自己の統合

　正面を向いた人の顔を持つ［太陽］は、たくさんのエネルギーを放射しています。［月］の中の太陽と違い、影響力が広大で恒常的であることを表しています。

　太陽の下に、青い腰布を巻いた2人の子どもが描かれています。右側の子どもは左の子どもがやってくるのを待っていて、それを歓迎しているようです。左側の子どもは［月］までのプロセスを通ってここに至った「自己」で、右側の子どもはそれを待っていた「霊的な自己」を意味します。

＊リーディングのポイント

太陽からは、直線や曲線状の放射があります。太陽の大きすぎるパワーには、ポジティブな面とネガティブな面があることを示しています。

▼GD版

＊「生命の木」の対応パス
　ホッド（反響）- イエソド（基礎）
＊称号…「世界の火の支配者」

生命力を育む太陽のエネルギー

　カードの称号は「世界の火の支配者」です。男の子と女の子が手をつないでいます。彼らは大切に壁によって守られ、上空に輝く太陽の光を浴び、のびのびと育っていくことが暗示されます。2人の上には7つずつ赤いヨッドが描かれていて、彼らは神の祝福を受けています。

　2人が裸であることは、純粋なエネルギーを象徴しています。男の子の足は地に、女の子の足は水中にあるのは、［節制］や［星］と同様に陰陽のバランスを取っていることが示されています。

＊リーディングのポイント

［太陽］は隣り合うカードによっては、うぬぼれや見せびらかしという意味が生じます。横柄な態度や独りよがりにならないように注意しましょう。

デッキ
チェック

　［太陽］を占星術から見ると、生命力を表しています。太陽に関係する5ハウスは、子どもや自己表現を示します。太陽の持つ生命の輝きと喜び、それらを表現するために、子どもが描かれているのです。

▼ウェイト版

THE SUN.

人類を導く魂の叡智

　裸の子どもが馬に乗り、赤い旗を振っています。ウェイト氏は、「この子どもは、人類の永遠の進歩を先導する神聖にして偉大な光を示す」と言っています。

　太陽は魂の中の意識の象徴で、子どもで示される純粋さは叡智の純粋さも表しています。その叡智で馬で示された獣性を完全に正しい方向へ導き、本能の支配から解放された魂を表しています。

　[死神]では死を[太陽]では生を、馬にまたがる2枚のカードで陰陽が表されています。

＊リーディングのポイント

[愚者]・[死神]・[太陽]のカードに描かれる人物の頭には、赤い羽根がついていて、天や神の力とつながって強大なエネルギーが働くことを意味します。

▼トート版

The Sun

＊ヘブライ文字…レシュ[頭]
＊占星術記号…[太陽]

古い束縛からの解放

　[月]の産道を通り、新たなる世界が示され、輝く太陽としてヘル・ラ・ハが描かれました。ヘル・ラ・ハとはエジプト神話のホルスの別名で、光と生命、自由と愛の神で、クロウリーの宗教団体セレマ内で信仰される新しいアイオーン（永劫）の神です。

　踊る子どもたちには羽根が付いていて、死から解放され、自由であることを示しています。

　12本の光線を放つ太陽を取り囲む12星座は、[星]と同様に宇宙意識と繋がっています。

＊リーディングのポイント

山には赤い壁がぐるりと一周して、頂上に至ることを制限しています。エネルギーを正しく使うためには、適切な節制が必要であることを示しています。

読み解きの極意！

　[太陽]はバイタリティーに溢れ、病気が回復するカードです。また死からの自由を示すので、[太陽]は物質的な命の外側にいる状態です。すなわち、天寿をまっとうして、肉体の束縛からの解放を意味します。

─ JUDGEMENT ─
XX

審判
しんぱん

正	
最終決定	復活
宣言	問題の解決

逆	
受容しない	不合
裁き	覚悟できない

使命に目覚め、覚悟を持って生きる

　天使がラッパを吹き鳴らす場面は、新約聖書のヨハネの黙示録の「最後の審判」がモチーフです。最後の審判では、7つの封印が順に解かれ災いが襲います。天使がラッパを吹くのは7番目の封印が解かれた時、さらに激しい天災が起こります。世界の終末が訪れて人類の罪に対する神の審判が下され、キリスト（救世主）が再臨して死者も生者も裁かれ天国と地獄に分けられると言われています。キリストはサタンを幽閉し、地上には幸福な時代が続く千年王国が樹立されるというのが、最後の審判のストーリーです。

　タロットカードの［審判］では、人が祝福を受け取っている姿が描かれています。死者が蘇っていることもあり、復活という意味があります。

　19［太陽］での2つの融合が、20［審判］では三位一体として心・体・魂、過去・現在・未来が統合され、天使の呼びかけに肉体の枠を飛び出して覚醒しようとしています。「20」という新しいステージへと進み、復活というより、むしろ霊的な世界への覚醒とスタートを示します。

| オラクルメッセージ | 最終的な決断をする時期が来ました。迷っている時間はもう終わりです。そして、前に進む覚悟が必要です。古いパターンに囚われない、新しい挑戦を始めましょう。あなたならそれができます。 |

*リーディング表

ポジション 占目		心理・気持ち	現象（過去・現在・未来）	課題となるもの	アドバイス
出会い [恋愛]	正	新しい出会いに期待する。ドラマチックな恋、運命的な出会いに対する期待。結婚願望。	出会いの場に誘われる。別れた人からの連絡。運命的な出会い。自分からアピールする。	出会ってすぐに特別な縁を感じ、揺るがぬ気持ちとなり、つき合わなければと思う。	自分に自信を持ち、恋愛や出会いに積極的になれば、運命的な出会いがありそう。
	逆	良い人など現れないという諦めの気持ち。恋人がいなくても構わないと思う。	出会いのチャンスを逃す。自分をアピールできない。恋愛や結婚を諦めている。	恋愛に情熱的だった時期が終わって、今は諦めている。自分から接近できない。	過去の恋人が忘れられない。自分の心を切り替えれば、新しい出会いが待っている。
相性 [恋愛]	正	ずっと一緒にいたい。プロポーズをしようと思っている。けじめをつけたい。	結婚。同棲。家族に紹介。プロポーズ。公認の仲。周りの人に祝福される交際。復活愛。	交際にはっきり答えを出す必要がある。その答えは変更できないので覚悟が必要。	永遠に愛を誓う気持ちなら、告白やプロポーズのタイミング。強い絆で結ばれる。
	逆	発展性がないので別れた方が良いと思う。よりを戻すことはない。別れの覚悟をする。	覆水盆に返らず。別れる。よりを戻せない。恋が完全に終わる。連絡が取れない。	過去の行いの結果が出て関係性が決まる。今、悔い改めても関係や立場は変わらない。	相手に対して行ってきたことの答えが、現状。こだわりを捨て、諦めることが肝心。
仕事・金運	正	ずっと努力や準備をしてきた情熱がある。自分の能力を信じ、それを活かそうと思う。	冠婚葬祭業。広告業界。プレゼンテーションの成功。才能の発揮。合格。仲間と協力する。	今までの努力や成果が評価されるので、それに見合った答えが出る。覚悟が必要。	才能を発揮する時。覚悟を決めて問題に取り組めば、どんな問題も解決できる。
	逆	失敗を補填する能力がないと思い、やる気を失う。自分の立場や状況に対して諦めている。	入札やコンペに負ける。やる気のなさ。問題を解決する能力がない。指示が行き渡らない。	良い結果が出ない。決まったことが変更できない。新しい道に切り替える必要がある。	望んだ結果が得られなくても、気持ちを切り替えて、新しいことにチャレンジしよう。
対人・個性	正	伝えたいメッセージがある。相手との特別な縁を感じる。もっと一緒にいたい。	相手の評判を聞く。家庭円満。再会。共通の考えを持った人の集まり。SNSで呼びかける。	問題を解決しなければ、仲は進展しない。現状の立場での関係性や約束が長く続く。	自分の意見があるなら相手と分かち合い、心から理解し協力し合える関係を築こう。
	逆	相手のことが許せない。その思いはずっと変わらない。どうすれば上手くいくか分からない。	仲直りはできない。音信不通。縁がなくなる。家庭不和。謝っても許してもらえない。	けんかなどの不和を修復できない。状況や感情や考えが頑なで変わらない。	仲違いした関係に執着心を持ってはいけない。何もしないか、諦めた方が良い。
健康・その他	正	天命や状況を受け入れられる。病気や不調からの回復や、問題解決の喜び。使命感。	九死に一生を得る。奇跡が起こる。広告、インターネット上の表現。覚悟を決める。覚醒。	最終判断なので、その後は変更できない。才能が発揮されるが、覚悟や決意が必要。	最終判断のために覚悟と決意が必要。どんなに努力しても、最後は天に委ねるしかない。
	逆	結果や決まったことを受け入れられない。やる気のなさ。意気消沈。諦め。後悔。	秘密の暴露。再起不可能。諦める。奇跡が起こる。使命を受け入れる。祈り。因果応報。	覚悟を試される試練。決まったことを変えられない。現状を自分の意思では変えられない。	受け入れがたい結果であっても、それを受け入れないと前に進めない。諦めが肝心。

ワンモアアドバイス	多くのデッキで、天使がラッパを吹き鳴らす構図として描かれます。これは、「公的に何かを告知する」「宣言し知らせる」という意味があります。表現による創造の力を表します。

▼マルセイユ版

霊的な目覚め

雲の中から現れた巨大な天使はラッパを吹き、激しい光を放っています。構図は［恋人たち］と似ていますが、［審判］では人々は天使の存在に気づいていて、人々が霊的に成長していることを表しています。

［審判］は20番ですが、「20」は次のステージへ進むという意味の「10」が2つ重なっていると捉えます。この前の19［太陽］で自己の霊体との統合を果たした魂が、10［運命の輪］の輪廻から解放され、20［審判］で霊的な自己として生きることを祝福しています。

＊リーディングのポイント

最後の審判でイエスが再臨したことから、復活という意味があります。人間の持つ本来の性質を発揮することで、奇跡を起こすことを示しています。

▼GD版

＊「生命の木」の対応パス
　ホッド（反響）-マルクート（王国）
＊称号…「原初の炎の霊」

最終決定

白い三角と赤い十字を併せたものはゴールデンドーンの象徴で、三位一体の不滅の創造の光を示します。天使がラッパを吹き鳴らし、水の中にいる人にも音が届いています。墓から人々が復活しています。7つの赤いヨッドは、神の介入を表します。神の霊力が吹き込まれ、自らの霊性に目覚めるのです。

称号は「原初の炎の霊」です。聖なる文字と呼ばれる創造の三元素の大気（アレフ）・水（メム）・火（シン）のうち、火（シン）が大きく描かれています。

＊リーディングのポイント

天使は大天使ガブリエルと言われ、再生の象徴である3匹の蛇と共に描かれています。1匹は虹の輪の外へ出ていき、新たな方向に進んでいます。

デッキチェック
水の中に棺があるように描かれ、これは大洪水によって破壊された地上を脱出したノアの箱舟を思い起こさせます。宗教的なカードで、正しい信仰を持つものは救われるというメッセージがあります。

▼ウェイト版

JUDGEMENT.

永遠の生命に目覚める

　天使を取り囲む雲は異次元からの介入を示し、赤い十字は聖なる光を地上に引き降ろすシンボルです。

　天使のラッパの音に、棺に眠っていた死者たちが蘇っています。肌を青白く描かれた人々は、霊的な目覚めを表しています。それは、永遠の生命に目覚めた内なる覚醒です。人々は天使を崇拝し、恍惚状態です。描かれているのは、女性・男性・子どもという3人が1組になっており、陰陽が統合されて新しい生命が生まれることを示しています。

＊リーディングのポイント

父と母と子が描かれている構図から、このカードはしばしば家族を表すことがあります。家族または仲間がひとつの目的でまとまることを示します。

▼トート版　　[永劫]

XX

The Aeon

＊ヘブライ文字…シン [歯]
＊占星術記号…[火のエレメント]

新しい時代の始まり

　子宮の形の天空の女神ヌート、その伴侶の黄色い翼のハディト神、その子どものホルス神が描かれています。座しているラー・ホール・クイト神はホルスの能動的な面を、幼子の姿で半透明のホール・パール・クラート神はホルスの受動的な側面を示しています。

　トート版では伝統的な[審判]という名前ではなく、「永劫（アイオーン）」と名づけられ、ホルスのアイオーンを示しています。アイオーンとは、約二千年を一周期とするサイクルのことです。

＊リーディングのポイント

描かれた「シン」は火を示し、文字の中にいろいろな人が見えます。ホルス神は火のアイオーンです。人々はつながり、情熱を持って新しい創造が行われます。

読み解きの極意！

21[世界]に至る「最後の審判」なので、人生のすべての結果が審判されます。このカードが出たら、重大な覚悟で物事に臨まなければなりません。逆位置は、悪い評価が下されると考えると良いでしょう。

— THE WORLD —

世界
せかい

	正	
完成		合一
全体		宇宙

	逆	
未完成		世俗的
遅れる		不活性

すべてがひとつとなり、物事が成就する

　無から旅立った 0「愚者」は遠大な旅路を歩み始め、さまざまな霊的成長を繰り返しながら、物質界や心理界、霊性界を巡ります。その結果、21[世界]では一個人が世界や宇宙などの全体と一体となり、統合と調和が表現されています。[世界]は最終の到着地点ですが、番号の1桁目が1なので、再び永遠の旅の出発点でもあるのです。終わりと始まりは同じで、私たち人は霊性の世界から地上に降りていきます。

　[世界]は、エデンの園から追放されたアダムとイヴが魂の旅を経て帰還したことを表します。神の女性原理を示すシェキーナは歓喜のうちに中央で活き活きと舞い、天と地のエネルギーが統合されたことを祝福しています。また、描かれた人物は両性具有者であるとも言われ、[審判]で描かれている人々がすべて統合されているとされています。

　四隅には、宇宙を構成する四大要素を象徴する獅子(火)・鷲(水)・天使(風:智天使ケルビム)・牡牛(地) が配され、物事の完結を表しています。

> **オラクルメッセージ**　物事はすべて上手くいっています。今のあなたは最強です。気力も知力も充実していて、望むことはすべて上手くいくでしょう。喜びを表現し、充実感に満たされましょう。

＊リーディング表

ポジション／占目	心理・気持ち	現象（過去・現在・未来）	課題となるもの	アドバイス
出会い[恋愛] 正	今のままで満足している。恋人が欲しいと思わない。自分の世界を楽しみたい。結婚願望。	友だちのまま進展しない。安定して変化のない人間関係や環境にいるので出会いがない。	今の生活に満足しているので、出会いを求める気持ちが湧かない。結婚したいと思わない。	恋愛や結婚を通して、あなた自身と未来の恋人と周囲の人を幸せにすることができる。
出会い[恋愛] 逆	恋人や結婚相手がいないことへの不安と不満。完璧な相手とは出会えないと思っている。	気になる人がいても行動しないので進展しない。出会いのチャンスに出遅れる。現状維持。	将来的に結婚したいとは思っているが、今でなくてもと考えて行動しない。焦りがない。	求めるものは得られるので、出会いや恋愛に積極的になると、良い出会いがある。
相性[恋愛] 正	相手との関係は安定している。結婚を考えている。相手と自分の心が通じ合っている。	結婚。プロポーズの成功。安定した交際。国際結婚。深い絆。心と体が一致した愛。	相手との関係性に満足しているので、行動をなかなか起こせない。恋愛が進展しにくい。	努力しないと現状のまま。交際をする、結婚するなどの、決意をすれば望みが叶う。
相性[恋愛] 逆	不満はあるが、問題があるわけではない。結婚するには時間が必要だと思っている。	片思い。馴れ合いの関係。結婚の条件が整うには時間が必要。友だち以上、恋人未満。	相手との関係に大きな問題はないけれど、なかなか進展しなくて、ぱっとしない。	結婚は条件が整うまで急がないこと。お金や言葉に左右されず、真実の愛を育もう。
仕事・金運 正	仕事が成就した達成感と満足感。世界で活躍したい。仕事を通して社会貢献をしたい。	大きな商談がまとまる。国際的な活動。グローバルな企業。環境への配慮。目的の達成。	今が絶頂なので、今より出世しにくい。大きな意識を持たないと小さくまとまってしまう。	人類や世界に貢献できる力がある。自分の才能を世界中の幸せのために使おう。
仕事・金運 逆	必要な知識や技術はあるが、打って出るには実力不足を感じている。もっとお金が欲しい。	目標を達成できない。なかなか完成しない。ストレスが溜まっている。残業。	達成まであと少しだが、そこから進展しない。そこそこできるので手を抜いてしまう。	マイペースでいいので、最後までやり通そう。必ず努力は報われ、納得できる結果になる。
対人・個性 正	言いたいことがあるが、言わない。今の人間関係で満足。自分や相手の役割を理解している。	家庭円満。深い絆。信用できる人。一緒にいることで安心できる。充実したつき合い。	安定した関係で変化がない。お互いの使命を意識しなければ発展性のないつき合いになる。	お互いに信頼できる人間関係。力を合わせて何をするか考えよう。未来のことを計画する。
対人・個性 逆	過去に縁が深かった人。言いたいことがあっても言わない。マンネリなつき合い。	適度な距離があるので、良い関係が保てる。人間関係に問題があってもそのままにしている。	本当に信頼できるようになるには、誠実に話し合い、時間をかけてつき合う必要がある。	疑問をそのままにしないで相手と誠実に話をすることで、お互いの信頼感を高めよう。
健康・その他 正	自信があるけど謙虚な人。天命を知り、安心して生きる。海外旅行や社会貢献がしたい。	目的達成。大願成就。海外旅行。グローバルな視点。環境が整っている。人生の充実。	すべて完璧に整っているので、何か行動を起こすとバランスを壊す可能性がある。	今までの努力が報われて成功する時。周囲から活躍を期待されている。愛されている。
健康・その他 逆	現状に問題はないが、より大きな世界に出ていきたいと感じ、それにはまだ力不足と思う。	運動不足。7割は満足している。達成するにはまだ努力が必要。ひとつにまとまらない。	物事を上手くまとめられない。統合できない。あと一歩というところで力が及ばない。	最後まで諦めないで続けてみよう。まだ可能性がある。あと少し努力すれば夢は叶う。

第Ⅰ章｜大アルカナ22枚事典

> **ワンモアアドバイス**　[世界]は、「完璧に整っている」「完成されている」という意味なので、スプレッド上の現在の位置に出ると、むしろ現状から進展しにくくなります。新たな土俵で活動するなら、さらなる成功がもたらされます。

▼マルセイユ版

ひとつに統合され完結する

　真ん中の女性は右手に小瓶、左手にバトンを持っています。それぞれの形は陰陽を示し、それらを持つことで陰陽の統合を表しています。右手の小瓶の中には、不老不死薬であるエリクシールが入っています。

　四隅にいる精霊の獅子の黄色は火、鷲の青は水、天使の羽根の赤は風、牡牛のオークルは地を示し四大要素を表しています。アーモンド型の月桂樹のリースと真ん中の人も同じ配色なので、4つのエレメントの統合を表しています。

＊リーディングのポイント

「4」の字に組まれた足は木星を表し、発展や拡大を意味するのと同時に、4つのエレメントの統合を体現して安定していることを表しています。

▼GD版 　　　　[宇宙]

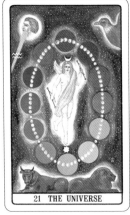

過去・現在・未来の統合

　GD版では[宇宙 The Universe]と名づけられています。色とりどりの12個の球体は12星座を意味し、称号は「時の夜の大いなる者」です。真ん中の女性は三日月冠を頭に着けていることから、エジプト女神イシスを示しています。イシスの神殿には「われイシスはかつてありしもの、あるもの、あるであろうもののすべてである」と刻まれていたそうで、過去・現在・未来と万物を統合した存在として描かれています。足元には七芒星が描かれ霊性が示されています。

＊リーディングのポイント

このカードは完璧であることを示します。問題があるとすれば、他に明確な原因や理由があります。一緒に出現したカードを参考にしましょう。

＊「生命の木」の対応パス
　イエソド(基礎) - マルクート(王国)
＊称号…「時の夜の大いなる者」

デッキ
チェック

　4デッキとも、輪の内側に女性もしくは両性具有者が描かれるのが[世界]のデザインですが、ヴィスコンティ版タロットなど、球体の中に都市が描かれているというデザインもあります。

▼ウェイト版

THE WORLD.

神を理解する魂の喜び

　ウェイト版は、伝統的なタロットデザインを踏襲しています。黙示録とエゼキエル書に登場した精霊は、新約聖書では四福音書のシンボルとみなされています。牡牛はルカ伝、獅子はマルコ伝、鷲はヨハネ伝、天使はマタイ伝に対応し、守護者として四隅に配置されています。２本のワンドはそれぞれ２つの先端があり、４つの先端はそれぞれ四大要素を統合を示し、宇宙の完成を表しています。宙を舞う女性は、神の秘密を理解する喜びを表しています。

＊リーディングのポイント

月桂樹の輪の上下に、永遠を象徴する無限大の記号を象ったリボンが二重に描かれています。これにより祝福が強調され、大いなる喜びを表しています。

▼トート版　　　　　　　［宇宙］

ℏ　The Universe　♪

＊ヘブライ文字…タウ［十字形］
＊占星術記号…［土星］

終点から始まる新たなエネルギー

　０［愚者］はアレフ（風）、12［吊られた男］はメム（水）、20［永劫］はシン（火）で、これまでに創造の三元素が出現しています。そして［宇宙］は土星と対応し、「地」とつながり、４つのエレメントの統合と読めます。

　きらめく輪は、宇宙を示す12星座を72分割したシェム・ハ・メフォラシュの天使の輪を示しています。ヘル・ラ・ハを暗示する目や光、それとつながる鎌と大蛇のパワーを受け止める乙女のパワーを象徴し、陰陽の統合と完結を表しています。

＊リーディングのポイント

トート版の最高神・女神ヌート（＝緋色の女ババロン）が描かれていますが、［宇宙］はゴールであり始まりでもあるので処女アバロン（乙女）の姿で表されています。

読み解き
の極意！

大アルカナは１〜21で完結します。タロットでは、「21」で物事が完結するというサイクルを持ちますが、別に０番のカードが存在します。21［世界］で完全な調和を超えて、改めて始まるのが０［愚者］です。

第Ⅱ章

小アルカナ
56枚事典

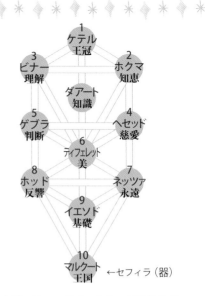

ゴールデンドーン（和名：黄金の夜明け団）は、タロットに生命の木のシステムを組み込みました。ウェイト版やトート版は、その影響を受けています。小アルカナの数札は生命の木の10のセフィラ（複数形：セフィロト）に対応し、セフィラの質がカードに付与されています。

✴　詳細なエピソードを示す小アルカナ　✴

　小アルカナ56枚は、ワンド（ロッド・バトン・杖）、カップ（聖杯）、ソード（聖剣）、コイン（ディスク・ペンタクルス・貨幣）と呼ばれる4つのスートで構成され、世界を構成する四大要素であるエレメント（火・水・風・地）に対応して、それぞれ性質が生じています。各スートは、1（Ace）〜10の数札（ヌメラルカード）と宮廷札（コートカード）に分かれ、数札には番号がつけられ、1をAce（エース）と呼んで特別なカードとしました。

　数札は事象や行動の詳細を表し、数札の数字が占いの答えになることもあります。宮廷札は、ペイジ（ネイブ・小姓・プリンセス）、ナイト（キャバリエ・騎士・プリンス）、クィーン（女王）、キング（王・ナイト）の4種類からなり、デッキごとに呼び名が違います。宮廷札は、人物の個性や対人関係などを示します。小アルカナは、大アルカナの持つ運命的な出来事に具体性と説得力をもたらし、占いの内容を万全にします。

✳ この章の解説について ✳

　小アルカナは、デッキごとに絵図も個性も違いますが、本書では、数秘術とスートやエレメントから見たカードの解釈や、同じ数の大アルカナとスートを絡めた意味を根底に、デッキごとの特徴的な考察をつけ加えています。ご自身の持つデッキでも自由に考察を深めるには、本書のキーワードを参考に、絵を観察してそこにある心理を想像することです。独自の閃きをリーディングに活かしましょう。

✳マルセイユ版
レイアウトの形と、スートの質×数字のテーマで意味が示されています。そのため、マルセイユ版小アルカナの解釈は個人に委ねられます。イメージを広げたい時は他のデッキも参考にすると良いでしょう。

✳GD版
カバラ・生命の木の対応や占星術の対応、与えられた称号を参考に読み解くと良いでしょう。特徴は、コインのスートにペンタクルスという儀式の要素を込めた点と、宮廷札の男女比を同じにした点です。

✳ウェイト版
ウェイト版やトート版は、GD版の小アルカナの概念を元にしてデザインされています。数札に中世の生活シーンが描かれているので、イメージを膨らませて読み解いていきましょう。

✳トート版
各カードにタイトルがあり、イメージを掴みやすいです。宮廷札は中国の易に対応しており、プリンセス、プリンス、クィーン、従来のキングはナイトとなり活動的です。プリンセスには地上の対応もあります。

スート	エレメント	キーワード	数札（ヌメラルカード）40枚（出来事や行動の詳細を表わす）数秘術から見たキーワード										宮廷札（コートカード）16枚（人物の個性や対人関係）			
			1	2	3	4	5	6	7	8	9	10	ペイジ（プリンセス）	ナイト（プリンス）	クィーン	キング（ナイト）
ワンド	火	直感 情熱 活力	スタート	陰陽・バランス	表現・創造・結束	安定・物質的側面	五感・活動・興奮	調和・完全な美	永遠・神秘・混乱	努力・継続・パワー	精神的充実・包容力・孤独	終わり・次世代・学生・子ども	純粋・従順・学生・子ども	行動力・状況判断・青年	受容的・女性性	責任・自信・誇り
カップ	水	感情 受容性														
ソード	風	理性 社会性														
コイン	地	物質 継続														

※スートとエレメントの対応は諸説ありますが、4大デッキに関しては上記の通りです。

ワンドの1

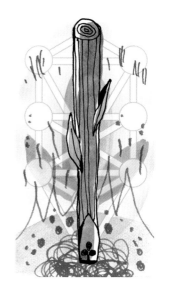

情熱と希望に満ち溢れたスタート

　小アルカナの「1」は、トランプと同じく「Ace＝1」エースと呼ばれ、物事の出発点です。ワンドは火を表し、その中でも［ワンドの1］は純粋な火のエネルギーそのもので、熱と光と生命力の象徴です。

　［ワンドの1］は魔法使いの杖のように描かれて、新しい命がたくましく成長していく予感が秘められています。神との間に介在する「不可知の雲」の隙間から突然現れた手は、今までになかったインスピレーションやアイデアをもたらします。

オラクル メッセージ	エネルギーに満ちて、チャンスが回ってきています。新しいことを始めるのなら今。分からないことがあっても、進みながら考えればいいのです。一歩踏み出しましょう！

正		逆	
情熱	生命力	威力	生殖
エネルギー	直感	本能	衝動

＊リーディング表

ポジション／占目		心理・気持ち	現象（過去・現在・未来）	課題となるもの	アドバイス
恋愛	正	愛し愛されたい欲求。恋をしたい。	情熱的な愛情表現。衝撃的な恋。一目惚れ。	純粋な気持ちだが、その先は分からない。	ドラマチックな出会い。恋の進展は慎重に。
	逆	好きという気持ちが抑えられない。欲求不満。	性的で本能的なエネルギーで動かされる恋。	性欲や本能的衝動で行動する恋。盲目的な恋。	一時的に盛り上がる恋かもしれない。
仕事・金運	正	やりたい仕事。意欲。新しいことへの期待。	ベンチャー企業。仕事の始まり。問題の打破。	今は勢いがあるが、いつまで続くか分からない。	直感を活かす。未来に期待し動き始めよう。
	逆	力を認めてもらえない苛立ち。厳しさと焦り。	焦りによる失敗。肉体労働の疲労。業績不振。	勢いで成功している。躍起になって支配する。	出る杭は打たれる。目立たないようにする。
健康・その他	正	情熱。意欲。何かを始めたい。注目されたい。	直感的。閃き。何かを始める。権力。直情的。	閃きで行動するので、失敗の可能性もある。	新しいことを始めるなら今がチャンス。
	逆	苛立ち。怒り。欲求不満。権力を持ちたい。	高血圧。本能的衝動。リスクを楽しむ。	本能的な衝動に支配されて行動する。	自己中心的でわがままが出やすい時。

ワンモア アドバイス	スタートを示すカードですが、何をどうやって始めれば良いのかは具体的に分からない状態です。そのため、スタートできないこともあります。

▼マルセイユ版

神からのエネルギーを受け取ってスタート

　ワンドの上部にはへこみがあり、女陰を想起させます。通常、ワンドは陽のエネルギーの象徴ですが、マルセイユ版のワンドは、陰の性質である受容を表します。手のひら側を見せていることから、何かを受け取って新しいことが始まることを示しています。周りにはヨッドの形をした色とりどりの光の粒が描かれ、物事の始まりには神の手が介入していることを表しています。

▼GD版

自然に沸き起こる力の表現　　　＊称号…「火の力の根源」

　雲から手が伸びて、太いワンドを掴んでいます。ワンドの先は3つに分かれていて、階級の色彩と紋章が描かれています。左右の枝に3つの炎の先端、中央の枝には4つの炎があり、合わせて10個となりこれは生命の木のセフィロトの数です。そして炎の形をした22のヨッドが描かれていて、これは生命の木のパスの数を表します。GD版には称号があり、「火の力の根源」です。

▼ウェイト版

神の摂理と共に始める

　雲から光輝く神の右手が出てきて、ワンドを握っています。ワンドには3つの小枝があり、10枚の葉がついています。ヨッドの形をした葉っぱが描かれ、生命を感じさせます。ワンドは松明となって明かりを灯し、人に啓発をもたらします。背景には川が流れ、なだらかな丘と建物が描かれています。これは、自然と調和したスタートを表しています。

▼トート版

エネルギーの源

　トート版の数札にはタイトルがありますが、「Ace＝1」はエレメントを象徴し、タイトルはありません。[ワンドのAce]は、火のエレメントを象徴しています。燃え上がる松明は男性的なエネルギーを象徴し、松明から燃え上がる様子は生命の木を象徴しています。周りには松明から放たれた稲光が緑色に輝いています。このカードは、原始的な生の力強さを表しています。

読み解きの極意！　物事の始まりを象徴するのが「Ace＝1」。生命の木の最初のセフィラに対応する[ワンドの1]は、特に始まりの意味が強く創造的です。

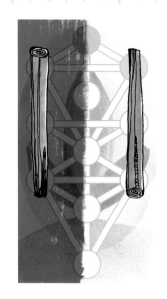

ワンドの2

力を行使する勇気と意志

　［ワンドの1］での純粋な火の質が、［ワンドの2］では外側に動き出そうとします。それは、硬い種皮を破って芽を出そうとする生命力です。固く止まった状態を打ち破り、変化・成長し、発展させようとする力を持ちます。「2」は、陰陽のバランスをいかに取るかをテーマとする数です。

　［ワンドの2］は、現状とこれから先の未来という2つの側面の統合を通して、自己を成長させるために力を使います。

| オラクル メッセージ | 新しい展開が期待できそうです。それはあなたの想像を超えるものかもしれません。何かを選び取ることは何かを捨てること。今、新しい創造のチャンスがやってきました。 |

正		逆	
野望	統治	配慮がない	リスクを取る
プライド	影響力	権力の掌握	権力への渇望

＊リーディング表

ポジション 占目		心理・気持ち	現象（過去・現在・未来）	課題となるもの	アドバイス
恋愛	正	恋愛の主導権を握りたい。気になる人がいる。	恋愛の進展。積極的な行動。支配的な態度。	未来志向ではあるが、独善的で独りよがり。	相手に対する思いやりを持って関わること。
	逆	相手を支配したい。現況からの変化を恐れる。	遠距離恋愛。強引な態度。相手に貢がせる。	相手との恋愛を自分の成功のために利用する。	自分の気持ちより、愛を育むことを考えよう。
仕事・金運	正	もっと多くの権限が欲しい。現状を変えたい。	仕事の発展。支配。新しい仕事への着手。	支配権を持ち責任を負う覚悟が必要となる。	繊細かつ、パワフルな力を秘めている。
	逆	リスクを負っても成功したい。権力が欲しい。	相手の力を利用。リスクを避け、利益を上げる。	仕事や力に対するプライドと執着心が強い。	持っている力を行使する快感にとらわれない。
健康・その他	正	自分の力で現状を変えたい。未来志向。	支配力。他人に影響を与える。力の行使。	現状を変えるために力を持ちたい。	情熱を向ける方向性を決めて進むこと。
	逆	プライドを持ちたい。認められたい。	力不足。お金・体力・知力をためる。	自分で何かをしようとして、力の保有に貪欲。	力の保有に執念深くなりすぎないように。

| ワンモア アドバイス | 始まったことは大きく成長する可能性がありますが、現時点ではどのように進展するか分からないので、焦って力任せに行わないことが大切。 |

▼マルセイユ版

自然の力との調和

　マルセイユ版のワンドの数札の特徴は、線対称あるいは点対称の構図です。これは火のエネルギーが、神との調和の中で発生している自然なエネルギーであると考察できます。[ワンドの2]は火の象徴と「2」の象徴からなるとすると、「Ace＝1」で現れた大きすぎる火のエネルギーが万物と調和しながら創造的な活動を始めようとしていると読み取れます。

▼GD版

力を持ち他者に影響を与える　　　　　＊称号…「支配の主」

　GD版とトート版の小アルカナは、占星術とカバラに対応します。牡羊座第1デカン（0度〜10度未満）の主星が火星であることから、強い力を意味します。デカンとはひとつの星座を3区分したもので、GD版のみデカンに対応します。ワンドは聖四文字の最初の文字の「ヨッド」に、生命の木のセフィラは「ホクマ」に対応。交差した2本のワンドを手中に収め、支配力を表しています。

▼ウェイト版

権力者の苦悩

　海岸の景色が見渡せる城に立つ男は遥かな海を見つめています。右手には地球儀、左手にはワンドを握っています。もう1本のワンドは城に固定されています。城にはバラとユリが十字の形に描かれていて、教えの統合が示されています。男はこの土地の領主で、領土を見渡し世界に思いを馳せながらもそこに留まっている様子から、肉体的な疲労も暗示しています。

▼トート版

破壊と創造、新たな進展　　　　　　　＊タイトル…[支配]

　トート版の各カードにはタイトルがあり、ワンドの2は[支配]です。[Ace]から生まれた力が発芽した状態で、純粋な火の力が表現されています。クロスした金剛杵（ドルジェ：「雷電」の力を象徴するチベットの法具）には鬼や蛇が彫られ、背景に赤い3本の炎が交差して、火のエネルギーの力強さが表現されています。また、創造の前の破壊のパワーも象徴しています。

読み解きの極意！

「Ace」で顕現した火のエネルギーは、「2」で初めて発揮され方向性を示します。そのエネルギーはパワフルで破壊的な側面を持っています。

ワンドの2

第Ⅱ章　——　小アルカナ56枚事典

ワンドの3

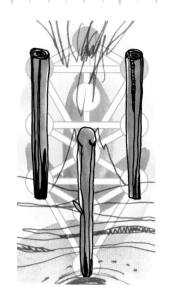

芽吹いた意志を遂行する力

「3」は表現する数です。土から発芽した芽が双葉を出し、生命が表に現れました。これは心と体と魂の三位一体の象徴でもあり、3つのバランスが取れた時、その思いは成就に向かって動き始め、努力の成果を実現します。まだ未熟で純粋な若葉なので、これから多くの知識や経験が必要ですが、どんどん成長する可能性を秘めています。

［ワンドの3］は、将来に向かって伸びるエネルギーであり、純粋な表現力を持っています。

| オラクル メッセージ | 物事が進展し、新しい未来の可能性が見えてきます。今のあなたが感じていることを大切にして、次の展開をイメージしてください。あなたの想像力が次の未来を創造する力になります。 |

正			逆	
徳	進展		不振	不活発
表現	実現		知識不足	未発達

＊リーディング表

ポジション 占目		心理・気持ち	現象（過去・現在・未来）	課題となるもの	アドバイス
恋愛	正	新しい出会いに期待する。恋愛進展の予感。	恋愛の進展。信頼できる安定した人柄の恋人。	スタートしたての恋のフレッシュさと脆さ。	将来性のある交際。未来の計画を立てよう。
	逆	恋愛に対する自信のなさと不安。絆が欲しい。	恋のチャンスがつかめない。発展しない。	信頼関係ができていない。相手との絆がない。	これからの進展に期待して交際の継続を。
仕事・金運	正	苦労が報われた安堵感。心のゆとりがある。	実行する。将来に発展性がある。信頼される。	知識と経験はこれからつけていく必要がある。	周りの人と協力して良い結果を収めよう。
	逆	結果が出せていないことへの焦りと不安。	発展のきっかけが掴めない。知識や経験不足。	自力では現状打破できない。努力が必要。	仲間の協力を得るには、まだ経験不足。
健康・その他	正	与えられたものへの感謝。建設的な未来志向。	将来を見据えた計画。高貴さ。協力。展望。	成功するためには努力と周囲の理解が必要。	努力を続けることで、信頼と援助が得られる。
	逆	努力の結果が表れない焦り。自信が持てない。	結果が出ない。援助がない。中途。発展しない。	そのままにしていても状況は進展しないまま。	知識や経験が不足していることを自覚しよう。

| ワンモア アドバイス | 「3」は三位一体の安定感や徳を示し、これからの発展性を示唆しています。現状にとどまらないで、未来志向でいることが大切です。 |

▼マルセイユ版

最初の成功

3本のワンドが中央で交わって描かれています。エネルギーがまとまり、整っている状態を示しています。「3」には三位一体という意味があり、3つのワンドが中心で重なって力がひとつにまとまっていますが、先端は外側に広がっているので、集中しながら広がっていくことを表しています。「火」の持つ性質のひとつの、拡大する力を示しています。

▼GD版

安定した力と強さ　　　　　　　　＊称号…「確立された力の主」

雲から出てくる手は、3本のワンドを掴んでいます。称号「確立された力の主」は、[ワンドの2]の支配力を発揮し、努力の成果を得たことを示します。カバラの聖四文字と生命の木は「ヨッドとビナー」に、占星術は牡羊座の第2デカンに太陽に対応します。占星術では各デカンにも主星があり、トート版はGD版の対応するデカンと主星に準じて、星座と惑星を対応させています。

▼ウェイト版

準備が整い展望が開く

人物が後ろ姿で描かれているということは、この人物がまだ無名であり、これから力をつけていくことを暗示しています。男の前には、黄金色に輝く空と海が広がっています。海には船が行きかっています。2本のワンドは地面に打ち込まれ、男が1本のワンドを掴んでいます。男は商人のいでたちなので、グローバルな視点でビジネスを展開させようとしていると読めます。

▼トート版

建設的な力で才能が花開く　　　　　　　＊タイトル…［美徳］

トート版のワンドは儀式で使うマジカルワンドが描かれ、ワンドの3には儀式魔術で使うロータスワンドが描かれています。背景の10の炎と光は、力強さを表していますが、タイトルは［美徳］で、火のエネルギーを示すワンドの中でも女性的で穏やかです。対応する生命の木のセフィラの「ビナー」は女性的なセフィラなので、密かで静かなエネルギーが発揮されます。

読み解きの極意！

良い意味を示すカードで、出現すれば安定や成功を示しますが、これから先の未来に進展があり良いことも悪いことも起こってきます。

ワンドの4

ひとつの完成としばしの休養

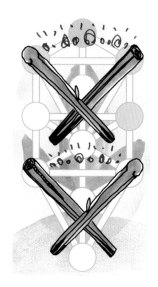

「4」は安定です。西洋神秘思想では、世界は四層で成り立ち、4番目の物質界では、形が安定し、継続して同じものが生み出されると考えます。ワンドに対応する火のエレメントは熱と光、生命のエネルギーそのものです。[ワンドの4] は、物質界に宿った火。肉体に生命が宿ったことを示します。[ワンドの1] で神に与えられた生命は、肉体の中で寛いでいます。これは、安定して生きていくための住居や安らぎの場、休息を表しています。

オラクル メッセージ	今までやってきたことに、良い結果が現れます。頑張ってきた自分を褒めて、休息やリラックスする時間を作りましょう。穏やかな心があなたの生活に豊かさをもたらします。

正	
成就	安定
調和	休息

逆	
停滞	休めない
努力	不定

＊リーディング表

ポジション\占目	心理・気持ち	現象(過去・現在・未来)	課題となるもの	アドバイス
恋愛 正	結婚を考える。一緒にいて寛げる人。	結婚。調和の取れた関係。安心できる交際。	安定して信頼できる関係で恋の刺激が少ない。	2人の寛げる時間を大切にしよう。
恋愛 逆	安定した交際。情熱のピークは過ぎた。	進展しにくい交際。不誠実な相手。	結婚を考えていないなら発展はしない。	休息を取って、エネルギーの充電をしよう。
仕事・金運 正	頑張ってきたので休みたい。一段落の安堵感。	完璧な仕事。実際に行動して結果を出す。	今までの努力の結果が表れる。現状維持。	リラックスすることで良い仕事ができる。
仕事・金運 逆	意欲が維持できないので継続が厳しい。	理想通りにならない。納得いく結果ではない。	努力不足の結果が表れる。当てにはならない。	休息をしっかり取ることで力が出てくる。
健康・その他 正	心身ともにリラックスできて落ち着いている。	リラックス。住居の手入れ。安心感。休養。	結果を出すまでは、努力と継続が必要。	リラックスして休養し、英気を養おう。
健康・その他 逆	疲れが溜まっていて停滞している。不安。	停滞。現状維持。調和を保つ努力が必要。	一段落するまでは安息は得られない。	マイペースでいいので、努力を続けよう。

ワンモア アドバイス	[ワンドの4] は、苦労や努力が報われてリラックスするという意味です。心身ともにリラックスすることで、物事が完結することを表しています。

▼マルセイユ版

努力の結果

　２本ずつに分かれたワンドが交差しています。ワンドの先端はカードの四隅に伸びています。「４」は、４エレメントで構成される物質界に安定をもたらします。［ワンドの１］の火のエネルギーの種が［２］で発芽して、［３］で葉が広がり、［４］で開花した状態です。これは、今までやってきたことの才能が開花し、「４」の質である形を持ち、才能が発揮されることを表します。

▼GD版

完璧な仕事
*称号…「完全なる作業の主」

　左右の雲から２つの手が出現し、第一・第二・第三と３つの団で構成される秘密結社ゴールデンドーンの第一団の握手法で交差したワンドを持っています。上下には炎が見えます。称号は「完全なる作業の主」で、労苦を重ねて築き上げたものがここで完成しています。カバラの対応は「ヨッドとヘセッド」、占星術は牡羊座第３デカン（第３デカンは２０度〜３０度未満）に対応、主星は金星です。

▼ウェイト版

繁栄と平和

　ワンドには立派な花飾りがあり、２本ずつに分かれて門のようになっています。奥には、２人の女性が花束を掲げて立っています。堀を超える橋の向こうには古い館が見えます。ガーデンパーティーが開催されて、穏やかで楽しいムードです。背景色も黄色で、祝福されていることが分かります。このカードは、寛げてリラックスできる場所を表しています。

▼トート版

仕事の完了
*タイトル…［完成］

　タイトルは［完成］ですが、４本のワンドは不規則に描かれ、円の中心で交差し、火のエネルギーの勢いは穏やかで調和的です。ワンドの先端にはカードに対応する牡羊座の牡羊、反対側には平和を象徴するハトがついています。占星術では牡羊座の対面は天秤座で、天秤座の主星・金星がこのカードに対応しています。ハトは金星の象徴です。抱えていた問題が解決して一段落します。

読み解きの極意！ ワンドは火のエレメントに対応し活発な性質ですが、［ワンドの４］は穏やかです。活動より安定のためにエネルギーが使われます。

ワンドの5

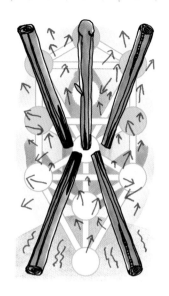

小休止後の活動再開

　「5」は、整数で均等に分けることができません。競い合いにより、優れたものが多くを得ることができるのです。火のエネルギーなので、生き残るために戦い、多くを獲得しようとします。また「5」は、五感や五体を表すことから、人間を意味します。

　［ワンドの5］は、人間社会でのサバイバルです。人間関係の中で起こるさまざまな闘争や内輪もめ、心の中の葛藤、活動に伴う反発など、生存競争を生き抜くための戦いを表します。

| オラクル メッセージ | やりたいことがたくさんあって、気持ちが落ち着きません。欲望がコントロールできず、衝動のまま行動すると思わぬ失敗を招くかも。自己成長のためにエネルギーを使いましょう。 |

正 活動　戦い　競争　刺激

逆 闘争　反目　暴力　葛藤

*リーディング表

ポジション 占目	心理・気持ち	現象（過去・現在・未来）	課題となるもの	アドバイス
恋愛 **正**	恋のライバルにイライラする。欲求不満。	友だちになれても恋人にはなれない。けんか。	お互いに自己主張ばかり。妥協できない。	けんかすれば、相手の気持ちが分かるかも。
恋愛 **逆**	思うようにならない相手。振り回される。	意見の不一致。恋のライバルに負ける。	妥協しないと収まらない。支配的になる。	妥協と協調ができないと関係が続かない。
仕事・金運 **正**	才能をもっと活かしたい。活躍したい。	積極的営業。競争。ライバルと戦う。訴訟。	活動的であるが、トラブルが起こりやすい。	誰とでも、何でも言える意見交換の場が必要。
仕事・金運 **逆**	ライバルに負けたくない。妥協は許さない。	談合。社内不和。権力闘争。内部告発。	問題がより内面化され、組織力が低下する。	組織に不満が溜まり、ガス抜きが必要。
健康・その他 **正**	活動的で、心身エネルギーに溢れている。	活動的。人との交流。コミュニケーション。	社会活動で自分を主張しなければ淘汰される。	お互いに刺激し合うことで高め合える。
健康・その他 **逆**	イライラする。負けたくない。矛盾。葛藤。	若さの衰え。活力がない。人間関係の不和。	ライバルに勝てない。力不足。烏合の衆。	葛藤と戦いながら生きることで成長する。

| ワンモア アドバイス | このカードの示す戦いの相手は、自分とさして変わらない相手であり、お互いに発展途上です。競争を通して切磋琢磨し、成長していきます。 |

第Ⅱ章 — 小アルカナ56枚事典

ワンドの5

▼マルセイユ版

刺激と変化

　２本ずつ交差したワンドは四隅に伸びています。中央に１本の
ワンドが真っすぐ描かれています。「５」という数も火のエレメ
ントも共に活動を示し、[ワンドの４]の安定した世界から活発
になり、刺激や変化を求め動き出します。「５」は整数で、分け
ると２と３に分かれます。そのため優劣をつけようと競争が生ま
れ争いが起こり、情熱的に活発に活動することを促します。

▼GD版

向こう見ずな勇敢さ

＊称号…「闘争の主」

　GD版の特徴は占星術の36デカンに対応し、王の星と呼ばれる
獅子座の恒星レグルス（獅子の心臓）がある、獅子座の第１デカン
（現在の一般的な西洋占星術では０度〜10度未満/GD版では１度
〜10度と数える）から小アルカナがスタートします。主星は土星
に対応。カバラでは「ヨッドのゲブラ」。ゲブラも土星も厳しさ
をもたらし、勇敢や競争、闘争や不和を示します。

▼ウェイト版

欲求を満たすための戦い

　青い空の下、青年が集まってワンドを振り回しています。スポー
ツをしているようでもありますが、戦争の模倣でもあります。青
年の洋服がそれぞれ違い、ワンドの方向もいろいろな方向を向い
ており、彼らは集まっているものの勝手な行動を取っていて、ま
とまりのない様子を示しています。富や財産、成功や勝利を求め
る若者が競い合い、発展のための戦いを表しています。

▼トート版

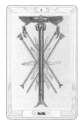

敵対する力との競争

＊タイトル…[闘争]

　中央には、クローリーの紋章がついているハディト神を模した
チーフ・アデプト（達人）の、大きなワンドが描かれ、権威を示
しています。メジャー・アデプトが使うフェニックスワンドと、
マイナー・アデプトが使うロータスワンドが交差しています。下
に描かれた炎を抑え込み、エネルギーがネガティブに消費され、
邪悪な考えが生まれます。内部紛争や闘争が起こります。

**読み解き
の極意！**　　動き出した火のエネルギーが抑圧されて、暴力的です。欲望や衝動的
な行動となりますが、その結果や責任については何も示していません。

ワンドの6

努力が報われて成功を収める

　「5」で競争したワンドは、「6」で勝利を得ます。正義や愛、真実、真心を示す「6」は、ひとつのサイクルの終わりである「7」には届かない未成の数ですが、1〜10のプロセスでは半ばにあたり、物事が大きく動きます。「5」は衝動的・活動的ですが「6」は活動の元にある信念や理念を示します。
　[ワンドの6]は存在を主張しながら外向的に発展します。ハートにある真実や愛の下で、外側の世界に対して働きかける勇気を引き出します。

オラクルメッセージ	今までの努力が実ります。周囲から祝福され、自信が得られる時。積極的にリーダーシップを発揮しましょう。人間関係を大切にすることで、さらなる成功を掴めるはずです。

正
前進　勝利
獲得　成就

逆
前進できない　尊大
失態　負ける

＊リーディング表

ポジション／占目		心理・気持ち	現象（過去・現在・未来）	課題となるもの	アドバイス
恋愛	正	愛があり、自信がある。恋愛への積極性。	恋愛成就。真心の愛と情熱。プロポーズ。	交際が進展することを良しとしている。	告白は成功する。順調に交際を進めよう。
	逆	恋愛を進めれば振られるかもしれない。	振られる。進展しない交際。別れ。	交際を進める勇気や自信がない。	自信のなさは、不誠実な態度に映るので注意。
仕事・金運	正	自信があるのでどんどん仕事をこなしたい。	仕事の成功。仲間と協力。出世。交渉成立。	どんなことも勝ち取る強気な行動と考え。	情熱的に周りに成功をアピールしよう。
	逆	これ以上失敗したくないので消極的になる。	積極性がない。前進がない。協力的でない。	信頼関係の問題。協力がなく失敗しやすい。	自信を持つことで協力が得られ成功する。
健康・その他	正	失敗しないと思う。絶好調。気分爽快。	誠意をもって進める。前向き。未来志向。	成功で自信を持ち、調子に乗ってしまう。	周囲の人への感謝を忘れず、次に進むこと。
	逆	自信がない。進むこと、負けることが怖い。	成功を鼻にかける。自信や覚悟のなさ。	失敗を恐れて萎縮してしまう。虚栄心。	失敗は成功のもと。諦めないで前進すること。

ワンモアアドバイス	未来志向で物事を考えている人に出現しやすいカードです。現状の成功にとどまらず、先のことを見越して行動をすると良いでしょう。

▼マルセイユ版

バランスの取れた行動

　3本ずつのワンドが交差しています。「6」は六芒星で示されます。調和を象徴し、ハートチャクラとも関係します。そのため「6」には愛や調和というテーマがあり、火のエレメントにおいてもエネルギーが調和的に働きます。六芒星は、上下左右が対象で安定して整った形から正しさを示す形でもあり、エネルギーを正しく使うことを意味します。

▼GD版

社交性による紛争の回避　　　　＊称号…「勝利の主」

　雲の左右から手が伸びて、3本ずつ平行になったワンドが中央で交差し、合計6本のワンドが描かれています。火のエネルギーが活性化して、上下に炎が出ています。称号は「勝利の主」。闘争の後の勝利を、また、戦わず交渉によっての勝利という意味もあります。カバラの対応は「ヨッドのティフェレット」で、調和を重視しています。占星術の対応は獅子座の第2デカン、木星です。

▼ウェイト版

リーダーとしての実力を発揮

　勝利を意味する月桂樹の冠を被った若者が、同じく月桂樹のリースが飾られたワンドを持っています。彼の従者も、それぞれワンドを持って進んでいます。これは成功という大きな知らせの到来を意味します。彼はリーダーとしての才能を発揮していますが、それは他の人との間に格差が生じていることを暗示しているので、成功を鼻にかけないことが大切です。

▼トート版

勝利と成功　　　　　　　　　　＊タイトル…[勝利]

　ワンドの5［闘争］と同じ種類の3本のワンドが描かれています。フェニックスの頭のワンドは再生を、蓮は受容と豊穣を、羽根と蛇のついた太陽のワンドは高次のエネルギーを放っています。タイトルは「勝利」で、交差する9つの炎が整列しています。「9」はイエソドに対応し、「6」はティフェレットに対応するので、イエソドと陰陽の関係でもあり、調和が示されています。

読み解きの極意！ 勝利や成功という良い意味がありますが、傲慢になると思わぬトラブルを招きます。周囲の人と調和して戦わずして勝つことを促すカードです。

ワンドの6

第Ⅱ章 ── 小アルカナ56枚事典

ワンドの7

困難に立ち向かう勇気

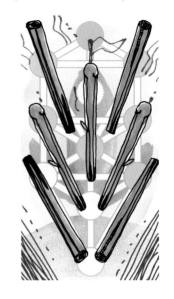

　ワンドは生きるための活動や戦いを表し、「7」は大アルカナの戦車に表されるように、独立や自立して戦うこと、相手と自分との対立の中で優位な状況を作り臆せず戦う姿勢を表します。［ワンドの7］は、戦いという意味が重なります。

　困難な状況に至っても、逃げることなくそれに立ち向かう勇気を象徴し、戦って勝利を得ようとします。しかし、その力は［ワンドの6］よりも衰えつつあり、気の抜けない緊張感があります。

オラクル メッセージ	誰が何と言おうと、やってみたいことなら挑戦しましょう。良い結果を得ることも大切ですが、結果以上に自分を向上させる情熱が大切です。その思いがあなたに勝利を呼び込みます。

正		逆	
勇気	緊張	障害	困難に立ち向かう
孤軍奮闘	優位な立場	対立	一匹狼

＊リーディング表

ポジション 占目		心理・気持ち	現象（過去・現在・未来）	課題となるもの	アドバイス
恋愛	正	振られてもめげない。自分がリードしたい。	積極的に誘う。ライバルより先に告白する。	恋の情熱が維持しない。独りよがりな態度。	告白しないと関係は進展しない。情熱が大切。
	逆	要求に対応して疲れる。ライバルに勝ちたい。	強引な行動。相手に受け入れられない。	相手の気持ちよりもライバルを気にする。	自分の気持ちの押しつけにならないように。
仕事・金運	正	困難な状況に対応しようという気持ち。	他社よりも優位な展開。勝負に出る。	力が衰えつつあり、起死回生の勝負が必要。	組織力より個人の意識と能力を伸ばすこと。
	逆	ライバルとの差がなく焦っている。疲れ。	ライバルとの差がなくなる。地位存続の危機。	困難に立ち向かう勇気が不足。力が衰える。	個人主義を控えて、部下への影響を考える。
健康・その他	正	全盛期より衰えたが、知恵や経験がある。	練習による勝利。孤独。力の衰え。問題に対応。	力が衰えているので使い方の工夫が必要。	問題に対処すること。勇気と覚悟が必要。
	逆	他人との関わりが煩わしい。余裕がない。	援助や協力が得られない。安定しない生活。	勝利するかどうかは、個人の能力次第。	個人の力を高めて、組織の力を高めよう。

ワンモア アドバイス	独自の視点や考え方を示す［ワンドの7］は、自分自身と向き合い問題と対峙することで、自身の立ち振る舞いを考え、道を拓きます。

▼マルセイユ版

自分の世界を追求する戦い

　「7」という数は、独自性と孤独を示します。そして、思考の
エネルギーが物事に対して分析的に働きます。そのため［ワンド
の7］では、火のエネルギーの勢いが弱まります。しかし一方で
「7」には勝利という意味もあり、戦う意志があることを意味し
ます。挑戦する情熱と向上心があり、戦いによって自分の世界を
確立する力を示しています。

▼GD版

逆境に負けない情熱　　　　　　　　　　＊称号…「勇気の主」

　左右の雲から手が出てきて、平行に並ぶ3のワンドが交差して
います。下の雲から3つ目の手が出現し、直立した長いワンドが
下の6本を抑え込んでいるようです。交差したところから上下に
2つずつ炎が出ています。カバラは「ヨッドのネッツァ」に対応し、
占星術は獅子座の第3デカン、主星は火星です。称号は「勇気の主」
で、戦う情熱・立ち向かう勇気という意味があります。

▼ウェイト版

有利な状況で戦う

　岩場の下から6本のワンドが若者に向かって突き上げられ、彼
は高い位置から棒を振り回して応戦しています。［ワンドの6］
と違い、ひとりで6人相手に有利な状況で戦っています。彼は敵
の上にいて敵の攻撃が届かないことから、戦いが優位な状況であ
ることを示すカードです。見えない敵との闘いを示すこともあり
ます。しかし、靴紐が解けていることが不安要素を示しています。

▼トート版

力の衰え　　　　　　　　　　　　　　　　＊タイトル…［勇気］

　「6」で見られた3種類のワンドの上に、原始的な棍棒のような
ワンドが描かれています。交差したところから出る炎が弱くなっ
ていて、調和的だった火のエネルギーが押された印象です。これ
は、「Ace＝1」から始まったエネルギーが衰退していることを表
しています。タイトルは［勇気］。対応するセフィラの「ネッツァ」
は勝利とも訳されますが、ここでは戦う勇気を示しています。

**読み解き
の極意！**　ワンドのエネルギーは「6」で最良の状態が示されます。「7」ではそ
のエネルギーが衰え始め、その戦いは徐々に困難になりつつあります。

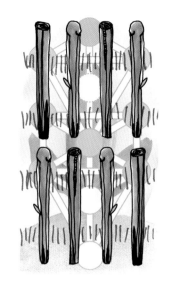

ワンドの8

エネルギーや情報の伝達

　「8」はパワーを象徴し、［ワンドの8］は力強い火のエネルギーを示しています。2の3乗は「8」になります。「3」は発展を表すので、「2」の陰陽の質が拡大します。「8」は形の通り∞（無限大）を示す数でもあるので、陰陽のバランスを取りながら何回も継続的に繰り返すことを表します。

　［ワンドの8］は、交流電気のように一定周期で迅速に繰り返す力があります。また行き交う情報という意味もあり、早い動きや変化が見られます。

オラクル メッセージ	良いと思ったことはすぐにアクションを。分からないことは、行動しながら考えれば良いのです。今一番大切なことは、アクションを起こすこと。瞬発力が成功の鍵です。

正			逆	
スピード	情報伝達		過剰な力	急激な変化
移行	遠方からの知らせ		渋滞	失速

＊リーディング表

ポジション 占目		心理・気持ち	現象（過去・現在・未来）	課題となるもの	アドバイス
恋愛	正	進展に期待。恋の情熱に満ちている。	告白。継続する交際。情熱的な恋。速い進展。	物事に急ぎ過ぎて、冷静さに欠ける。	丁寧なコミュニケーションを大切にしよう。
	逆	恋愛的な刺激や変化が欲しい。浮気心。	マンネリで刺激がない。心変わり。浮気。	相手や交際、恋愛に対して飽きている。	相手との適度な距離を取ることが必要。
仕事・金運	正	今取り組んでいる仕事を早く処理したい。	勢いで物事をこなす。情報処理。迅速な対応。	同じことを繰り返し、エネルギーを浪費する。	効率を上げるシステムや手法を考えよう。
	逆	やりたくない仕事。早く仕事を片づけたい。	エネルギーや時間のロス。同じ作業の反復。	仕事の意欲が維持できない。支払いの遅延。	スピードよりも正確さや丁寧さが必要。
健康・その他	正	方針や方向性が決まっている。旅行したい。	迅速な対応。活発なコミュニケーション。	勢い任せで事を進めていく。ロスが多い。	情熱を持って継続すれば道は開ける。
	逆	面白くない。繰り返しに飽きる。苛立ち。	血の巡りが悪い。信頼性に欠ける情報。	急な変更に対応できない。不信感を持つ。	勢い任せは通用しない。末長い信頼を得よう。

ワンモア アドバイス	GD版には［ワンドの4］と同じ構図が2つ描かれ、ウェイト版は平行に並ぶワンドが8本。繰り返しにより迅速な行動が取れるようになります。

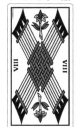

▼マルセイユ版

受容と反応

　４本ずつ平行に並んだワンドが、中央で交差しています。数字の「８」は無限大の記号を縦にしたもので、継続という意味があります。ワンドのスートでは、火のエネルギーが一瞬で使われて爆発的な力を発揮し、速いスピードで運動します。[ワンドの８]にも継続する力はありますが、それ以上に示されているものは、物事を受容し反応する力です。

▼GD版

迅速な情報伝達　　　　　　　　　　　＊称号…「迅速の主」

　左右から２つずつ出てくる手が、４本ずつワンドを持っています。合計８本のワンドに、それぞれ上下から合計４つ炎が出ています。カバラの対応は[ヨッドのホッド]。称号は「迅速の主」。これは対応している「ホッド」に由来し、迅速なメッセージの伝達という意味があります。占星術は射手座第１デカン、主星は水星です。水星は情報に関連し海外からもたらされる知らせという意味もあります。

▼ウェイト版

安定があるからこその活動

　丘が見え川の流れる穏やかな田園風景の上に、８本のワンドが飛行しています。ワンドが飛行しているということから、早い動きを表しています。そして、ワンドの軌道はスタートした時に既に決まっており、土地という不動のものの上を行く動的な変化を示しています。左上に上昇していくと見るか、右下に落下し着地すると見るかで読み方が変わります。

▼トート版

エネルギーの広がりと拡散　　　　　　　＊タイトル…[迅速]

　ギザギザとした赤い稲光のようなワンドは、中央から８方向に向かって広がっています。火のエネルギーは、電気の矢となって空間に放出、自由や発明の才を示します。背景に一面ずつ色が違う八面体が描かれ、力強いエネルギーが素早くあらゆる方向へ広がっていく様子が描かれています。しかし、それはエネルギーが分散し、拡散することも意味します。

読み解きの極意！　数札は「Ace」から物語が始まって「10」で終わります。[ワンドの８]は物事が終わる前の変化点や活動となり、運勢に変化をもたらします。

ワンドの9

状況を受け入れる対応力

「9」は、1～10のプロセスでは「10」に至る手前
の状態なので、大きなエネルギーを秘めています。
マジックナンバーと呼ばれ、偉大な力に満ち、成功
を意味しますが、物事にこれから取り組むのでは
なく、苦労や努力の末に至る成功の状態と言えます。

　大アルカナの9［隠者］の影響が反映されて、
［ワンドの9］の火のエネルギーは内向的に用い
られ、パワーとして表すというよりも、インスピ
レーションとしてその人に宿ります。

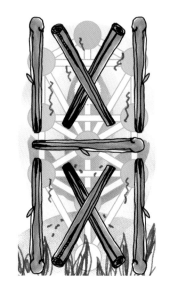

オラクル メッセージ	今まで自分がやってきたことへの情熱を意識することで、あなたはもっと強くなれます。 強さを引き出し成功を確実にするためには、今の状況を把握し対応することです。

	正			逆	
強さ		偉大な力	疑心暗鬼		頑固
油断ならない		用心深さ	強情		単独

＊リーディング表

ポジション 占目		心理・気持ち	現象（過去・現在・未来）	課題となるもの	アドバイス
恋愛	正	いろいろな苦労をともにし、分かり合える人。	安定した交際。気の合う相手。仲良し。	関係性は安定してでき上がっている。	いろいろな問題を乗り越えて仲が深まる。
	逆	別れの不安で強情になる。意見が合わない。	けんか。相手に不信感。信用できない。	主張を相手に押しつける。本音が不明。	2人の関係はなかなか改善しにくい。
仕事・金運	正	経験と実績を活かして仕事をしたい。	成功。努力の結果。専門知識を活かす。	絶対的な力を持っているが、不安が伴う。	自分の努力を信頼すれば成功する。
	逆	成功しても安心はできない。努力が必要。	仲間と調和できない。フリーランス。	争いにエネルギーを消耗する。不調和。	用心深くなり過ぎると、チャンスを逸する。
健康・その他	正	自分の考えで行動する。心身の好バランス。	慎重に行動する。直感力。健康。努力の末の成功。	成功してから次に進まないと信用が下がる。	直感を活かして行動することで成功する。
	逆	自分のエネルギーや体力を持て余している。	バランスが崩れる。やり過ぎ。油断する。	自己中心的になる。もしくは八方美人になる。	上手くいっていても常に用心深さが必要。

ワンモア アドバイス	［ワンドの9］は、物事を始めるのには向きません。新しく物事を起こしたいなら、まず現状に答えを出して、終わらせてから次に進むこと。

▼マルセイユ版

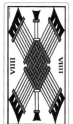

目的達成のための準備

　4本ずつ平行に並んだワンドが交差し、その中央に直立した1本のワンドが描かれています。数秘術は1から9までの数を基本として考え、「9」には悟りや達成といった意味があります。タロットの数札は「10」まで。[ワンドの9]は完成の手前で、火は静かに燃えている状態です。状況を見て行動する余裕があり、静かな情熱を持っている状況を示しています。

▼GD版

揺るがない力

＊称号…「大いなる強さの主」

　左右の雲から2つずつ出てきた手が、4本ずつ計8本のワンドを持ち、下から出てきた手が持つ長いワンドがその交点を通っています。ワンドから6つの炎が出ています。称号は「大いなる強さの主」。カバラは「ヨッドのイエソド」です。占星術は、射手座の第2デカン、主星は月です。「イエソド」は基礎です。エネルギーが満ちて安定しており、強さや力、健康美などの意味があります。

▼ウェイト版

戦いのための準備を整える

　ひとりの男が、敵を窺うように身構えて立っています。その後ろにはワンドが8本突き立ち、柵のようにも見えます。防御の状態ですが緊張状態にあり、いつでも行動できるエネルギーを有しています。これは抑圧された状況の中の強さを表し、内面には爆発的なパワーを秘めています。背後に突き立ったワンドは、戦う準備が整っていることを示しています。

▼トート版

変化を受け入れ成功する

＊タイトル…[力]

　中央に、太陽と月がついた大きなワンドと8本の矢が描かれています。中央の矢は、太陽は「ティフェレット」を月は「イエソド」をつなぐパスを象徴しています。「9」はイエソドに対応する数です。タイトルは[力]。太陽で描かれた火のエネルギーは、月の受容によって地上に降りてきます。定まらない性質ですが、月の示す受動的で流動的な対応力により、物事を成功へと導きます。

読み解きの極意！

物事を進展させるというよりも、今までやってきたことや起こってきたことを受け入れて、どのように行動すればよいかを考えましょう。

ワンドの 10

大きな力のコントロールができない

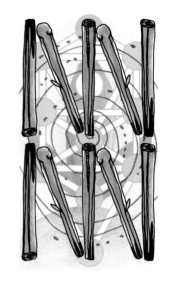

「10」は終わりを象徴します。[ワンドの9]を上回る大いなる力です。それはコントロールができないほど余剰な力となり、正しく使うことができません。力があるのに使えないという状況が、[ワンドの10]なのです。

しかし、まだ力に対する執着があるので、盲目的で威圧的な態度になり、敵を作りやすくもなります。[ワンドの10]は、これ以上の活動の困難さを示し、火のエネルギーは終極を迎えます。

オラクルメッセージ	成果にこだわる余りに、盲目的になっているかもしれません。ひとりで頑張り過ぎないこと。成果以外にも大切なことを見つめてください。利益にこだわり過ぎると失敗を招きます。

正		逆	
抑圧	盲目的	無理をする	失敗
ストレス	自縄自縛	重荷	将来への不安

＊リーディング表

ポジション 占目		心理・気持ち	現象（過去・現在・未来）	課題となるもの	アドバイス
恋愛	正	恋愛の欲求や気持ちを抑圧している。	先の見通しが立たない交際。盲目的な恋。	相手にとって重荷になる愛情。冷静でない。	リラックスしてつき合うように心がけよう。
	逆	相手に対する気持ちが暴走している。	恋の情熱が冷める。片思いのまま終わる。	自分のわがままがコントロールできない。	将来を考えて、よく話し合って交際しよう。
仕事・金運	正	たくさん仕事を抱えて余裕がない。	才能や実力以上の仕事を引き受ける。	自信過剰で仕事を余計に受け入れてしまう。	自力の限界を客観的な視点で見極めること。
	逆	手に負えない仕事量で自暴自棄になる。	無理をして失敗する。仕事を諦める。	困難が続き、それに耐えられなくなる。	成功のために、敵を作らないように。
健康・その他	正	余裕がなく、いつもストレスを感じている。	自他を抑圧する。強引で、周囲の反感を招く。	力の抑制のためにエネルギーを消耗する。	物事にこだわり過ぎず、視野を広く持とう。
	逆	疲れを溜め込んでいる。自暴自棄になる。	物事にこだわり過ぎ。雑になる。暴力的。	力が正しく使えず暴力的で破壊的になる。	間違った考え方で自分を追いつめないように。

ワンモアアドバイス	「ワンドの10」は、間違った考え方のせいで、力が使えない状態です。未来に対して、建設的な考えと正しい行動が必要になります。

過剰なエネルギー

　4本ずつ平行に並んだワンドが編むように交差していて、その下に2本のワンドが描かれています。たくさん火のエネルギーがあっても、使うことができない状態です。「過ぎたるは、なお及ばざるが如し」という状態を表します。エネルギーが過剰で、正しく使うことが困難です。「10」の意味する古いやり方を手放して、新しい可能性を探ることで道が開けます。

威圧的な強さ　　　　　　　　　　　　　　　＊称号…「抑圧の主」

　4つの手が、8本のワンドを交差して持っています。5つ目の手が下から出てきて、交差したところを2本のワンドを直立させ貫いています。ワンドから6つの炎が出ています。名称は「抑圧の主」。自分が圧迫されているため、他者を圧迫することを示します。カバラは「ヨッドのマルクート」。占星術は射手座の第3デカン、土星です。ここで火のエネルギーは、物質的な形となります。

苦労と成果

　10本のワンドを抱え、進んでいる男が描かれています。たくさんのものを抱え、自由がなく、抑圧されていると読むこともできます。抱えているものは財産や利益とも読めます。苦労が多いほど、成果も多いことが示されています。また男はひとりでワンドを独占していることから、エネルギーを自己のために使うことを意味し、他者に対しての不誠実さや不信を示しています。

他者を圧迫する強さ　　　　　　　　　　＊タイトル…［抑圧］

　かぎ爪のついた8本のワンドを抑え込むように、2本の金剛杵（ドルジェ）が描かれています。金剛杵は統合性と同時に怒りを表し、感情の抑圧を意味しています。タイトルは［抑圧］です。それは生命の木の最下層のセフィラ「マルクート」に対応することや、土星に対応することで、物質界に抑圧された火のエネルギーを象徴しており、力の誤用といった意味があります。

読み解きの極意！

　［ワンドの10］では、火のエネルギーが物質界と折り合いがつかず、利己的になっています。独りよがりな状態なのかもしれません。

ワンドの10

第Ⅱ章 —— 小アルカナ56枚事典

ワンドのペイジ ♣

若々しく活動的なエネルギー

　火には存在を輝かせるパワーがあり、ワンドの宮廷札は、それぞれに自己主張や自己表現しています。それは、生命の持つ純粋な喜びの表現です。

　ペイジは、王に仕える小姓です。情報の伝達や受容する力があり、人間関係における誠実さと従順さを示します。「ワンドのペイジ」は、子どもの持つ自由奔放で天真爛漫な気質を表します。素直に生きる喜びを感じている若くて純粋な人物であり、明るく楽しい性格の人気者なのです。

オラクルメッセージ	目の前に起こっている出来事の結果が分からなくても、やってみたいと思うなら行動しましょう。最初からうまくいかなくてもいいのです。好奇心があなたを成長させます。

正	活発な子ども	勇気ある行動
	若さ	健康美

逆	大袈裟	本能的
	衝動的行動	感情の変化

＊リーディング表

ポジション／占目	心理・気持ち	現象（過去・現在・未来）	課題となるもの	アドバイス
恋愛 正	恋愛への憧れ。情熱的な恋。可愛い恋人。	自由な愛情表現。恋愛に夢中。若い恋人。	純粋だが感情のコントロールができない。	好きな人への告白に吉。恋を楽しむこと。
恋愛 逆	相手を思い通りに支配したい。愛と憎しみ。	性的欲求が恋を動かす。相手への執着心。	相手に対して執着。わがままの押しつけ。	感情的になると、関係が壊れやすいので注意。
仕事・金運 正	やる気がある。楽しんで仕事をしている。	新入社員。活動的で意欲的。頑張っている。	やる気はあるが、実力と経験がない。	上司に相談しながら積極的に行動すること。
仕事・金運 逆	ストレスでイライラ。思い通りにならない。	公私混同。感情的になる。軽率な行動。	勢いで物事を進めたり、解決しようとする。	衝動的な判断は失敗のもと。相談を怠らない。
健康・その他 正	物事に対して意欲的に取り組める。前向き。	元気。明るい。若々しく輝いている。	若さと情熱があるが、衝動的で無計画。	エネルギーが満ちている。積極的な行動を。
健康・その他 逆	喜怒哀楽が激しく、感情的に不安定になる。	感情の変化が激しい。衝動を抑えられない。	横暴な考えや行動。個人主義で軽薄な態度。	衝動的欲求に支配されないように注意。

ワンモアアドバイス	宮廷札の中で、ペイジはもっとも社会的地位の低い人物になります。ワンドは活動的なので、ペイジの中でも使い走りの役割を負います。

▼マルセイユ版

熱中するするきっかけを得る

　描かれている子どもには太く大きすぎるワンドで、持ち上げることができません。彼は未熟で経験が少なく、年長者のサポートが必要なのかもしれません。しかし、これから起こることに期待をしています。新しいチャンスや挑戦、可能性に胸を躍らせています。このカードは、物事に対して積極的に取り組む態度や、新しい物事に興味を持っていることを示します。

▼GD版

輝きの具現化　　＊プリンセス　＊称号…「輝く炎の王女」「火の宮殿のバラ」

　聖四文字の最後の「ヘー」に対応し、物質界の実際的なパワーです。称号は「輝く炎の王女」「火の宮殿のバラ」を表します。彼女は、サラマンダーの王女にして女帝です。プリンセスは、キング（流出界）とクィーン（形成界）の子どもであり、プリンス（形成界）を含めた３人の力が込められていてパワフルです。占星術は、蟹座・獅子座・乙女座に対応します。エレメントの対応は、火の中の地です。

▼ウェイト版

好奇心と情熱

　ピラミッドのある地に、身なりの整ったペイジが立っています。帽子には炎を象った鳥の羽根、服はサラマンダーを暗示するトカゲ柄です。彼は、何かの知らせを運ぶ使者です。ワンドは彼の背丈と同じ長さで、使いこなせてはいません。彼は未熟ではありますが、忠実なメッセンジャーです。ウェイトは、「スートの意味を最も特徴的に表している」と言っています。

▼トート版

情熱的で大胆な行動　　　　　　　　　　　　　　　＊プリンセス

　GD版とトート版は、ペイジをプリンセスとしています。別名「Aceの玉座」と呼ばれ、[Ace]と同じ北極の天空4分の1を支配しています。トート版は地上にも対応し、地球を4分割したうちのアジア大陸を支配します。火の神に踊りをささげ、大胆で情熱的に人々を魅了する姿が描かれています。またクロウリーは、宮廷札と易を対応させており、このカードは山雷頤（さんらいい）に対応します。

読み解きの極意！

ペイジは未熟さを示しますが、プリンセスは強さを示しています。共通する火のエネルギーの意味は、純粋さや好奇心を示しています。

ワンドのナイト

エネルギッシュな若者

　「ワンドのナイト」は、火のエレメントが持つ情熱と、存在を拡大させる命の性質、そしてナイトの知的で若さ溢れる男性の活動的なエネルギーを意味します。行動しながら状況を判断する力を持ち、自らを成長させながら前に進んでいきます。

　トート版とGD版では、戦車をライオンが引いています。ライオンは [力] のカードが示すように、本能や野生の象徴です。ナイトはそれを原動力とし、コントロールしながら先へと歩み出します。

| オラクルメッセージ | 多少の困難があっても、それを克服する力があります。勇気と情熱があれば、どんなことも乗り越えられます。あなたの情熱が周りの人を引きつけ、新たな力となるでしょう。 |

	正			逆	
行動力		活動的な青年	乱暴		見栄っ張り
力強さ		積極性	無謀		臆病

＊リーディング表

ポジション／占目	心理・気持ち	現象(過去・現在・未来)	課題となるもの	アドバイス
恋愛 正	情熱的な恋。積極的に関わろうと思う。	積極的な行動。情熱的な愛情表現。	激し過ぎる愛情表現。進展を急ぎ過ぎる。	情熱的な愛情表現で相手の心をつかもう。
恋愛 逆	良く見せようと見栄を張る。自信がない。	優柔不断な態度。積極的になれない。	自慢や見栄を張るために嘘をつく。	自分の欲求ばかりを押しつけないように。
仕事・金運 正	やる気がある。積極的に打って出たい。	チャンスをものにする。俊敏な行動。	若い男性のエネルギーを制御する必要がある。	仕事や商品に対する情熱で人を惹きつける。
仕事・金運 逆	ビジネスチャンスが分からない。優柔不断。	急ぎ過ぎて失敗する。集中力不足で失敗。	成功したいという願望から、自分本位になる。	独断より、他者の意見を聞き入れて決断を。
健康・その他 正	体を動かすことが気持ち良い。意欲的。	迅速な行動。紳士的な対応。判断力がある。	自分が正しいと考え、他者の意見を聞けない。	正々堂々と物事に向かえば成功する。
健康・その他 逆	感情を抑えがたい。強過ぎる冒険心。焦り。	見栄を張る。急いで失敗する。攻撃的。	自分の考えに自信がなく、優柔不断になる。	他者より劣っていても、ズルをしないように。

| ワンモアアドバイス | 世間から注目されヒーローになりたいという思いや、それに基づく行為を表します。男らしく格好良くあろうとする気持ちが根底にあります。 |

＊デッキごとの意味

▼マルセイユ版

熱しやすく冷めやすい若者

火のエネルギーの情熱と、ナイトで示される若い男性のエネルギーを表しています。彼の被る大きな帽子は無限大のマークを象り、若者のエネルギーが無限大であることを意味します。馬にまたがっていることはナイトの行動力を示すことに関係していますが、馬もナイトも振り返っています。それは、この若者の中にある気まぐれさを表しています。

▼GD版

力強く猛々しい情熱　＊プリンス　＊称号…「火の戦車の王子」

ライオンの引く戦車に乗ったプリンスが描かれています。赤い翼のついたプリンスは、右手にゴールデンドーンの火の杖を持っています。戦車の下の燃え盛る炎は猛々しさを表し、迅速さや強力さを示します。称号は「火の戦車の王子」で、彼はサラマンダーの王子にして皇帝です。占星術は蟹座の第3デカンから獅子座の第2デカン。小獅子座を支配しており、エレメントは火の中の風。

▼ウェイト版

自信と野心

ピラミッドの前を通過する馬にまたがったナイトが描かれています。短いワンドを持ち鎧を身に着けてはいますが、戦うというよりも移動をしているようです。ウェイト版のナイトはすべて馬にまたがって描かれ、馬の姿がナイトの性格を表しています。この馬は前足を上げ、先を急いでいるように見えます。[ワンドのナイト]のアクティブでせっかちな性格を表しています。

▼トート版

気高く熱狂的な若者　＊プリンス

プリンスは、有翼の獅子の頭がついた光輝く王冠を被っています。右手に力とエネルギーを示すフェニックスワンドを握り、左手で戦車を引くライオンの手綱を取っています。炎でできた戦車で、かつ炎の中を進みます。胸にある紋章はメガ・セリオン（大いなる獣、セレマの体系における神格）を示し、活力や力強さを表していますが、暴力性を持っています。対応する易は風雷益です。

読み解きの極意！ ペイジが子どもなら、ナイト（プリンス）は若い男性。火のエレメントの象徴するパワーがあり迅速で力強いのですが、時に横暴さを表します。

ワンドのクィーン

受容力と安定した愛情を持つ女性

　クィーンは女性の受容力を示し、ワンドは情熱を象徴しますので、[ワンドのクィーン]は外見は穏やかな人物ですが、心の内側に情熱を持ち、揺るがない強さを秘めた明るく魅力的な女性です。

　彼女には、敵対しない者をあたたかく迎え入れる優しさと同時に、堅実な強さがあります。受容力と安定した強さを持つ、母性愛溢れる女性です。女性実業家でもあり、家庭を守る力強さの両方を持ち合わせています。

| オラクルメッセージ | 女性的な視点を持ち、受け入れてみましょう。受け入れることによって物事を理解し、発展させる力が湧いてきます。問題があってもポジティブに捉えて、乗り越えましょう。 |

正		逆	
安定した愛情	母性	排他的	執念深い
魅力	穏やか	高慢	強情

＊リーディング表

ポジション／占目		心理・気持ち	現象（過去・現在・未来）	課題となるもの	アドバイス
恋愛	正	満足する恋愛をし、愛される実感が欲しい。	魅力的な女性。フェミニストな男性。	身内には優しいが敵には厳しい。身内びいき。	魅力が高まる時期。恋愛運の好機。
恋愛	逆	性的に欲求不満。嫉妬や執着心が強い。	過去の恋愛に執着する。かかあ天下。	恋愛や関係を脅かすものに対して攻撃的。	思い通りにはならない。わがままは慎むこと。
仕事・金運	正	物事を判断し、明晰に理解する力がある。	人間関係が上手くいく。堅実な計画と決断。	物事を判断し、明晰に理解する力がある。	仕事や職場で、女性的な感性を活かそう。
仕事・金運	逆	地位や立場が脅かされることを心配する。	自己中心的な考えで信頼を失う。知識不足。	考え過ぎて直感が使えない。平凡な考え。	人を育てることを考えて、仕事をしよう。
健康・その他	正	明るく楽しい気分。女性として自信がある。	世話好き。面倒見が良い。魅力的な人物。	保守的で、現状を守るために攻撃的になる。	どんな時も夢や希望を失わないこと。
健康・その他	逆	何かを言わないと気持ちが落ち着かない。	差別的。威圧的で傲慢な態度。頑固な人物。	嫉妬心や執着心にとらわれ、諦められない。	いつまでもわがままな女王様では通じない。

| ワンモアアドバイス | [ワンドのクィーン]はマドンナ的な存在です。その質が上手く表現できないと、女王様やマウンティング女子といった自己中心的な存在になります。 |

▼マルセイユ版
母の愛と強さ

　妊娠しているかのように、クィーンは少し膨らんだお腹に手を当てています。ペイジやナイトの持っていたワンドとは違って、クィーンのワンドは加工されて洗練されています。先は腹部にあり、ワンドや女性の持つ生命を生み出す力を表しています。また、愛を育む優しさと強さを感じさせます。母の愛を持つ彼女は明るく、面倒見が良く、華やかな女性です。

▼GD版
穏やかさと秘めた情熱　　　　　　　　　＊称号…「炎の座の女王」

　「炎の座の女王」、すなわちサラマンダーの女王という称号の通り、玉座の前には炎が広がっています。彼女は鎧をまとい、胸には羽根のついた豹の頭が描かれています。右手にワンドを持ち、左手は豹を撫でています。優しくて強さを秘めた女性で、安定した愛情を持ちます。占星術は魚座の第3デカンから牡羊座第2デカン。アンドロメダ座を支配します。エレメントは火の中の水。

▼ウェイト版
親しみやすく魅力的な大人の女性

　背もたれの高い玉座には、獅子が描かれています。右手にワンド、左手には太陽をイメージさせるひまわりを持っていることから、この女性がおおらかで魅力的な人物であることが示されています。玉座に植物が芽吹いていて、ワンドの持つ生命力を示しています。4デッキのクィーンにはどれもネコ科の猛獣が描かれていますが、ウェイト版では猫が描かれ親しみを表しています。

▼トート版
一貫した活動力のある静かな権力者

　テュルソスと呼ばれるディオニソス信者の松ぼっくりのついた杖を持ち、右手で豹の頭を掴んでいる陶酔状態のクィーン。彼女は羽根のついた円球状の王冠を被り、炎を放出しています。鎖帷子の鎧の上に赤みを帯びた金髪が垂れ下がっていて、神秘性と権威を表しています。玉座は炎でできていて幾何学模様の光を放ち、下からも炎が出ています。易の対応は、沢雷髄です。

読み解きの極意！　火の中の水の要素があります。情熱があり、自分の才能や個性を強く押し出しながら、受容する力や優しさを併せ持つという意味があります。

ワンドのキング

力強くカリスマ性のある人物

　ペイジが未熟さを示すのに対し、キングは成熟を示します。ワンドは火のエレメントなので、[ワンドのキング]は最も命が光り輝いている状態です。権威の象徴であり、責任や自信、潜在する無限のパワーを持ちます。キングがワンドの持つ本能の欲求と一致した時、最もカリスマ性が高く情熱的な指導者であり、自信と誇りと権力を持った親分気質の人物になります。エネルギッシュであり、時には衝動的な猛々しさがあります。

オラクル メッセージ	自分の欲求に正直になるからこそ、本質的な自分の力につながることができます。その力は、どんなことも乗り越える強大な力です。あなたのビジョンを実現しましょう。

正		逆	
自信	誇り	猪突猛進	猛々しい
勇気	リーダーシップ	激しさ	慢心

＊リーディング表

ポジション／占目		心理・気持ち	現象(過去・現在・未来)	課題となるもの	アドバイス
恋愛	正	自分の気持ちを伝えたい。相手に会いたい。	情熱的な恋愛。男性がリードする関係。	恋愛と権力を分けて考えられない。	年齢や立場にとらわれず愛情をオープンに。
	逆	自分のものにしたい。失恋のトラウマ。	強引なやり方。振られる。出会いを求める。	強引なため、相手に嫌われる可能性がある。	女性の気持ちを尊重した交際を。
仕事・金運	正	仕事へのプライドがある。自信がある。	先駆的な活動。独立。リーダーシップ。	衝動的な行動で、周囲の人は理解できない。	独裁的にならず協力者と話し合うこと。
	逆	絶対的な力や地位を手に入れたい。出世欲。	権力にたてつく。失敗。人がついてこない。	才能を活かせないで苛立ちを抱えている。	新規開拓。先駆的なことを行うと成功する。
健康・その他	正	進取の気性。経験を生かせば上手くいく。	臨機応変。カリスマ性を持つ。活動的。	次から次へと興味のあるものが湧いてくる。	年上の人物からの忠告に耳を傾けること。
	逆	自信をなくしている。前向きになれない。	裸の王様。自惚れ。自信過剰。強引なやり方。	怠け者。偏屈。誠実さに欠ける。傲慢さ。	衝動的に行動すると、トラブルを招きそう。

ワンモア アドバイス	[ワンドのキング]を人物に例えるなら、創業者や監督など、情熱を持ち人を率いる男性です。また頼り甲斐のある理想的な父親像を表します。

▼マルセイユ版

創造的なリーダー

　火のエネルギーは生命の力を示し、向上心はそのひとつです。生命は、よりよく生きるために自己を成長させる性質を持ちます。マルセイユ版の［ワンドのキング］は、棍棒ではなくペンの形をしています。彼は設計図を描いているのです。これは、人生を創造する力を表します。彼自身が活動するというよりも、人にエネルギーを与え、インスパイアするのです。

▼GD版

寛容で活動的な指導者　　＊称号…「炎と雷光の主」「火の霊の王」

　GD版のキングは、すべて馬にまたがっています。これは、キングの創造的な力が激しいものであることを意味します。［ワンドの1］と同じワンドを持ち、エレメントの対応は火の中の火。称号は「炎と雷光の主」「火の霊の王」です。進取の気性に富み、強い指導力や活動力を有することを示します。占星術との対応は蠍座第3デカンから射手座第2デカン。ヘラクレス座を支配しています。

▼ウェイト版

揺るぎない自信

　キングは炎の形をした王冠の下に、捧持の際に使う式帽を被っています。足元のトカゲやトカゲ柄のマントは火の精霊サラマンダーを暗示し、火のエレメントの力を表しています。玉座にはライオンとトカゲが描かれ、威厳を示しています。少し前のめりの姿勢は熱意や積極性を表します。この人物は善良で寛大、誇り高く気品があり、親しみの持てる人です。

▼トート版

崇高な情熱とプライド　　　　　　　　　　　＊ナイト

　トート版では、一般のキングに当たるカードには「ナイト」というタイトルが当てられます。これは四大エレメントの質が根源的で勢い盛んであることを意味し、キングは活動力を示す馬にまたがり武装しています。［ワンドのナイト］は渦巻く火炎の中、燃え上がるワンドを持ち炎のマントを纏い、躍動的な力と威厳が描かれています。易は震為雷（しんいらい）。電光石火のスピードを示します。

読み解きの極意！　創造的でカリスマ的な力があります。それに周りの人が引きつけられ、物事が動き出します。周りを巻き込む社会性が成功の鍵を握ります。

カップの1

心と体が一致した無条件の愛

　カップは、いろいろなものを受容する器です。カップに入っている水は、物質を溶かしたり結びつけたりすることができ、調和して融合します。「1」は絶対的な数で、唯一であることを示します。

　[カップの1]は、分け隔てのない愛です。また、陰陽統合の意味があり、具体的には心と体の一致や、受け入れる女性性と飛び込む男性性の結びつき、溢れる喜びを表現します。そのため、生殖性や多産性の意味を持つこともあります。

オラクルメッセージ	好きなことに心を開いて、あなた自身の中にある正直で純粋な思いに気づいてください。好きという気持ちを自由に表現しましょう。愛を注ぐことでもっと豊かになります。

正　愛情　感受性　受容力　美

逆　無頓着　感情的　快楽　不安

＊リーディング表

ポジション 占目	心理・気持ち	現象（過去・現在・未来）	課題となるもの	アドバイス
恋愛 正	ときめき。充実した恋愛。恋への期待。	新しい愛の始まり。結婚。充実した恋愛。	純粋な愛情だが、具体的ではなく夢見がち。	気持ちや愛情を素直に表現しよう。
恋愛 逆	相手への不信感。楽しいムードに浸る。	恋愛や相手に不安を抱く。ムードに流される。	恋愛への不安がある。愛情表現を求め過ぎる。	ムードに流されそう。後悔しないように。
仕事・金運 正	どんな仕事でも楽しい。仕事への満足感。	一致団結。楽しいムードで仕事する。	責任の所在が不明確。公私混同しやすい。	どんな仕事にでも、やりがいを見つけよう。
仕事・金運 逆	才能が活かせず、やる気を失くして停滞する。	ロスやミスが多い。感情が仕事に出て悪影響。	無駄が多い。ルーズで、けじめがなくなる。	指示を正確に受け入れ、遂行しよう。
健康・その他 正	楽しい。幸福感。喜びに満ちる。優しい。	友好関係の始まり。気持ちが満たされる。	考えなしに感情で判断し、受け入れる。甘え。	感情を表現することで共感を得られる。
健康・その他 逆	楽しければいいと思っている。快楽主義。	情緒不安定。感情的。溺愛。流される。	感情をコントロールできない。耽楽的。	取捨選択し、大切なものだけ受け入れよう。

ワンモアアドバイス	愛の始まりを示すカード。恋愛や結婚占いに出ると吉札です。相手と自分の気持ちが一致していることを表し、愛情が溢れています。

▼マルセイユ版

愛する者を守り育む

　大きなカップの上に、要塞がそびえています。要塞の周りを塔が取り囲んでいます。カップは水のエレメントに対応し、要塞の下から水が漏れだしていることから、要塞の中は水が溢れていることが想像されます。溢れ出す水は愛情を、要塞が示すものは愛するものを守る力です。「Ace＝1」は生来的で純粋な愛のエネルギーを表しています。

▼GD版

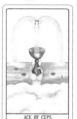

ACE OF CUPS

聖なる母の愛が溢れる　　　＊称号…「水の力の根源」

　雲から受容を示す左手が現れ、カップを掲げています。カップから噴水のように水が吹き上がり、落ちた水面には睡蓮が咲いています。流れる水の中に聖四文字の母性を示す「へー」が現れ、カバラの対応も「へーとケテル」にあたります。[ワンドの1]は占星術の対応は蟹座・獅子座・乙女座で、[カップの1]では天秤座・蠍座・射手座と続きます。

▼ウェイト版

ACE of CUPS.

真実の心と溢れる愛

　雲から神の右手が現れて、ヘブライ文字の水という意味を持つ「メム」から転じた「M」の文字が描かれたカップを差し出しています。カップからは水が全方向に溢れています。溢れる水は、純粋な心のエネルギーを意味します。ヨッドの形をした水滴が散りばめられ、カップの中に飛び込む「マナ（聖なる食物）」をくわえたハトは陰陽の統合を表しています。

▼トート版

Ace of Cups

生命の泉

　火と水は、対極のエレメントです。[ワンドのAce]は火のエレメントに対応し、男根を象徴していました。地上はアジア大陸を司ります。[カップのAce]は水で女陰を象徴し、地上は太平洋を司ります。中央の蓮の花からカップが出現し、光が降り注いでいます。カップを満たしているのは生命を象徴する液体で、このカードは生命の母なる海を表しています。

読み解きの極意！　誰かを愛し誰かに愛されたいという、人が本来持つ自然な欲求を示します。具体的に何を愛するのか一緒に出た他のカードから読み取ります。

カップの2

男性性と女性性の調和

　「2」は、陰陽、光と影、天と地、男性と女性などの二元性を示します。それは対極の質であり対立していますが、同時に互いに補い合い調和します。カップは入れ物であり、心です。心の中には愛情が満ちています。

　［カップの1］から溢れ出た愛は、2つのカップを満たし、そこにはエネルギーの交換と交流が起こっています。それは、愛し合う男女や性的な結びつきを示し、2人の絆や結婚を意味します。

オラクルメッセージ　与える愛と受け取る愛の調和が取れています。好きな人や大切な人との交流を積極的に持ちましょう。2人の仲は順調に進展していくでしょう。

正		逆	
男女の出会い	結婚	不和	感情の相違
友情	融和	性的関係	受動的

＊リーディング表

ポジション 占目		心理・気持ち	現象（過去・現在・未来）	課題となるもの	アドバイス
恋愛	正	ロマンチックな気分。愛し愛される喜び。	以心伝心。デート。結婚。お似合いの2人。	恋に落ちて、ムードに流され結ばれる。	交際や結婚を考える時期。プロポーズに吉。
	逆	相手の気持ちが理解できない不安感。	意見の不一致。相手と距離がある。すれ違い。	ロマンスに浸ったり、セックスに溺れる。	欲求を満たすための恋になりそう。
仕事・金運	正	誰かと一緒に仕事をしたい。同意してほしい。	契約成立。パートナーシップ。快適な職場。	提携契約など、制約があり選択ができない。	業務提携契約に吉。二人一組での仕事が良い。
	逆	相棒との折り合いが悪く、ストレスが溜まる。	契約成立には調整が必要。連絡ミス。	契約や関係性、取引の不安定さ。契約解消。	誠実に相手と関わることが大切。
健康・その他	正	幸せ。分かり合える人がいる安心感。喜び。	良好なコミュニケーション。友情が深まる。	絆や思い入れが強いため、他に選択肢がない。	ひとりよりも2人で、互いに助け合うべき。
	逆	分かってもらえない寂しさ。気まぐれな心。	一時的な感情。気分や行動が変わりやすい。	感情的になり過ぎる。優柔不断になる。	気まぐれな態度は相手の信頼を失う。

ワンモアアドバイス　恋愛占いでは、ソウルメイトとの出会いを暗示します。［カップの1］や［カップの3］と共に出ると、結婚することを示します。

▼マルセイユ版　愛と調和

　中央の左右対称に描かれた2つのカップに花が咲いていて、2匹のイルカが花に向かって描かれています。イルカは、愛と幸運のシンボルです。カップは器なので受容力を示し、水のエレメントに対応します。水には、異なるものをひとつに融合させる力があります。このカードは水の融合の性質を象徴しており、愛や調和、その喜びを表しています。

▼GD版　受容する愛と喜び　　＊称号…「愛の主」

　雲の中の水面から伸びた右手が、蓮の花を持っています。花からさらに茎が伸びて蓮の花が咲き、そこから陰陽を表すように金銀2色の水がハート型に噴き出しています。水は金色と銀色のイルカに当たってカップに注がれ、また水面に落ちていきます。愛や結婚を意味し、カバラの対応は「ヘーのホクマ」。占星術は蟹座の第1デカン、主星・金星に対応しています。

▼ウェイト版　秩序に基づく男女の性愛

　向き合った男性と女性が、それぞれカップを持っています。男性は女性に手を差し伸べ、誓いを立てています。ライオンの顔から羽根が生えた精霊が描かれていますが、ウェイトは「古版からのアレンジである」と言っています。錬金術を象徴するカドゥケウスの杖が現れて、錬金術的な統合を暗示しています。男女が誓いを立てている構図から結婚を示します。

▼トート版　言葉と意志による愛の顕現　　＊タイトル…[愛]

　水面に浮かぶ蓮の中から茎が伸び、また蓮の花が咲いています。連なる蓮の花は、幸運の連鎖を示します。茎に絡まる2匹の魚、2つの花は陰陽の統合を示しています。「Ace＝1」が根源を示すなら、「2」は最初の顕現の段階で、言葉と意志を表します。陰陽の統合によって、錬金術的な昇華や新たな現象が生起します。カップの2[愛]では、愛が顕現します。

読み解きの極意！　純粋な愛をテーマにしていて、小アルカナの中でも穏やかなカードです。不倫恋愛などではなく、自然な形で結びつく愛を示します。

カップの３

成功の喜びとその表現

　小アルカナには、大アルカナの影響が反映されていると考えます。大アルカナの３［女帝］は、豊かで美しい女性像です。「３」には表現や美的という意味があり、［カップの３］も豊穣と美的表現を示唆しています。

　［カップの３］は、受動的な姿勢でさまざまな要求を取り入れ、まとめることにより得られる成功と、その祝福を意味します。さらに、歌やダンスなど、芸術的に喜びの感情を表現します。

オラクルメッセージ　愛に基づく行動ならすべて成功します。物事が成就し豊かな状態です。あなたが感じている幸せを表現しましょう。表現することでたくさんの人を幸せにすることができるでしょう。

正		逆	
祝福	歓待	軽率な愛	享楽
芸術的表現	豊穣	贅沢	官能

＊リーディング表

ポジション／占目		心理・気持ち	現象（過去・現在・未来）	課題となるもの	アドバイス
恋愛	正	楽しい。友だちと恋の喜びを分かち合いたい。	楽しい交際。お見合い。パーティー。披露宴。	恋愛成就を喜んでいる今が、充実している。	恋愛成就の喜びを表現しよう。恋を楽しもう。
	逆	ファッション感覚での恋人が欲しいと思う。	出会いの後が続かない。色欲で行動する。	官能的な刺激。性的関係に至る衝動的な恋。	相手に執着せず、次の恋に進むのもあり。
仕事・金運	正	楽しく仕事をしたい。仲間と仕事がしたい。	要求に対応することで成功する。協賛する。	感性を使う仕事以外は慎重さに欠ける。	仕事のシェア。他者の成功を祝福すること。
	逆	華やかな仕事がしたい。仕事より遊び優先。	経費を使い過ぎる。注意力散漫によるミス。	印象や見た目が優先され、利益が少ない。	公私混同せず、けじめをつけること。
健康・その他	正	自己表現を楽しむ。豊さで安定した精神状態。	交友関係の発展。博愛的。パーティー。	何でも受け入れてしまう。他者に流される。	芸術など自己表現は吉。喜びを表現すること。
	逆	楽しくて良い思いがしたい。注目されたい。	怠惰でルーズ。過食。エネルギーの消耗。	贅沢し過ぎ。遊びに夢中。与えてくれる期待。	過ぎたるは及ばざるが如し。遊び過ぎに注意。

ワンモアアドバイス　祝福を示すカードなので「成功する」と読みますが、運や環境、仲間の協力による成功なので、周囲に感謝することが大切です。

▼マルセイユ版

進展する愛

　マルセイユ版のカップのカードには、植物が一緒に描かれています。[カップの3]に描かれた植物は果実をつけ、成果を得ていると考察できます。[カップの2]の男女が出会い、愛情や恋愛関係が進展していき、子どもを得たと読むこともできます。「3」は、1と2が統合された創造的表現を示す数なので、ここではエレガントに愛の表現が行われています。

▼GD版

幸運と喜び

＊称号…「豊かさの主」

　雲から出てくる手は4本の蓮の花を持ち、上の2つの蓮の茎はハート形を象って、花の中から水が流れ出ています。3つのカップは正三角形に配置され、水は上部の中央にあるひとつめのカップを満たし下に流れて、左右にあるカップを満たします。カバラの対応は「ヘーのビナー」。占星術は蟹座の第2デカン、主星・水星。受動的な成功という意味があります。

▼ウェイト版

物事が結びついて良い結果が出る

　青い空の下、庭園に3人の乙女がカップを掲げて踊っています。ひとりは手にブドウを持っていて、彼女たちの周りには作物が置かれています。歓待を示し、まるで収穫祭のお祝いをしているかのようです。乾杯をしているようにも見えることから、お祝いや飲食、ダンスや喜びの表現という意味があります。問題に対する結果は、喜びの形で結実します。

▼トート版

愛の元に志が達成する

＊タイトル…[豊潤]

　海の中から8つの蓮の花が立ち上がり、カップに向かってふんだんに水を注いでいます。3つのカップはザクロの実を模したカップで、ザクロは豊穣と性愛のシンボルです。黄金の蓮の花からは、感情のエネルギーである水がカップの外へ溢れています。水のエネルギーは現実的な感情となって現れ、愛の喜びが溢れています。

読み解きの極意！　**3枚めのカードで表現された水のエネルギーの豊かさは、結果であっても通過点です。この良い結果を踏まえて、さらに物事は進展します。**

カップの3

第Ⅱ章 —— 小アルカナ56枚事典

カップの4

幸せの中の不安

　「4」は安定を示す数です。カップは愛や喜びを示しますが、[カップの4]にはこれまでの愛や結婚にまつわる意味はありません。持っている器を満たしていて幸せですが、これ以上は広がらないという限界を表しています。

　感情は受容的な反応です。現実やイメージしたことに反応して、感情が動きます。[カップの4]では刺激に対して感情の動きが鈍くなり、喜びも色褪せています。

オラクル メッセージ　幸せを味わうことは大切ですが、それが日常になると喜びは色褪せます。物事に受動的になり過ぎると、幸せは実感できません。受け取るよりも、愛を与えることを意識しましょう。

正		逆	
受動的態度	与えられる	衰退の兆し	仲間割れ
心配	成功と不安	怠惰	他人に頼る

＊リーディング表

ポジション／占目		心理・気持ち	現象（過去・現在・未来）	課題となるもの	アドバイス
恋愛	正	相手からの誘いを待つ。浮気の心配。寂しさ。	恋の喜びと不安。シングル。欲求不満。	問題はないが、未来に対しての不安がある。	与えられるのを待たず、掴みに行くこと。
	逆	恋の不安を癒したい。寂しさを満たしたい。	楽しい恋の裏に孤独あり。心のすれ違い。	現状より発展性がない。安定感のない恋愛。	欲望を手放す。諦めが運を開くことも。
仕事・金運	正	成功はしたものの、不安がある。不満足。	才能を発揮できていない。受動的な仕事。	今までの成果で仕事が上手くいっている。	これからどうするか、考える時期。
	逆	終わるのか継続するのか判断できずに悩む。	怠惰。誰かに仕事を任せる。仲間との不和。	努力不足。分かり合える仲間がいない。	職場のムードを良くする工夫をしよう。
健康・その他	正	なんだか元気が出ない。漠然とした不安。	問題はないが、満たされない。今は待つ時。	求めて得られたものではなく与えられるもの。	今の幸せを味わい、執着心を捨てよう。
	逆	孤独や寂しさをいつも抱えている。諦め。	惰性。貯金で生活している。限界を感じる。	消極的になり過ぎる。現状を変えられない。	直感を信じて、新しい兆しを探ろう。

ワンモア アドバイス　カップは受動的です。心が満たされて心の動きが止まった状態です。不足ではなく、満たされた状態の中にある不満を示します。

▼マルセイユ版

安定した愛情とマンネリ

　4つのカップが、四隅に真っすぐ配置されています。カップは水のエレメントに対応し、感情が整っている状態を表します。それは満足と安心感、安らぎをもたらすと同時に、気持ちの高揚感が失われた状態です。[カップの4]では、心のどこかに不満を抱いています。描かれている植物は左右上下を分断しているようで、気持ちの交流が起こりにくい状態です。

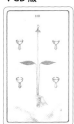

▼GD版

完成の喜びと不満　　　　　　　　＊称号…「混ざり合う快楽の主」

　雲の中から出た手が掴む蓮の花と、左右に開いた葉で十字を描いています。ひとつの蓮の花から水が流れ出し、左右のカップに注がれ、さらに下にある2つのカップを満たして流れは止まります。ここでは[カップの3]で経験する成功や喜びが止まることを暗示し、喜びの中に不満が兆します。カバラの対応は「へーとヘセッド」。蟹座の第3デカン・月です。

▼ウェイト版

満足できない不快感と倦怠

　木の下に座っている若者が3つのカップを眺めています。その表情から彼が、悩みや不安を抱えていることが分かります。雲から手が現れもうひとつカップを差し出しているのに男は気がつかない様子から、どんなものが与えられても満足できない状態です。快楽を示すカードですが、満たされず、新しい可能性に目を向ける意欲や余裕がありません。

▼トート版

愛の純粋さが失われる　　　　　　　　　　＊タイトル…[贅沢]

　タイトルは[贅沢]。占星術の対応も、月は本来の座の蟹座とよい象徴ですが、極まったものは衰えていきます。暗雲の下、赤い蓮の中から流れ出す水は、すぐ下の2つのカップから大量に下へと流れますが、それを受けるカップから流れが止まっています。上部の豊かさと違って、下のカップは水の上にあり不安定です。過剰であることが不調和をもたらします。

読み解きの極意！

　[カップの4]は幸せを表しますが、数札1〜10の中ではまだ10分の4です。この時点での幸せは、まだ個人レベルなのです。

カップの5

愛を失った喪失感と孤独

　［カップの1］から始まり［カップの4］まで流れ込んできた愛のエネルギーは、［カップの5］では途絶えていることがトート版やGD版に描かれています。今までの喜びが失われ、失意へと変わります。そこにある感情は、落胆と憂鬱です。

　「5」という数は等分できず、2と3に分かれることから、優劣を意味し、争いを示します。カップの愛情や情緒は、愛する人との揉めごとや、悲しみや喪失感に変化します。

オラクルメッセージ	こだわり過ぎや思い込みが強すぎることで、自分本位になり、相手に対しての思いやりが欠けているかもしれません。自分の本心に素直になり、気持ちを切り替えて行動しましょう。

正
損失　落胆
憂鬱　頓挫

逆
悲しみ　後悔
危機　喪失感

*リーディング表

ポジション／占目	心理・気持ち	現象（過去・現在・未来）	課題となるもの	アドバイス
恋愛 正	愛する人を失った悲しみ。孤独感と喪失感。	マンネリのつき合い。失恋。裏切られる。	心を閉ざして出会いを避けている。マンネリ。	感傷的になり過ぎないよう、気分転換を。
恋愛 逆	後悔ばかり。どうしていいのか分からない。	自信喪失。恋の妨害に悩む。覆水盆に返らず。	失恋の悲しみから立ち直れない。未練と後悔。	別れは辛いが、別れた方が幸せになれるかも。
仕事・金運 正	ミスや失敗の後悔で仕事の意欲を失っている。	計画や仕事の停滞や頓挫。策が浮かばない。	精神的ショックで仕事ができない。失敗する。	失敗することを怖れていては何もできない。
仕事・金運 逆	仕事に対する自信を失い、なすすべがない。	契約破棄。協力者や支援者との別れ。敗北感。	失敗を引きずって意欲が出ない。	失敗したからこそ、気づき学べることがある。
健康・その他 正	元気が出ない。陰鬱な心理状態。寂しい。	不幸な出来事。家族との不和。友情を失う。	得られるはずだったものが得られない、失意。	ネガティブな感情に浸りすぎないこと。
健康・その他 逆	後悔。悲しいことばかりを考えてしまう。	期待が裏切られる。相続のトラブル。不運。	予想もしなかったトラブルで、なすすべがない。	失敗を受け入れて、次のチャンスを待とう。

ワンモアアドバイス	このカードは、喪失感や悲しみの感情に入り込んで、意欲を失っていることを表しています。考え方を変えるアドバイスが必要です。

▼マルセイユ版

別れの悲しみ

中央のカップは植物で囲まれ、四隅に4つのカップが配されています。「5」は陽の要素で、中心から離れる質を持ちます。感情的な表現が外側に現れ、放たれることを意味します。しかし、カップは外から何かを取り入れ融合させる性質を持ちます。性質に矛盾があるカードです。心の中に未練や感情が残っているからこそ、離れていくことを悲しんでいます。

▼GD版

喜びの終わりと失望　　　　＊称号…「喜びの中の損失の主」

雲から手が現れて、ひとつの蓮を持っています。配された5つのカップの上に蓮の花が咲き、左右に伸びた茎から咲く花はすべて下を向いています。水の流れはなく、5つのカップは空っぽです。このカードは喜びの終わりを表し、恋愛や期待していたものに対する失望を示します。カバラの対応は「ヘーのゲブラ」。占星術は蠍座第1デカン、主星・火星です。

▼ウェイト版

失ったものと残ったもの

黒いマントを身に着けた男が、倒れた3つのカップを見つめています。感情や愛情を示すワインがこぼれています。彼は左を向いていることから、過去に得た愛が失われたことを意味します。男は倒れたカップを見て肩を落としていますが、後ろにはまだ2つ残っています。背景には、小さな城に続く川を渡る橋が見えます。すべてが失われたわけではないのです。

▼トート版

裏切りと快楽の破綻　　　　＊タイトル…［失望］

水は干上がって沼のようになり、花は散っています。［失望］というタイトルが示すように、水のエレメントの純粋な愛が失われています。カップが逆五芒星に配置され、蓮の茎で逆五芒星を描いています。これは物質が精神に勝利していることを表し、愛が変容したことを意味します。赤い背景や蠍座の火星で示されている強すぎる情熱で、愛が失われています。

読み解きの極意！ 水の流れが止まりますが、「5」は数の中心でこれから先の進展があると考察します。終わりではなくさらなる展開を迎えるときに出現します。

カップの5

第Ⅱ章 ── 小アルカナ56枚事典

カップの6

自然体での愛と喜び

　[カップの5] で途絶えた流れは [カップの6] で回復し、失われた秩序や愛や喜びが戻ってきますが、器を満たし溢れ出すのはまだ先です。「6」は愛や調和、完全な美を示します。2や3の倍数でもあり、陰陽の統合が保たれています。また、六芒星を示し、完全な調和を表します。

　[カップの6] で示される愛は、調和の中にある真心からの愛を表します。心に愛が満ち、その喜びにより、感情が活発になります。

| オラクル
メッセージ | 意地を張ったり頑張ったりするより力を抜いて、自分の気持ちの素直になると人間関係が上手くいくでしょう。現状を受け入れ、起こっていることに調和することでもっと楽しめます。 |

正 幸福　真心　喜び　回復

逆 未熟な精神　不完全な知識　幼さ　不遜

＊リーディング表

ポジション 占目		心理・気持ち	現象（過去・現在・未来）	課題となるもの	アドバイス
恋愛	正	初恋のワクワク感。性的な満足感。ときめき。	恋の始まり。幸せな恋愛。喜びを分かち合う。	相思相愛で性的に満足しているが、考えが幼い。	相思相愛。告白するのに良いタイミング。
	逆	恋愛が進展しないかと期待している。	期待通りには進まない恋。精神的に幼い相手。	真心からコミュニケーションができていない。	恋愛を満喫する。今は恋を楽しむ時。
仕事・金運	正	仲間と共に成長したい。仕事を楽しんでいる。	ワークシェアリング。仕事の成功。利益拡大。	利益が見込めるがまだ始まったばかり。	コミュニケーションを取ることで上手くいく。
	逆	知識も経験も不足していると感じている。	知ったかぶりで失敗する。未熟。力量不足。	業界のルールを理解していない。経験不足。	不完全な知識や情報での判断は避ける。
健康・その他	正	満足している。リラックスしている。安らか。	小さな喜び。人間関係の調和。余裕がある。	安らぎや快適さに浸りすぎて怠惰になる。	喜びを味わい、周囲の人と分かち合おう。
	逆	ゆとりを持ちたい。郷愁に浸っている。	子どもじみている。軽率な行為。怠ける。	恩を仇で返す。自己主張から問題が生じる。	自分を磨き高めよう。魂は目覚めたばかり。

| ワンモア
アドバイス | 「6」は生命の木のティファレットに対応し、調和を示します。大アルカナで「6」は [恋人たち]。恋愛において自然な流れを示すカードです。 |

▼マルセイユ版

自然と調和する喜び

　左右にカップが2つずつ3段で並んでいます。2つのカップなら私とあなた、6つのカップなので私たちとあなたたちを表します。対になる複数の関係や周りからの影響を受け、相互作用が起こります。自然や調和を愛する気持ちが示されています。中央付近に大きな花が、上下にも花が描かれています。花が咲く様で、喜びの感情を示しています。

▼GD版

楽しみの始まり　　　　　　　　　　　＊称号…「喜びの主」

　雲から手が伸びて蓮を持ち、6つの花が垂れ下がって、その下に6つのカップが並んでいます。6つの花から流れた水をそれぞれのカップが受けていますが、満杯ではありません。現時点では不完全ですが、これから利益や喜びが安定して増えていく時期が始まります。カバラは「ヘーのティフェレット」。占星術は蠍座第2デカンの太陽に対応しています。

▼ウェイト版

純粋無垢で幼い愛の誓い

　古い庭園に男の子と女の子がいて、向かい合っています。男の子は、女の子に花の飾られたカップをプレゼントしています。他のカードの登場人物が大人であるのに対し、このカードは初恋や過去の思い出を示すとも読めます。また、大人になれない子どもっぽい心を表します。すべてのカップにも白い花が飾られていることは、純粋さや無垢を表しています。

▼トート版

穏やかさの中で願望を抱く　　　　　　＊タイトル…［喜び］

　6つの蓮の花の茎は、湾曲して集まってきています。花から黄金に輝く6つのカップに水が流れていますが、カップを満たしているわけではありません。タイトルは［喜び］ですが、クロウリーは「努力や緊張のない、自然な力の調和した状態」と言っています。波があっても穏やかな海が描かれており、現実的な願望実現というよりも感情的な喜びを示しています。

読み解きの極意！　過去と未来をつなぐ、今を示すカード。幼い頃の思い出や過去の経験が今を楽しむ材料になります。過去を肯定して今の幸せを味わいましょう。

カップの6

第Ⅱ章　　小アルカナ56枚事典

カップの7

幻想に溺れて我を失う

[カップの6]での完全な調和の後には、打って変わって堕落がやってきます。「6」での回復は始まったばかりなので、利益の増加が見込めても態度次第で信頼を失います。

「7」には神秘、計り知れない何かが潜んでいます。分からないからこそ、追求するのです。

[カップの7]では、繁栄の虚像に溺れます。感情のままに欲求し、手に入れたものと手に入れていないものが分からないままに求め続けます。

| オラクル
メッセージ | 夢や理想を叶えたいなら、まずは成功イメージを持ちましょう。そして喜びの感情と共に、夢が叶った未来を思い描きましょう。イメージは創造の元になり、あなたを未来へ導きます。 |

正 妄想　幻想を追う　取るに足らない成功　欲望に溺れる

逆 嘘　欺き　裏切り　依存

＊リーディング表

ポジション／占目	心理・気持ち	現象(過去・現在・未来)	課題となるもの	アドバイス
恋愛 正	恋愛に陶酔する。恋の快楽に浸りたい。	不倫。恋の妄想に浸る。恋人への依存。	快楽やムードに流されて、関係が悪化する。	翻弄される時。ムードに流されないこと。
恋愛 逆	危険な恋への憧れ。恋人に対する執着心。	ホストやホステスに入れ込む。ストーカー。	性的快楽に溺れる。独占欲。共依存の関係。	恋愛に陶酔し過ぎて大切なものを失うかも。
仕事・金運 正	上手くいっているように見せたい。意欲低下。	小さな利益。非倫理的な計画。停滞。	非現実的な目標を持つ。現実を受け入れない。	上手く行っているという幻想を捨てること。
仕事・金運 逆	成功するためには出し抜く必要がある。	裏切り。不正な手段を使って利益を得る。	偽造行為。成功のために不正な手段を使う。	利益よりも、誠実さを大切にして働こう。
健康・その他 正	夢か現実か分からない。夢を追求したい。	非現実的な考え。見かけ倒し。見当違い。	利益を求めていても、建設的な行動をしない。	誘惑に弱い時期。夢より現実を見ること。
健康・その他 逆	やめたくてもやめられない。空想に浸りたい。	現実逃避。誤解。中傷。耽溺。依存症。欺瞞。	意志の力が正しく使えない。依存心が強い。	心と体の健康を考えよう。嘘をつかないこと。

| ワンモア
アドバイス | 何が事実で何が嘘かを分かっていないので、悪いカードと共に出ると、精神的に不安定な状態を示すことになります。 |

▼マルセイユ版 　夢を追いかける

中央に植物で囲まれたカップがあり、上と下に3つずつカップが並んでいます。「7」は理想を追求する力です。そして奇数は、外界に向かう力が働きます。夢を追いかけ、快楽を求める気持ちが募ります。しかし、水のエレメントは受動的で情緒的なので、理想の追求は夢想的で現実とかけ離れていたりします。時に虚像を追いかけ、成功しても長続きしません。

▼GD版 　果たされない約束　＊称号…「幻の成功の主」

雲から伸びる手は蓮を握り、上に3つ、下に3つ、中央にひとつのカップが並んでいます。下の3つ以外は蓮の花が覆っていますが、水の流れはなくカップも空っぽです。成功しても利益は継続せず、勝利の可能性はありますが、怠惰により無効になることを暗示しています。カバラの対応は「ヘーのネッツァ」、占星術は蠍座の第3デカン、主星・金星です。

▼ウェイト版 　妄想を耽溺する

雲の上に幻想の7つのカップと、それに驚嘆する男が描かれています。カップに盛られたのは男のイメージで、女性や城、財宝や勝利、ドラゴンや蛇、真ん中にはベールを被った人らしき姿が見えます。男の姿が黒く塗られていることから、自分自身が抱いたイメージに魅了され、幻惑されているようです。時に、霊的なインスピレーションを示すカードでもあります。

▼トート版 　成功の幻影　＊タイトル…[堕落]

枯れたオニユリから緑色の粘性のある液体が7つの虹色のカップに流れ出ています。一番下のカップが最も大きく、水は淀んだ沼に落ちていきます。2つの逆三角形にカップが配され、茎と併せてカップを象り、あたかも透明なカップがあるかのようです。タイトルは[堕落]。6[喜び]の安易な快楽の追求がネガティブに現れたのが、カップの7[堕落]です。

読み解きの極意！ 水のエレメントの情緒的活動は心理世界で活発に行われます。カップは心という器。心の中のイメージが現実離れしているかもしれません。

カップの8

繰り返しで停滞し、興味を失う

[カップの8]では、[カップの7]で幻想を追いかけていた情熱を失っていきます。虚像を求めても得ることができないので、行き詰まりを感じます。「8」は4×2で構成される数で、「4」の示す現実が次々と[カップの7]の夢を阻みます。

また、「8」は無限大のマーク∞と同じ形なので、何度も繰り返すことを示します。それにより、現実が続く日々の中で、意欲が減退し、惰性で物事が行われていることを意味します。

オラクルメッセージ 気になることや未練が残ることであっても、上手くいかないのなら手放してしまいましょう。たとえ新たな挑戦に困難さを感じても、あなたには困難を乗り越える力があります。

正		逆	
興味を失う	行き詰まり	妥協	断念
無気力	慢性化	理想を下げる	中途半端

＊リーディング表

ポジション／占目		心理・気持ち	現象(過去・現在・未来)	課題となるもの	アドバイス
恋愛	正	相手への興味が薄れる。恋愛感情がなくなる。	曖昧な関係。惰性でつき合っている。腐れ縁。	なんとなく面倒なので、惰性でつき合う。	状況を変えない限り、出会いは期待できない。
	逆	引っついたり別れたりに疲れてどうでもいい。	不倫。発展性のないつき合いに興味がない。	恋愛や相手に対して興味が失せている。	終わらせるべき恋は終わらせよう。
仕事・金運	正	いつもの繰り返し。惰性で仕事を進めている。	計画通りに進まず、頓挫している。力不足。	現状を変えるために必要な努力をしていない。	現状維持で良いので諦めずに継続すること。
	逆	仕事への情熱はない。面白くない。辞めたい。	妥協するか、諦めるか。一時的な成功。ニート。	意欲を失い、将来の見通しがつかない。	理想を下げても継続することを優先しよう。
健康・その他	正	成功を諦めている。将来への見通しのなさ。	計画が予定通りに進まない。当てがない。	手に入ったらすぐに投げ出してしまう。	今の問題は長くは続かないので継続すること。
	逆	見捨てられた感。建設的な考えが持てない。	心身の慢性的な疲れ。意欲の低下。諦める。	未来が見えないので、努力をしない。	今、やる気が湧かないなら何もしないこと。

ワンモアアドバイス 「8」には繰り返すという意味があり、カップは感情を示すので、気持ちが上がったり下がったりする、という捉え方をすることがあります。

*デッキごとの意味

▼マルセイユ版

つらい状況を受け入れて行動する

　上に3つ、中に2つ、下に3つと並んで、合計8つのカップを描いています。「3」は奇数で外に向かい、「2」は偶数で内に向かい、次は「3」と、陰陽が繰り返されています。そして「8」の数字は現実や力を示す数です。カップは受容のスートなので、[カップの7]の夢が破れ、つらい状況や現実を受け入れて試行錯誤しながらも進む力を持っています。

▼GD版

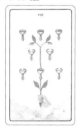

長続きしない一時的な成功　　*称号…「見捨てられた成功の主」

　雲から出てくる手は蓮を握り、中の2つのカップの上に2輪の花が咲いています。水が流れ出して下の外側の2つのカップに注がれ、満たす前に流れは止まります。上の3つと下の真ん中のカップには、水が入っています。これは、成功を収めても持続しないことを表しています。カバラの対応は「ヘーのホッド」、占星術は魚座第1デカン、主星・土星です。

▼ウェイト版

永続する価値がなく興味を失くす

　赤い服を着た男が、手前に8つのカップを積み上げ去っていきます。積まれたカップは、男が関係した事柄や成功したこと、感情を表しています。彼の取り組んでいた思いが衰退したのか、結果の良し悪しに関わらず、彼は去っていきます。しかし、彼が進むのは、楽ではない道のりです。彼の行動を、見守るように、変化の象徴である月が見つめています。

▼トート版

不健全な状態の慢性化　　*タイトル…[怠惰]

　3、2、3と並んでいる真鍮のカップに、輝きはあるものの、欠けがあります。カップの7の[堕落]に続くカードで、タイトルは[怠惰]、不健全な状態を表します。中央の2つの蓮の花もオニユリの模様がありますが、流れ出る水は澄んでいます。水は下の2つのカップに流れて止まり、その下の沼は淀んでいますが、重苦しい暗雲の空に少し光が差し込んでいます。

読み解きの極意！　[カップの7]の状態の結果が、[カップの8]です。リーディングでは、質問や他のカードにより意欲が失せることの良し悪しが変わります。

カップの8

第Ⅱ章　──　小アルカナ56枚事典

143

カップの9

夢の実現により修養する

すべてのカップに水が満たされ、溢れています。願望が実現して、満足な様子や、潤って豊かな状態を示します。ウェイト版では、精神的にも充実して喜びと自信に満ちた男が描かれています。

「9」は3×3で表される数ですが、マルセイユ版、トート版、GD版とも、3×3にカップが並べられて完全に整い、安定しています。次の[カップの10]も満足を示しますが、[カップの9]は物質的・経済的成功により、愛と満足を得るカードです。

オラクルメッセージ	愛する気持ち、与える気持ちがあなたを豊かにします。自分がどれだけのものを受け取っていたかに気づいてください。試練を乗り越えることができたのはあなたが愛されていたからです。

正		逆	
充実感	実り	自画自賛	虚栄心
願望実現	成功	自惚れ	傲慢さ

＊リーディング表

ポジション／占目		心理・気持ち	現象（過去・現在・未来）	課題となるもの	アドバイス
恋愛	正	今の状態に満足。愛の喜びに満たされている。	プロポーズの成功。結婚。愛される幸せ。	幸せな状態を示すが、永続的ではない。	恋愛成就。告白やプロポーズは上手くいく。
	逆	自分の良さが分からない。見る目がない。	妥協して相手を受け入れる。相手への不満。	感情や好意の押しつけで相手への配慮がない。	相手の気持ちを汲み取る心遣いが大切。
仕事・金運	正	やる気に満ちている。上手くいく自信がある。	ビジネスの成功。名誉を得る。目標達成。	自分の力で成功をつかんだと思い込む。	高潔さを忘れず周りの人への配慮を大切に。
	逆	自分の力で会社は上手くいっている。出世欲。	自信過剰。協力者が離れるスタンドプレー。	謙虚さが足りない。自慢や自信過剰。	成功したゆえに謙虚さと感謝を忘れないこと。
健康・その他	正	自信に満ちている。安定して、満足している。	健康。夢が叶う。喜び。自信。高潔な人物。幸せ。	努力の結果が表れるので成功はそれに応じる。	望みは叶う。努力次第で達成できる。
	逆	自慢したい。成功したことを誉めてほしい。	自慢話にうんざりされる。エネルギーのロス。	上手くいっても満足しない。気前が良すぎる。	自慢話のし過ぎに注意。腹八分に医者いらず。

ワンモアアドバイス	「9」であることから、さまざまなプロセスを経ています。努力が実って成功したのです。自分の成功とその喜びを味わうことが大切です。

▼マルセイユ版

愛と喜びに満ち達成感を味わう

　マルセイユ版の数札を読む時、大アルカナの番号の札と対応させる方法があります。［カップの9］は、9［隠者］と水のエレメントの組み合わせで読むことができます。［隠者］は物質界の最後を示すカードなので、［カップの9］には物質界を潤す水が豊富にあり喜びが溢れています。しかし、それは［隠者］がひとりで描かれているように、個人的な喜びであると言えます。

▼GD版

求愛の成功や物質的な成功　　　　　　　　＊称号…「物質的成功の主」

　左手が蓮の茎を掴んで、3×3に並んだ9つの蓮の花から水が流れ、その水を受け止めるように配された9つのカップからは、水が溢れ出しています。［カップの6］で満たされていなかった願望が成就したことを意味し、喜びと幸福の完全な実現です。カバラは「ヘーのイエソド」。占星術は魚座第2デカン・木星。この木星は品位が良く、物事への寛大さを示します。

▼ウェイト版

成功の喜びと豊かさ

　ブルーの布が敷かれたカウンターの上に9つのカップが並び、その前に善良そうな男が心から満足して座っています。物質的にも精神的にも満足し自信に満ちています。粗末な椅子に座っていることから、この成功までにプロセスに苦労があったことが窺えますが、描かれているのがひとりであることから個人的な満足感と言えるでしょう。夢の実現を示す吉札です。

▼トート版

願望が実現する喜び　　　　　　　　　　　　＊タイトル…［幸福］

　9つのカップは薄紫色で、きちんと並んで配置されています。その上の蓮の花から豊かに流れ出した水は、器を満たして溢れ出しています。水のエレメントの力が、最も完成した状態です。カップの7・8と苦難を乗り越えてきた後に、愛と豊かさを受け取る喜びに満ちています。タイトルは［幸福］。背景の空は青く澄んでいて、神の庇護を受け取っています。

読み解きの極意！　［カップの9］はウィッシュカードと呼ばれ、望みが叶うカードです（GD版はカップの10）。小アルカナでは［コインの1］と共に大吉です。

カップの9

第Ⅱ章 ── 小アルカナ56枚事典

カップの 10

完全な実現による心の安定

純粋な愛は10個のカップすべてを潤し、これからも世界を愛で満たしていきます。「10」の1の位は「0」、10の位は「1」。何かがなくなり、何かが始まります。水のエネルギーは「9」で最も極まり、「10」でなくなって、そこから始まる新しいステージを暗示します。

［カップの10］は完全無欠な状態ですが、次へ進まなければ力を浪費してしまいます。［ワンドの10］と同じように、過剰なエネルギーは無駄になり停滞します。

オラクルメッセージ 喜びを皆と分かち合うことで、喜びが増します。そして、分かち合った人々に感謝の気持ちを伝えましょう。家族や周りの人を大切にすることで、もっと幸福感を得ることができます。

正		逆	
夢が叶う	達成	飽食	浪費
平和	満足	放蕩	退屈

＊リーディング表

ポジション占目		心理・気持ち	現象（過去・現在・未来）	課題となるもの	アドバイス
恋愛	正	心から愛を感じている。結婚を考える。	幸せな恋愛。結婚。祝福される交際。	これ以上の相手はいないと思っている。	結婚の決断やおつき合いを始めるのに良い。
	逆	恋人探しは面倒。つき合いに飽きてきた。	惰性でつき合いが続く。お節介な恋人。	別れてもまた出会いがあると思っている。	当たり前だと思わず感謝の気持ちを持つこと。
仕事・金運	正	満足のいく結果を得て、精神的に充実している。	仕事の成功。円満退社。人間関係の調和。	成功した心理的満足感でハングリーさがない。	仲間と共に仕事を進め、喜びを分かち合おう。
	逆	ルーティンワークに飽きる。成功に満足。	経費の浪費。成長の見込みがない会社。	時間はあるが、やる気がないので進まない。	お金や能力の正しい使い方を考えよう。
健康・その他	正	何もかも上手くいき、毎日が充実している。	良い人間関係。幸福。不労所得。平和を祈る。	満たされて完璧なので、やることがない。	問題があっても、良い結果に落ち着く。
	逆	何か良いことがないかと思う。面白くない。	うんざりしている。感覚が鈍る。運動不足。	無駄やロスがあっても気がつかない。	新しくエネルギーを注ぐものを見つけよう。

ワンモアアドバイス ［カップの9］と［10］は「ウイッシュカード」と呼ばれ、両方とも吉札ですが、10の方が精神的な満足感や次の進展が期待できます。

▼マルセイユ版

願望が実現し、次が始まる。

　大きなカップが横倒しにひとつ描かれ、その下には9つのカップが並んでいます。大きなカップから水が流れ出し、下の9つのカップを満たしているかのようです。大きなカップの向きを変えて置くことで、新しい方向性を表しています。[カップの9]で満たされたものが、[カップの10]で完全な達成をするからこそ得られる新たな視点を意味します。

▼GD版

永続的な幸福と喜び　　＊称号…「完成された成功の主」

　[カップの9]と同じく、左手に握られた蓮の花から水が注がれ溢れています。右上の雲から右手が現れ、蓮の花から中央トップのカップ、次に左上とすぐ下の中央のカップに水を注ぎます。上下は天と地を、2つの水の流れは永続的な成功を示します。それは[カップの9]以上の真の幸福です。カバラは[ヘーのマルクート]、占星術は魚座第3デカン・火星に対応。

▼ウェイト版

心からの幸福と充足感

　虹の中にカップが10個並び、夫婦が肩を組んでお互いを支え合い、手を広げてその奇跡を喜んでいます。近くで踊る子どもたちはそれに気づいていないかもしれませんが、とても幸福そうな家族が描かれています。背景には穏やかな風景が描かれ、彼らの家が見えます。経済的にも精神的にも充足し、家族の幸せや心からの安寧を表しています。

▼トート版

完全な成功後の浪費　　＊タイトル…[飽満]

　トート版は、GD版より占星術の要素が強調されています。火星の影響で背景は赤く、闘争の要因が描かれています。大きな蓮とカップの位置で生命の木を象り、中央上の「ケテル」の位置にあるカップから9つのカップに水が流れ、水のエネルギーの完成を示しています。しかし左右のカップは少し傾き、小さな不調和で零れ出し、幸福に陰りをもたらします。

 読み解きの極意！ 10個のカップが、水のエネルギーで満たされています。エネルギーは過剰になり過ぎると不調和を起こすので、周りに与えることが大切です。

カップのペイジ ♡

感性豊かな優しい少年少女

　水は、さまざまなものとつながる媒体となります。ペイジは見習いや若輩者を示し、従順なメッセンジャーとして働きます。

　[カップのペイジ]は、美しく愛らしい少年少女ですが、感受性が強く、たくさんの言葉や情報で表現されていない感情までも受け入れる優しさがあります。豊かな表現力はありませんが、浮かんできたアイデアを誠実に差し出すこともできる、従順な騎士見習いです。

オラクル メッセージ	知らないうちに自分に制限を作っていませんか？　想像は自由です。あなたの想像を制限しなくていいのです。自由にイメージを膨らませ、あなたの理想を思い描いてみましょう。

正		逆	
愛らしい子ども	夢見がち	妄想的	怠惰
優しい	想像力がある	甘える	無駄遣い

*リーディング表

ポジション／占目		心理・気持ち	現象（過去・現在・未来）	課題となるもの	アドバイス
恋愛	正	恋に恋する乙女心。恋の予感でときめく。	ロマンチックな恋愛への憧れ。初恋。	想像で恋を楽しんで、現実は進まない。	少しずつ親しくなるように、相手に近づこう。
	逆	好きな人のことを一日中考えていたい。	シャイ。片思い。空想恋愛を楽しむ。	傷つくことを恐れて片思いで終わる。	憧れの人への片思いの方が楽しめそう。
仕事・金運	正	先輩に可愛がられて、安心して働ける。	職場の人間関係の調和。看護や介護の仕事。	優しくて親切だが、自信がなく頼りない。	感性が活かせる仕事や職種を選ぶこと。
	逆	ミスや失敗を気にして自信を失っている。	うっかりミスをする。発想が浮かばない。	依存的で、問題解決しようとはしない。	思い込みの行動は失敗するので、確認しよう。
健康・その他	正	空想の世界で遊びたい。優しい人が好き。	愛らしく親切な人物。アイデアが浮かぶ。	要求に応じるために、無分別に受け入れる。	親切な行いで周囲の人を癒すことができる。
	逆	現実の世界が嫌。SNSだと自由になれる。	引きこもり。虚言癖。心を閉ざす。無力感	傷つくのを恐れている。傷ついて心を閉ざす。	自信を持つことでもっと創造的になれる。

ワンモア アドバイス	[カップのペイジ]は、受け身で消極的です。占いでこのカードが示す人物には子どもに接するような愛情を持ち、丁寧に関わりましょう。

▼マルセイユ版

純粋で空想好きな子ども

　マルセイユ版のペイジは、帽子を手に持っています。帽子や頭に被るものは権威や地位を表しますが、自ら脱いでいます。そして頭にはハチマキが見え、彼は右手のカップを眺めて瞑想状態で、何かに集中しているようです。立場や責任を気にせず、自分の世界や空想の世界を持っています。精神的には未熟ではありますが、感受性の強い人物を表します。

▼GD版

優しさに基づく行動　＊プリンセス ＊称号…「水の王女」「洪水の宮殿の蓮」

　彼女はニンフとウンディーヌのプリンセス、女帝の如く優美な女戦士風です。エレメントの対応は水の中の地。水のエネルギーの具体化を意味します。彼女は夢見る乙女で、優しさを持ちます。称号は「水の王女」「洪水の宮殿の蓮」。カップの中の亀、蓮の花、白鳥の紋章のあるベルトは水のエレメントの象徴は優しさを示します。占星術では天秤座・蠍座・射手座に対応。

▼ウェイト版

瞑想し、創造を膨らませて熟考する

　ウェイト版でのペイジは少年少女の象徴で、男性が描かれますが、[カップのペイジ]は女性的印象を与えます。カップの中から魚が踊り出し、彼を見つめています。彼もまた魚を見つめ、瞑想しているかのようです。魚は、彼の心の中にあるものが形として現れたことを示しています。背景に描かれる海は、穏やかな感情を表します。彼は、多感で感受性豊かな若者です。

▼トート版

自由に想像を楽しむ　　　　　　　　　　　　　　＊プリンセス

　服のクリスタルは結晶化を、蓋つきのカップは保護を示します。イルカは創造を象徴し、ヒンズー教の思想で白鳥は創造 - 維持 - 破壊を表します。亀は世界を乗せて支えます。易の対応は山沢損（さんたくそん）。地は太平洋に対応します。GD版と同様に、各プリンセスには「Aceの玉座」という別名があり、共に天空の4分の1の星座を支配しています。

読み解きの極意！　美少年、美少女を示すカードで、愛らしさや幼さを感じさせる人物です。[ワンドのペイジ]とは相性が悪く、ライバルという意味があります。

カップのナイト

穏やかに見えて実は野心を抱く

　右の4デッキを見ると、[カップのナイト]は、鷲が戦車を引いているか、馬にまたがり進むかで表現されています。馬は歩みが穏やかなので、ゆっくりとした進展を意図します。鷲は飛翔する魂の意識で、これからもっと羽ばたいていきたいというナイトの野心が表れています。

　[カップのナイト]は、出会った人の感情を汲み取り、自らも感情を表現しながら前進して、成長しようと挑戦していくのです。

オラクルメッセージ　まずは良し悪しの判断なしに、あるがままを受け入れてみましょう。それを冷静に分析し受け取ったことを元にイメージを膨らませることで、自分が何を行うべきか分かります。

正		逆	
紳士的な態度	芸術的	利己的	野心家
柔軟性	緩やかな進展	浮気症	無慈悲

*リーディング表

ポジション 占目	心理・気持ち	現象（過去・現在・未来）	課題となるもの	アドバイス
恋愛 正	ロマンチックなムードを楽しみたい。	積極的なアプローチ。恋愛は順調に進む。	見た目は優しいが、誰にでも優しい人。	男性のリードでロマンチックな恋になる。
恋愛 逆	もてたい。たくさんの恋をしたい。	浮気。多情。誘惑。見た目の素敵な男性。	浮気症で信用ができない。誘惑に弱い。	浮気症。言い寄ってくる人を信頼しない。
仕事・金運 正	多くのアイデアがあってそれを活かしたい。	サービス業。感性を活かす仕事で成功する。	過剰に野心を抱く。才能を正しく使えない。	人の気持ちを理解し、心をつかむ才能がある。
仕事・金運 逆	やりたいことがたくさんある。やる気のムラ。	接客業。その時々の気分で変われる短期の仕事。	敏感さを持っているけど乱暴。自己中心的。	誠実な対応をしよう。情報を歪曲しないこと。
健康・その他 正	空想にふける。芸術的な感性。ロマンチスト。	相手の気持ちを汲み取る。優しい男性。	自分に問題があっても、それを認めない。	ゆっくり始めれば上手くいく。感性を活かす。
健康・その他 逆	嫌な人とは関わらない。嫌なことを忘れたい。	信頼度が低い。遅刻や欠勤。ずる賢い。	利益のためなら心を鬼にする。無慈悲。	感情的になると悪い方に進むので注意する。

ワンモアアドバイス　カップの宮廷札は、逆位置になると依存的になります。特に[カップのナイト]と[クィーン]は、アルコールや薬物の依存に気をつけて。

▼マルセイユ版

芸術的な感性と情熱を持つ夢想家

　タロット占いにおいて、特にマルセイユ版では描かれている人物の視線の先にあるカードに注目するという占法を用います。ナイトの進む方向と顔を見ると、左に進み顔も左向き。これは、過去の経験から想像を膨らませています。ちなみに、マルセイユ版の［ワンドのナイト］のように進行方向と顔の向きが違う場合、裏腹な心情を持っていることを示します。

▼GD版

敏感に受容し表現する　　＊プリンス　＊称号…「水の戦車の王子」

　ニンフのプリンスである皇帝が、鷲の引く戦車に乗っています。胸にも鷲の紋章がつけられ、鷲は蠍が天に上った姿です。手に握られたカップの蛇は変容や知恵を示し、左手には蓮を持っています。称号は「水の戦車の王子」。占星術の対応は天秤座の第3デカンから蠍座の第2デカン。エレメントの対応は水の中の風で、受容したものを理解し知識とします。

▼ウェイト版

思慮分別のある提案者

　右手にカップを持った優美なナイトが、馬をゆっくり歩ませています。ウェイト版のナイトでは、馬がナイトの性格を表します。馬は頭を垂れ、彼の優しさを示しています。服の模様の鯛、頭の羽根のついた兜は、彼の自由な想像力を示します。馬は足元の水の流れを越えようとしています。彼は、想像力や夢想の世界とそれを超える知性、思慮分別を持っています。

▼トート版

秘められた情熱を持つ技巧家　　＊プリンス

　プリンスは正面を真っすぐ進む情熱を持ちますが、雨の中、水面近くを走ることは感情に溺れやすい傾向を表します。カップには蛇が、兜には鷲があしらわれ、貝殻の戦車も鷲が引いています。隠れた象徴としての蠍は腐敗による創造に関係しますが、渦巻く雲の翼が示すように神秘的です。彼は謎めいていますが、鋭敏です。易の対応は風沢中孚（ふうたくちゅうふ）。

読み解きの極意！ 　優しさを持っていますが、分析力があり行動力があります。それがネガティブに現れると、受容した情報で策略を巡らせ狡猾になります。

カップのクィーン

直感的で受容的な女性

感受性が強く、芸術的感性に優れた美しい女性です。それは母のような強さではなく、乙女のように傷つきやすく繊細で、内向的な性格をもたらします。カップもクィーンも受容的で、環境の影響を受けやすく、また空想の中で、現実と想像の境目が曖昧な世界を生きています。

［カップのクィーン］は、女性の処女性を示します。簡単には受け入れないが、受け入れたものを守り、育む質であり、その役割に自らを捧げます。

オラクルメッセージ	あなたはとても繊細です。だから、一度に多くのことを受け入れるのは難しいかもしれません。しかし受け入れたものを守り育む、愛の力を持っています。幸せを育むことができます。

正 感受性豊か　受動的　詩的な想像力　ロマンチスト

逆 非現実的　依存的　感傷的　閉鎖的

＊リーディング表

ポジション 占目		心理・気持ち	現象（過去・現在・未来）	課題となるもの	アドバイス
恋愛	正	好きな人のことを思っているだけで楽しい。	誘われるのを待つ。ロマンチックな恋。	受動的。心をオープンにできない。	恋も大切だけど、それ以外のことも大切に。
	逆	傷つくことが怖いから何もしないでおこう。	別れた恋人への未練。曖昧な態度。片思い。	悲観的な想像で自滅的な恋。心を閉ざす。	自分の気持ちを相手に伝える努力が必要。
仕事・金運	正	穏やかな気持ちで仕事ができている。	看護師。カウンセラー。親切さが喜ばれる仕事。	問題やトラブルが起こっても直視できない。	周囲の人とともに働きやすい職場を作ろう。
	逆	職場で孤立している。心を許せる人がいない。	決断できない。リードできない。ニート。	不安や失敗が恐くて、考えられなくなる。	ひとりで抱え込まない。人と協力し合おう。
健康・その他	正	美しい世界を生きる喜び。親切でありたい。	親切な人。ムードを大切にする。平和。	周りの環境に影響されやすく、染まりやすい。	家族や動物、自然を愛する時間を持とう。
	逆	世界は悲惨な出来事ばかりだと感じている。	被害妄想。不安感。依存的で自立できない。	傷つくこと恐れている。自己主張できない。	誰かに相談し、客観的で冷静な意見を聞こう。

ワンモアアドバイス	［カップのクィーン］は豊かな受容力と想像力があり、相手の気持ちを理解することはできますが、それを表現したり自己主張するのは苦手です。

▼マルセイユ版

感受性が強く優しく親切な女性

　クィーンの持つカップは、他のコートカードと違い蓋がついており、彼女が内向的で感性の世界を生き、その想像の世界を守っていることを示します。このことは彼女のあまり社交的ではない性質を表していますが、受容力があり、親切で優しい人物を示します。その人物には感受性の強さがあり、直感力も鋭く、他者の感情を敏感に感じる力があるため献身的です。

▼GD版

夢見がちでコケティッシュな女性　　＊称号…「水の座の女王」

　金髪の女性は右手にザリガニのついたカップを、左手には蓮の花を持ち、トキに手を添えています。称号は「水の座の女王」、ニンフとウンディーネの女王です。足元に睡蓮の花の咲く池が広がっています。想像力に富み親切ですが、内向的で積極的に人の面倒を見るタイプではありません。占星術は天秤座の第3デカンから蠍座第2デカン、エレメントは水の中の水に対応。

▼ウェイト版

夢を抱き、行動し、さらに夢が膨らむ

　美しい女性が水辺に据えられた椅子に座り、幻想を見ているようにカップを眺めています。これは彼女の夢見がちな性質を表していますが、顔は凛々しく知的で、叡智を受け取る力を示しています。マルセイユ版と同様の蓋つきのカップには、装飾が施されています。それは彼女の直感と想像力が優れていることを示し、その想像力は行動力を生み出します。

▼トート版

受容し反応する力

　クィーンは水の波紋のベールに包まれて、表情はよくわかりません。その姿が水面にも映り、とてもミステリアスに描かれています。これは彼女の力の、水の受容力と反射力を表します。右手に控えるトキや手に持つ蓮は、エジプト神話イシス女神を象徴します。白い巻貝のようなカップの中には、ザリガニが描かれています。易の対応は兌為沢（だいたく）。

読み解きの極意！

　［カップのクィーン］は、受け入れやすく染まりやすい性質があるため、隣接するカードの影響を受けます。他のカードにも注目して読みましょう。

カップのキング ♥

優雅で寛大な心を持つ誠実な男性

　カップは水のエレメントの象徴で、キングが示す自然界の水は海のため、彼は寛大な心を持っています。水の質は最も美しく表現されます。

　カップは感情を入れる器としての心であり、受動的性質を持っています。彼が受容し理解するものは深層心理で、そこにある愛を引き出します。人は彼の愛によって動かされます。それは[カップの1]で示された無条件の愛の力です。そのエネルギーを正しく使わなければ、官能に溺れてしまいます。

| オラクル
メッセージ | 起こっていることに流されないで、自分自身や相手を理解しましょう。そして自分の気持ちに誠実になり、相手に受け取ってもらいやすい方法で自分の気持ちを表現してみましょう。 |

| 正 | 大きな愛の表現　感応力がある
誠実　優雅 | 逆 | 混沌　耽美
幻を追う　偽りの偶像 |

＊リーディング表

ポジション／占目		心理・気持ち	現象（過去・現在・未来）	課題となるもの	アドバイス
恋愛	正	積極的で情熱的。恋愛成就の自信がある。	ゆっくりと仲を深める。優しくて誠実な男性。	恋愛の感情に支配されて他のことができない。	ワインのように時間をかけ愛を熟成させよう。
	逆	官能の世界に浸りたい。理想の恋人を求める。	浮気症。信頼できない。官能の世界に溺れる。	無償の愛。浮気性。ストーカー的。享楽的。	嘘で相手の気持ちを引こうとしてはいけない。
仕事・金運	正	信頼関係ができあがり、安定している。直感的。	感性を活かす。説得力がある。医師。教師。	誰かに求められないと自ら働きかけない。	気持ちを理解できるリーダーになれる。
	逆	面倒くさい。楽して儲けたい。働きたくない。	信用がない。汚職。えこひいきする上司。	信頼できる人間以外の人に排他的になる。	さまざまなことを考え過ぎず選択しよう。
健康・その他	正	豊かで安定した精神状態。満足感がある。	心が豊かで、優雅。信心深い。包容力がある。	表現が受け入れられないと不安定になる。	真心からの欲求には、誠実に応えること。
	逆	意志薄弱。喜怒哀楽の感情の変化に疲れる。	感情の変化が激しい。信用できない人物。	表現力を高めるために無理をする。依存症。	理想を追求し過ぎない方が上手くいく。

| ワンモア
アドバイス | カップの宮廷札全般に言えることですが、受容したものの影響を受けます。キングでは誠実であることや、公正さや社会性が鍵となります。 |

▼マルセイユ版

寛大で芸術的感性を表現する男性

　水のエレメントが具現化したカップは感情を入れる入れ物でもあるので、すべてのカップは感情的表現に関係します。[カップのキング]はどこまでも相手を受容できる寛大な心を持ち、すべてを肯定的に受け入れる強さを持っています。人道的で、精神的な指導者の質と感性豊かで詩的な芸術家としての質を有し、素晴らしい表現力を兼ね備えています。

▼GD版

強さと優雅さを持つ夢想的な男性　＊称号…「波と水の主」「海の万軍の王」

　カバラではキングは流出界、聖四文字の最初の「ヨッド」に対応します。潜在する創造力を示し、そのエレメントの持つ特徴のすべての質を創造します。称号は「波と水の支配者」「海の万軍の王」で、海の持つ激しさと大きな愛の力を持ちます。彼は美しい戦士の姿をしています。占星術の対応は水瓶座第3デカンから魚座第2デカン。ペガサス座の大部分を支配。

▼ウェイト版

愛を持って人を導く指導者

　右手にカップを持ち、左手に笏を持つキングの椅子は海上に据えられています。彼は海の支配者です。船は物資を運び、交流し、豊かさをもたらします。彼も他者を理解し寛大に受け止め、情動の豊かさを育む人です。キングは、人を導く教師のような公正さと愛に満ちています。[カップのキング]は感性の海の中に生きる芸術家で、イルカは創造性を示します。

▼トート版

優雅で詩的、しかし激しい情熱を持つ　＊ナイト

　GD版と共にエレメントは水の中の火を示し、大雨や奔流のような激しい攻撃性を持っていることを意味します。ナイトが掲げるカップの中には、水の活動的なエネルギーと防御を示すカニがいます。鎧には翼があり、白馬は右上に飛躍し、描かれているクジャクは水の性質が豊かに顕現した華麗な美しさを表しています。易の対応は、雷沢帰妹（らいたくきまい）。

読み解きの極意！　感情の力はパワフルなので、[カップのキング]の力も強力です。自他の感情を理解し、感情表現を芸術の域まで高めたことを示します。

ソードの1 Ace

人工的な力の象徴

　神から与えられた火のエネルギーは命となり、命は水で表される感情を発達させます。そして、ソードで表される風は知性の象徴です。外界を理解し、働きかける方法を論理的に考えます。ワンドが自然界にある力なら、ソードは人工的な力を意味し、社会性を前提としています。

　[ソードの1] は、すでに存在するものを使って、新しいものを作り出します。創造的ですが、自然の摂理と調和しないと破壊的なものとなります。

第Ⅱ章
小アルカナ56枚事典

ソードの1

オラクル メッセージ	目の前に道がなくても、あなたは新しい道を切り拓く意志の力を持っています。知識や技術を使って作り出された道は、一見険しく見えても勝利へ続く道です。

正		逆	
知性	決意	無慈悲な判断	破壊的
破壊と創造	強い意志	支配	犠牲を伴う成功

＊リーディング表

ポジション 占目		心理・気持ち	現象（過去・現在・未来）	課題となるもの	アドバイス
恋愛	正	恋をしていても冷静でいられる。別れの決意。	愛に基づく大きな決断。コミュニケーション。	愛があってもロマンチックな恋にはならない。	コミュニケーションを大切にしよう。
	逆	腐れ縁を断ち切りたい。冷めた愛情。	自分に合わない人と別れる。進展しない恋。	恋に対しての興味が低い。恋愛しにくい。	上手くいかないなら、気持ちをリセット。
仕事・金運	正	新たな仕事に挑戦したい。もっと力が欲しい。	支配権、決断権を持つ。知的財産。情報戦。	信念があり強い意志があるが、独善的になる。	冷静な判断力を活かしてピンチを乗り切ろう。
	逆	思うようにならないので攻撃的になる。	独断即決。強引なやり方で大きな失敗をする。	強引なやり方に反感を買い、敵を作る。	周囲の人との調和が取れるよう心がけよう。
健康・その他	正	決意があり、迷いがない。冷静で知的。	研究や分析。社会的倫理を重んじる。合理性。	情報を持つ者が世界を支配できると考える。	覚悟を決めて実行すれば運命は動き出す。
	逆	感情や本能的欲求を抑えて機械的になる。	法令違反。科学技術や知識の間違った利用。	本能や感情、自然の秩序などを軽んじている。	現状を否定せず、新しい方向性を示すこと。

ワンモア アドバイス	ソードは、知性を発達させた人間世界を表すスートです。 [ソードの1] は、社会のため、意志と理性を選択することを示します。

▼マルセイユ版

社会秩序に基づく強い信念

　左側から手が現れ、中央の大きな直刀の剣を握っています。直刀は両刃で、貫く力に秀でている剣です。風のエレメントは知性や理性を示し、［ソードの1］は貫く意志力を示します。剣の切っ先には花飾りのついた王冠が描かれ、平和を表すオリーブと勝利や厳格を表すヤシの枝葉が飾られています。デッキによっては、神性を示すたくさんの光の粒が描かれます。

▼GD版

善悪両面を持つ大きな力　　　　　　＊称号…「風の力の根源」

　魔法武器としての剣が描かれています。剣は上向きで、霊的光明によって形成された王冠が召喚され、聖なる権威を象徴しています。しかし、逆向きになれば悪魔の召喚となり、邪悪の象徴となります。6つのヘブライ文字「ヴァブ（釘）」は、男性性を示します。そして聖四文字の3つ目として風を表します。占星術は山羊座・水瓶座・魚座に対応します。

▼ウェイト版

強い意志の力による勝利

　右側の雲から伸びた右手が、王冠の付いた剣を握っています。大きな過剰な力による勝利で、征服という意味があります。ヤシ（シュロ）は勝利の象徴でもありますが、受難や苦しみを表すともされます。またヤシは男性性の象徴でもあり、［女教皇］でも描かれています。剣の柄の近くには6つのヨッドがあり、「6」はヘブライ文字「ヴァブ」の示す数です。

▼トート版

聖なる権威の裁きの力

　火と水は純粋なエレメントで、その2つの結合によって風のエレメントが生まれます。［ワンドのAce］が自然界の力を示すのに対し、［ソードのAce］は自然界に存在していたものではなく、呼び起された力、人為的な力を示します。剣にはテレーマ（＝意志）と刻まれ、召喚された王冠は22本の光を放っています。地上はアメリカ大陸を支配します。

読み解きの極意！　人為的な創造は、既に存在するものを使って作られ、ソードの示す切り分ける力によって分析します。正義を持って使う創造の力です。

ソードの2

相反する質を内在している

　[ソードの2] は、大アルカナの2が [女教皇] であることから、女性的な受容力を持ちます。「2」は陰陽という2つの質を示し、ソードは知性や理性、創造的な視点をもたらします。

　[ソードの2] は、そのような相反する2つの質が内在して調和を図ろうとします。そこには困難を乗り切るため、直観を受容し理解する知性があります。直観と思考のバランスを取り、不安定な状態から調和を図って安定した状態に戻ろうとします。

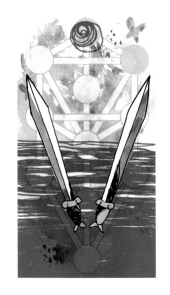

| オラクルメッセージ | 物体に光が当たると影ができるように、ひとつの物事には矛盾や正反対の性質があります。その両面を受け入れて、冷静に時間をかけて考えて判断しましょう。 |

正 仲裁　統一　静観する　相反する質

逆 機転が利かない　悲哀　葛藤　表面的な調和

＊リーディング表

ポジション／占目		心理・気持ち	現象（過去・現在・未来）	課題となるもの	アドバイス
恋愛	正	相手と何でも話せて、分かり合えている。	仲の良いカップル。穏やかに進む交際。	葛藤や悩みがあるが、平和を装う。	次第に相手と分かり合え、良好な関係になる。
	逆	言っている内容と本音との違いに悩む。	相手との心の距離。片思い。進展しない恋。	相手を傷つけまいとして嘘をつく。	問題について本音での話し合いが必要。
仕事・金運	正	心穏やかに仕事したい。公私のバランスが大事。	状況を冷静に把握。トラブルの解決。	問題があっても、表面的には冷静を保つ。	公私のバランスなど、調和が開運のコツ。
	逆	難しくて手に負えない。良い方法が分からない。	手に負えない仕事。解決策が浮かばない。	冷静さや調和を保つことができない。	丁寧さより、真心を込めた対応が必要。
健康・その他	正	心と体のバランスが取れている。平和な心。	2つの事柄の調和が取れる。美的。平和。	平和が保たれていて変わることができない。	喧嘩両成敗。公平な判断と裁きが大事。
	逆	葛藤を抱えている。事を荒立てたくない。	情報に惑わされ判断できない。アンバランス。	2つの質のバランスが上手く取れない。	情報だけで判断せずに本心にたずねてみよう。

| ワンモアアドバイス | 「2」は2つあるものの調和と対立を示します。選択を判断する時にこのカードが出たら、どちらかひとつに決めるのが難しい状態です。 |

▼マルセイユ版

直観と知性の調和

　マルセイユ版で描かれる曲刀は、上下でクロスして中央が空です。それは、風のエレメントの受動的要素を表しています。ワンドが本能的であるのに対し、ソードは理性的です。理性は、社会があるからこそ生まれるのです。剣は使い方を間違えると、自他ともに傷つけます。［ソードの2］では、自然の秩序や直観と調和しながら、知性を使うことを意味します。

▼GD版

困難から生じる強さ　　　　　　＊称号…「復活した平和の主」

　左右の雲の中からの手が剣を掴み、交差したところに白いギリシャ十字があってバランスを取っていることを表します。十字の上に5つの花弁のバラが描かれ、剣の示す厳しさの中にある喜びを示します。カバラ聖四文字の対応は「ヴァブ」。生命の木のセフィラの対応は、1が「ケテル」、2は「ホクマ」と続きます。占星術の対応は天秤座の第1デカン、主星・月。

▼ウェイト版

判断の模索

　目隠しをした女性が、胸の上で2本の剣を持った腕を交差させています。身動きできない状況で静かに情報を受け取り、真実を見出し判断しようとします。剣は理性で海は感情を示し、その2つのバランスを取っています。［ソードの1］の荒涼とした大地が示したように、ソードは厳しさや険しさを示すので、［ソードの2］はプレッシャーの中での調和を表しています。

▼トート版

葛藤や矛盾を調節する　　　　　　　　　＊タイトル…［平和］

　2本の剣がクロスし、5つの花弁の青いバラによって統合されています。バラは白い光を放ち、均衡を強調する幾何学模様が描かれて、対応する天秤座の質が現れています。上下にある占星術記号にも小さな剣がついて、知性によって均衡を取ることを示しています。タイトルは［平和］ですが、争いの末にもたらされるので新たな火種を抱えることになります。

読み解きの極意！　ソードは恵みのシンボルではないので、調和や平和という意味は条件付き、または一時的なものと考えましょう。緊張感をはらんでいます。

ソードの3

曲解により争いを生む種を蒔く

　[ソードの2]の調和の世界にソードが1本増えることで、保たれていたバランスが壊れ、不調和が起こります。三つ巴や、あるいは2対1に分かれての戦いになって、揉めごとを起こします。

　[ソードの3]では、情報を伝えるための言語が正しく用いられず、言葉の行き違いからくるトラブルや偽証が生じます。秩序を失って社会が乱れることや、言葉によって傷つけられた心の痛み、不調和による不安や憂鬱を示します。

第Ⅱ章 —— 小アルカナ56枚事典

オラクル メッセージ	関係や状況に囚われなければ、別れという選択も新しい未来のための建設的な選択になるでしょう。つらいと思っても冷静に物事を進められ、気持ちの整理ができるでしょう。

正	逆
分裂　　離別 意見の対立　曲解	無秩序　　憂鬱 取り越し苦労　不安

*リーディング表

ポジション／占目		心理・気持ち	現象（過去・現在・未来）	課題となるもの	アドバイス
恋愛	正	別れの予感。失恋のショックで塞ぎ込む。	破局。口論。考えの相違が明確になる。	2人の仲を裂かれる。三角関係や妨害がある。	相手に正直であること。約束を守ること。
	逆	口論ばかりで修復は絶望的。別れの悲しみ。	三角関係。絶交。仲を裂かれる。浮気の心配。	嘘や曲解により、問題をこじらせてしまう。	今は距離を置いた方が上手くいく時期。
仕事・金運	正	考えがまとまらない。職場の人間関係の悩み。	失業。リストラ。人間関係のトラブル。	いろいろな意見の違いをまとめられない。	理性と感情を切り分けて考えよう。
	逆	やる気を失い憂鬱。契約打ち切りを心配する。	会社や組織の分裂。転職が上手くいかない。	トラブルのショックで立ち直れない。	小さなことでも誠実に対応すること。
健康・その他	正	ショックから立ち直れない。心配性。	トラウマの影響を受ける。別れ。不正。	意見の不一致による、人間関係の不調和。	上手くいかなくても、くよくよしない。
	逆	落ち込んでやる気が出ない。イライラする。	口論。偽りの言葉。悪事。不幸。外科手術。	悲観的な考え。取り越し苦労。心神耗弱。	問題解決には第三者の意見を取り入れよう。

ワンモア アドバイス	[ソードの3]は悲しみを伴いますが、分けることで問題を回避します。外科手術のように、悪い要素を排除するのが良い解決策となります。

▼マルセイユ版

分けること、離れること

　上下で交差する2本の曲刀は［ソードの2］と同じです。そこに、3本目の剣が直刀で中央に描かれています。

　それは、今までまとまっていたものが分離することを示します。ひとつのりんごが2つに切り分けられるようなイメージです。そこに感情があると、悲しみが生じます。しかし、分けることで上手くいくこともあるでしょう。

▼GD版

不幸と悲しみの涙　　　　　　　　　＊称号…「悲しみの主」

　雲から出た3つの手が、それぞれ剣を持っています。［ソードの2］でバランスを取っていたところに、中央の剣が突き刺すように入り、中央に集まっていたバラの5枚の花弁が散らされました。妨害や仲を裂く意味がありますが、悪事の喜びを味わうという意味もあります。カバラの対応は「ヴァブのビナー」。占星術の対応は、天秤座の第2デカン、主星・土星。

▼ウェイト版

愛別離苦の悲しみ

　ハートが3本の剣に刺し貫かれ、心に深手を負ったことを示します。ウェイト版では珍しく人が描かれておらず、表されたものが概念的であることを意味します。［ソードの3］は、別離の悲しみを示しています。雲が立ち込め激しい雨が降っている風景は、個人的なことではなく、社会的・環境的影響を受けて抱く漠然とした悲しみを表しています。

▼トート版

混迷する人生の悲哀　　　　　　　　＊タイトル…［悲しみ］

　曲刀と直刀が、2［平和］で咲いたバラを切り裂きます。タイトルの［悲しみ］は具体的なことではなく、人生に対する悲しみを表しています。背景の黒い混沌とした海は、対応する生命の木の「ビナー」を示しています。「ビナー」は神聖母性を示し、創造の情熱が潜んでいるのですが、形成される以前の混沌とした状態でネガティブな側面が表されています。

読み解きの極意！　このカードは、第三者的な力が働いて、今まであった状況が壊されることが起こります。状況や感情に囚われなければ、スムーズに進みます。

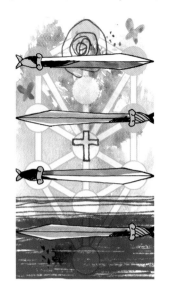

ソードの4

不安を忘れてリラックスする

[ソードの2]の相反する質のバランスが、[ソードの3]の妨害で崩れ、[ソードの4]では不安や悲しみの後に安らぎがやってきます。1〜10のプロセスの中での「4」なので、一時的な安らぎとなります。トート版では[休戦]と題されています。

「4」は形で表すと四角形、固い物質のイメージです。囲いで守られた状態の中での休息を示します。また、思考が硬直した状態なので、型にはまった面白みのないアイデアを示します。

| オラクルメッセージ | 毎日忙しいかもしれませんが、時には心を休めて静かな時間を持ちませんか？ ひとり静かになれる場所を見つけて、仕事や家庭という日常から離れる時間は特別な癒しとなるでしょう。 |

正	休戦　休養	逆	思考停止　硬直状態
	静けさ　安楽		怠慢　マンネリ

＊リーディング表

ポジション 占目		心理・気持ち	現象(過去・現在・未来)	課題となるもの	アドバイス
恋愛	正	一緒にいて寛げる関係。恋愛はひと休み。	恋愛に関する活動は一時停止している。	恋の刺激よりも安らぎが大切。消極的。	安らげて、リラックスできるムードを作ろう。
	逆	相手と距離を置きたい。月並みなおつき合い。	進展しない交際。自然消滅で終わる恋。	現状に問題があっても変える気はない。	恋愛活動はしばらく休止しよう。
仕事・金運	正	いろいろ仕事が溜まっているが一時休戦。	進捗がない。問題が去る。活動停止。ひと休み。	問題があってもそれに立ち向かえない。	休憩しながら仕事をした方が効率は上がる。
	逆	やる気がなくて仕事が進まない。休みたい。	休職。離職。職務怠慢。対策が尽きる。	やる気を失って、現状維持より発展しない。	問題解決のためには大きな妥協が必要。
健康・その他	正	休みたい。リラックスしたい。安心したい。	病院。病気の回復期。リラックス。安静。	穏やかであるが、問題解決したわけではない。	忙しくても休養を取ることが大切。
	逆	これ以上辛い思いはしたくない。面倒は嫌。	経済的に豊かで怠慢になる。スランプ。	妥協しないと物事が進捗しない。膠着状態。	物事を進めたいなら妥協することも必要。

| ワンモアアドバイス | 行動よりも休むことを優先してください。無理に取り組んでいてもうまく進みません。このカードが出たら、思考を止めて小休止しましょう。 |

▼マルセイユ版

大切なものを守るための戦い

　上下で交差した4本の曲刀は、中央の花を守るかのようです。ソードは武器ですが、マルセイユ版では大きく湾曲した曲刀で描かれ、曲線は女性的性質を示します。ソードは力を受容して、抵抗の少ない形でエネルギーが使われます。つまり、本能や感情のエネルギーの影響を受けて、知性として働きます。［ソードの4］は、何かを守るための知的活動です。

▼GD版

不安の解消　　　　　　　　　　＊称号…「闘争からの休息の主」

　左右の雲からそれぞれ手が出てきて、2本ずつ剣を握っています。その剣は［ソードの2］と同じように中央で交差して、5つの花弁のバラが据えられています。闘争を乗り越えた後にある豊かさ、病気からの回復という意味があります。カバラの対応は「ヴァブ」で、生命の木の形成界を示し、風と対応します。占星術の対応は天秤座の第3デカン、主星・木星です。

▼ウェイト版

心の中の聖域で休む

　棺の上に、戦士が祈りの姿勢をして横わっています。この人物は、「石棺の蓋に彫られた彫像だ」とウェイトは言っています。教会のステンドグラス、壁に飾られる3本の剣、戦士の傍に置かれる1本の剣など、戦いの中で疲れを感じて、癒したいと願い、剣で示される知性を休止している戦士の心象風景を表しています。光が差し、彼が復活する暗示も込められています。

▼トート版

真の問題解決を先延しにする　　　　＊タイトル…［休戦］

　タイトルは［休戦］。中心の社会的調和や平和の象徴であるロゼットには、49枚の花弁があります。セント・アンドリューの十字架の中に剣を収めるように、4本のソードの剣先が中央に集まっています。背景の幾何学模様は、まるで蜘蛛の巣のように絡み合っている思考や精神的な混迷が表現されています。問題を抱えたままの中での一時休戦です。

読み解きの極意！

病気や健康についての占いでは、入院や病気で治療を受けることや、自宅にいても安静状態であることを示します。

ソードの5

裏切りと悪意で傷つく

　［ソードの4］の問題を抱えた状態での休憩が長引くと、怠惰になり事態は悪化します。「5」は安定した「4」の状態に刺激をもたらし、何かに挑戦を始める数です。情報を集めて、より活発に瞬発的な活動を起こし始めます。

　このカードでは、「5」の持つ情報や知性が正しい方向へ使われていません。［ソードの4］の安定の中で考えることを止めた状態を変えるのは、［ソードの5］の悪い出来事なのかもしれません。

オラクル メッセージ	物事が穏やかで平和であることは素晴らしいことですが、そのままでは進化や新しい進展は起こらないでしょう。時にはリスクがあっても安全地帯を出て、戦う勇気が必要です。

正 中傷　敗北　悪意　挫折

逆 詐取　降伏　離散　卑劣

*リーディング表

ポジション／占目		心理・気持ち	現象（過去・現在・未来）	課題となるもの	アドバイス
恋愛	正	恋で傷つくのは嫌。不信感。別れの意志。	別れ。恋愛への不信感。不貞行為。結婚詐欺。	相手に対して、怒りや憎しみを持つ。	一時的な衝動で恋を進めると後悔する。
	逆	恋愛や相手の嫌なところばかり思い出す。	別れた相手を中傷する。別れ。離婚。裏切り。	欲しいものを得たら終わる、打算的な恋。	裏切りに注意。誘われても信じない方が良い。
仕事・金運	正	どんな手段を使っても仕事を成功させたい。	取引上の嫌がらせ。リストラ。利益の搾取。	利益優先で、モラルや人を大切にしない。	一時的な利益のために信用を失わないように。
	逆	利益優先。バレなければ問題はない。	仲間の裏切り。不正。客を欺き利益を得る。	利益や保身のために手段を選ばない。	信頼を失わないように誠実に仕事をしよう。
健康・その他	正	イライラする。周囲の人のことが気になる。	いじめ。裏切り。悪い噂に悩む。言葉の暴力。	誹謗中傷で傷つく。裏切る・裏切られる。敗北。	成功や危機管理には、シビアさも必要。
	逆	周囲の人が誰も信じられない。無力感。	歯が立たない。詐欺。別れ。信用を失くす。	嘘で相手に出し抜かれる。太刀打ちできない。	社会は良い人ばかりではない。気をつけて。

ワンモア アドバイス	手段を選ばずに成功しても、この時点では「5」なので、まだ続きがあります。一時的な利益のために、大きなリスクを負わないように。

▼マルセイユ版

巧みで冷酷な言葉

　［ソードの4］と同じ配置の曲刀が描かれ、直刀が中心を貫いています。［ソードの4］の安定した世界に、新しい力（剣）が加わると破壊が起こります。ソードは知性という武器を示すので、冷酷な言語表現を意味します。マルセイユ版は、数とスートの組み合わせを重視した意味を取ります。数の「5」と風の性質がそのまま表れ、冷酷な判断や誹謗中傷となります。

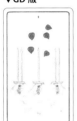

▼GD版

敵意と恨み　　　　　　　　　　　　　　＊称号…「敗北の主」

　2本の刃のある剣を持つ手が左右に、そして中央にも剣が垂直に描かれています。占星術の対応は水瓶座第1デカン・金星。これは「友愛」を示します。しかし描かれているのは赤いバラが引き裂かれて5枚の花びらが散っている様子で、つまり友情や関係性の中の不和を表し、他者の中の愛を見ることの恐れを意味します。カバラの対応は「ヴァブのゲブラ」。

▼ウェイト版

利益を得た後にある悲しみ

　2人の男が持っていた剣を捨て、落胆して去っていきます。その2人を、剣を拾い上げて肩に2本の剣を掛けた尊大な男が眺めています。ここでは、奪われる者と奪う者が示され、力の不均衡が描かれています。どこに視点を置くかでリーディングは変わります。背景の雲の乱れは知性が健全に使われないことや感情の乱れを表しています。また堕落や損失を示します。

▼トート版

裏切りと力不足による敗北　　　　　　　＊タイトル…［敗北］

　柄の違う5つの剣は刃が欠け、散ったバラの花びらも逆五芒星を形作って知性の衰退を表しています。下に描かれた水瓶座の自由のパワーが「ゲブラ」という破壊的なセフィラを受け、上に描かれた金星の示す愛が継続しないことを意味します。関わるからこそ経験する別れの悲しみを示し、知性と感情のバランスを欠いています。タイトルの［敗北］、そこには力の弱さがあります。

読み解きの極意！　ソードは、人が創造したものとしての社会とそのルールを司ります。「5」は競争を示す数でもあるので、人間社会の中の弱肉強食を示しています。

ソードの6

苦労の末に成功する

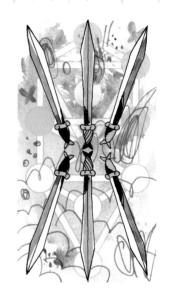

　［ソードの5］での挫折や苦難を、知性や理性の力で乗り切って得られる成功を示します。問題を乗り越えて新しい目標に向かう、積極的で前向きな運勢を表します。

　ソードは意志力を示し、「6」には調和という意味があります。［ソードの6］の知力は、調和的に外界に向かって働きます。明晰性を持ち、迷いがなくなって方向性や方針が決まり、自信を持って進み出すことができます。

| オラクル
メッセージ | 過去の失敗も、すべては正しい方向に進むための経験です。経験を活かし状況を理解して、最適解を見つけましょう。自分に誇りを持ち、やるべきことを進めてください。 |

| 正 | 望みが湧く　困難の克服
方向性　進化 | 逆 | 計画性の欠如　進展しない
未来への不安　決心できない |

＊リーディング表

ポジション／占目		心理・気持ち	現象（過去・現在・未来）	課題となるもの	アドバイス
恋愛	正	順調な交際で結婚を考える。出会いに前向き。	将来性のある交際。バランスの取れた関係。	計画的で、感情的な盛り上がりに欠ける。	2人の将来について、前向きに話を進めよう。
	逆	思うように進展しない恋。出会いに消極的。	将来性が見出せない。出会いが少ない。	先のことを考えず、現状に流されている。	話が先に進まなければ何も変わらない。
仕事・金運	正	仕事が順調なので積極的に仕事をする。	分析する仕事。研究職。アイデアを活かす。	目標を持っているが、達成・到達はまだ先。	積極的に仕事をすれば、良い方向に進む。
	逆	研究などの成果が上がらないストレス。	知恵が絞れず、説得力に欠ける。進歩がない。	現状の打開策がなかなか見つけられない。	お互いに刺激し合って、良いアイデアを出そう。
健康・その他	正	問題を克服して、穏やかな気持ちでいる。	物事を客観的に見る。人格者。旅行。	調和を大切にし過ぎ、発展性や推進力を失う。	問題があっても適切に処理できて順調に進む。
	逆	現状のままで良い。知識不足を感じている。	見通しが立たない。話がまとまらない。	問題を客観視することができない。	問題を克服するためには、まだ努力が必要。

| ワンモア
アドバイス | 仕事や社会的な活動をするのに良いカードです。現在分かっている事柄を元に、先のことを考えて実行すると良いでしょう。 |

▼マルセイユ版

状況を理解し計画をスムーズに進める

　3本ずつの曲刀が上下で交差して、真ん中に花が描かれています。「6」には周りの状況を受け入れて調和する力があります。ソードは知性や技術を象徴しているので、状況を理解し知識や技術を使って物事を進めていく力を示しています。また人間関係においても、相手の状況や出方を受け入れ、円滑なコミュニケーションを取ることができます。

▼GD版

謙虚を含みながらの自尊 　　　　　　＊称号…「獲得された成功の主」

　雲から2つの手が伸びて剣先が3本の剣を持ち、交差させています。そこに花弁が5つのバラが再び中央に集まり、背景にギリシャ十字が描かれて、バランスが取られています。[ソードの5]の後の損失やトラブルの打開策が成功し、自尊心を取り戻し、希望が湧きます。カバラは「ヴァブのティフェレット」、占星術は水瓶座第2デカン、主星・水星に対応。

▼ウェイト版

新しい方向性への旅立ち

　舳先に6本の剣が刺さった船を、船頭が漕いでいます。子どもと、フードを被った母親と見られる旅人が乗っています。手前の水面は揺らいでいますが、奥の水面は穏やかで、船頭は目的地にたどり着くでしょう。水の旅という意味がありますが、水で示される感情が次第に整い、ソードの質の知的活動が行われて、新しい方向に進むことを示します。

▼トート版

バランスの取れた知性の力 　　　　　　　　　＊タイトル…[科学]

　生命の木の中心に位置する「ティフェレット」に対応する6のカードは、各スートのポジティブな力を示します。ソードの6の剣の鋭さは知識として発揮され、[科学]というタイトルを持っています。カード全体の線は張り巡らされた思考のようであり、円や六芒星を象った剣の形は調和を示しています。中心にあるバラ十字は、完璧な世界を意味します。

読み解きの極意！

[ソード5]での敗北から、内的には本能や感情、外的には他者や環境との調和を取り戻して知性が発揮され、新しい考えや計画に進みます。

ソードの7

エネルギーを使い果たし利を逃す

　神秘を示す「7」は、ソードでは分からないことを知ろうとして思考が働きます。また、素数でもあるので孤独を示し、思考のエネルギーは自分の内側に向かいます。

　[ソードの7]は、自分の内側で得た考えを社会に使おうとしますが、[ソードの6]で成功した後なので、すでに力を使い果たし、部分的な成功しかできません。そのため、意識を内側に使い、心の中の想像世界の成功でだけで満足してしまいます。

第Ⅱ章 —— 小アルカナ56枚事典

| オラクルメッセージ | 高い理想を抱いても、行動しなければ実現できません。ネガティブな自己暗示や思い込みに耳を傾け自分を消耗させるのではなく、目標に向かって建設的な思考を働かせましょう。 |

| 正 | 動揺　無駄　嘘つき　部分的成功 |
| 逆 | 欺瞞　精神不安定　秘密の露見　迷い |

*リーディング表

ポジション／占目		心理・気持ち	現象(過去・現在・未来)	課題となるもの	アドバイス
恋愛	正	相手のことが分からない。気持ちが知りたい。	浮気をごまかすために嘘をつく。愛情表現。	嘘で自分を装って、恋愛を維持しようとする。	背伸びしたり、見栄を張るのはやめよう。
	逆	自分の気持ちが分からない。気分で変わる。	浮気がばれる。優柔不断な人に振り回される。	自分の本心が分からない。相手を信じない。	事実は変わらない。真実を大切にしよう。
仕事・金運	正	努力を維持する力がない。失敗するという不安。	利益が上がらない。努力が継続しない。	自分ひとりでできる仕事には限界がある。	みんなと力を合わせて仕事をすること。
	逆	成功するためには、出し抜く必要がある。	詐欺や横領。方針の再検討。スパイ活動。	嘘や偽装などで事実をごまかそうとする。	利益を上げることより誠実な仕事をしよう。
健康・その他	正	自分の気持ちが分からなくなる。不安。	努力の継続ができない。無駄な戦い。漁夫の利。	想像していることが事実だと思い込む。	小さなことでも嘘をつかないようにする。
	逆	不信感。精神的に不安定。分からない。	信用できない人。悪い噂が広がる。優柔不断。	体よりも頭を使う。心と体のアンバランス。	ごまかしはいつまでも通用しない。

| ワンモアアドバイス | **持っている知識や技術を、正しく使えないカードです。正しく使うためには、ひとりではなく仲間から協力やアドバイスをもらいましょう。** |

▼マルセイユ版

高みを目指して挑戦する

　左右に3本ずつ配され、バランスの取れた曲刀が上と下で交差し、交差する上の部分を中央の直刀が貫いています。「2」は陰陽のバランス、「3」は三位一体を示します。そこに直刀が新しいエネルギーをもたらします。それは新しい理想と目標です。しかし調和を壊し、それによりエネルギーの消耗が起こります。新しい挑戦をするも、力不足の状態が継続します。

▼GD版

成功のための努力の不継続
＊称号…「不安定な努力の主」

　左右の手は剣先が3本の長さの違う剣を持ち、左右の剣先が合わさっています。下からの剣はそれを分割する力はありませんが、バラが一緒に握られています。目前で力を使い果たし勝利を逃して、完全な成功ではないのに豊かさに浸っています。カバラは「ヴァブのネッツァ」、占星術は水瓶座の第3デカン・月に対応。そのため、月の影響で不安定な精神状態です。

▼ウェイト版

矛盾する考え

　軍の野営地がある場所で5本の剣を運び去ろうとする男は、地面に刺さった残りの2本の剣を振り返りながら進んでいます。なぜ2本残していくのか？　なぜ夜でなく、黄色で描かれた明るい昼なのか？　など、疑問が湧きます。ウェイトによると、失敗する計画、希望、達成という意味があり、「曖昧な図柄のカードだ」と言っています。

▼トート版

無駄な争いで力を失う
＊タイトル…［無益］

　背景の風車のような十字架は、ソードの知性を象徴する形として描かれています。その十字架は整った形で表現されていますが、力強さは感じられません。6つの剣の柄には、右から土星・水星・木星・火星・金星・月という占星術記号がついています。小さい力が、中央の大きな力を示す太陽の剣との間で戦っているかのようです。

読み解きの極意！　数札7のカードは、不確定な未来が暗示されています。［ソードの7］では理想と現実とのギャップに思考を巡らせ、消耗して力が失われます。

ソードの8

情報過多で混乱し力を失う

[ソードの7]から[8]では、エネルギーの消耗が続きます。[7]でエネルギーを使い果たしてしまって勝利を逃し、[ソードの8]では過多な情報に惑わされて混乱し、大切なものをも見失ってしまいます。「8」は努力と忍耐を示す数なのですが、[ソードの7]で力を使い果たしているので、忍耐力が失われた状態となります。多くの情報に惑わされず、冷静に正しい情報を見極める明晰さが持てれば、現状の解決策を得ることができるでしょう。

| オラクル
メッセージ | 知らないうちに、自分自身にプレッシャーをかけてはいませんか？ 考えすぎると、正解が分からなくなってしまいます。考えることを止めて心を休めてストレスから解放してあげましょう。 |

| 正 | 混乱
奪われた力 | 制限
明晰性 | 逆 | 忍耐不足
集中力不足 | 孤立
優柔不断 |

*リーディング表

ポジション 占目		心理・気持ち	現象（過去・現在・未来）	課題となるもの	アドバイス
恋愛	正	自分の感情は押し殺さなければならない。	試練の恋。ライバルがいる。連絡がない。	恋愛や相手に対する疑心暗鬼。先が見えない。	わずかなボタンのかけ違いも放置しないこと。
	逆	恋の妨害や試練を超えられそうにない。	試練を乗り越えられない。裏切られる。別れ。	自分から相手に関わっていくことができない。	継続が難しいなら、別れる選択もあり。
仕事・金運	正	プレッシャーのかかる仕事。厳しい仕事。	予期せぬ妨害。細心の注意が必要な仕事。	緊張状態で、能力を発揮しにくい状態にある。	冷静さと明晰性で解決策が見つかる。
	逆	頭が回らず集中力が保てない。判断できない。	縮小。契約破棄。ライバルに負ける。	権威者からの圧力。粘り強さの欠如。	無駄な努力を避けるため優先順位をつけよう。
健康・その他	正	ストレスが溜まり落ち着かずイライラする。	緊張状態で明晰性を発揮する。ストレス過多。	些細な判断が運命を分けてしまう。不運。	情報に踊らされないようにしっかり考えよう。
	逆	妨害や圧力があることへの疲れと怒り。	思考停止。予期せぬ出費。干渉や妨害がある。	明晰な判断ができない。注意力が足りない。	一度決めたことは最後までやり通す覚悟を。

| ワンモア
アドバイス | 意志の強さを試される時。妨害があっても信念を保ち、諦めないことが大切。状況を観察して注意を払えば、危機は乗り越えられます。 |

▼マルセイユ版

ひとつの考えにこだわる

　曲剣が左右に4本ずつ描かれ、上下で交差しています。中央の剣で囲まれた空間には、花が咲いています。花は守られているというより、閉じ込められているように見えます。「8」は4×2で表されますが、「4」は四角形を意味し、「×2」で圧力が掛かります。ソードなので思考に圧力が掛かり、思考が固まります。ポジティブに捉えると、考えがひとつに集中している状態です。

▼GD版

細部にこだわり本質を犠牲にする　＊称号…「縮小された力の主」

　4つの手が、2本ずつ剣先のある剣を握っています。剣先は中央のギリシャ十字の中心に飾られるバラに集まり、力が縮小します。または周りの剣の圧力により、バラの示す情熱が薄れます。知力はエネルギーを失って思考は細部に向かい、制約にがんじがらめになってしまいます。カバラの対応は「ヴァブのホッド」、占星術は双子座第1デカン、主星・木星。

▼ウェイト版

拘束され奪われた力

　後ろ手に縛られ目隠しされた赤い服の女性の周りに、8本の剣が立てられています。足元は潮が引いた干潟のような場所に見えます。彼女は自分の置かれた状況を見ることができず、判断や選択することができない危険な状況です。身動きができない状態に無力感を感じていると言えますが、この状況に耐えてひたすら待つという意志を表しています。

▼トート版

愛のない利己的な干渉　＊タイトル…[妨害]

　横に並べられた6本の剣は、3本は刃が右向き、3本は左向き。異なる民族に使われている剣で、形や用途も違います。その上を2本の長い洋剣が押さえ込んでいます。上下に記号で配された双子座の木星は品位が悪く、知識や技術は風の気ままさにより、軽率な干渉や予期せぬ妨害として現れます。背景の赤紫色は、不安や敵意など抑圧された感情を感じさせます。

読み解きの極意！

ソードは、人間独特の知性や理性を示します。それは、本能や感情とのバランスを取ることで正しく発揮します。過度の抑圧を暗示しています。

ソードの9

感情に支配され力を失った知性

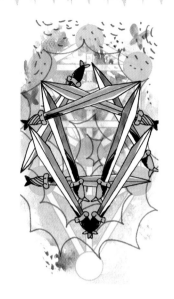

　[ソードの9]では、[ソードの8]からさらに理性や知性の力が後退しています。そして、「9」の孤独感がいっそう不安を強めています。本能に負けて、感情のパワーに支配された状態です。

　「9」は、高い理想や受容力を示す数。[ソードの9]は、夢が破れて、未来を見出す知力を失い、感情に呑まれて悲しみに暮れることを表しています。ここにあるものは、失意と絶望です。理性を正しく使えずに、希望を見出せない状態です。

オラクル メッセージ	絶望は、あなたの心を弱らせても助けにはなりません。分からないことやできないことがあってもいいのです。つらい時には、助けを求めることも解決策のひとつです。

悲観	正	不幸	孤独	逆	罪悪感
苦悩		理性の敗北	病気		絶望

＊リーディング表

ポジション 占目		心理・気持ち	現象(過去・現在・未来)	課題となるもの	アドバイス
恋愛	正	失恋の悲しみで打ちひしがれている。	別れ。会えない寂しさ。恋人の裏切り。	感情のコントロールができなくなっている。	ひとりで悩むより誰かに相談しよう。
	逆	悲しみで自暴自棄になる。失恋の惨めさ。	別れの辛さに耐えられない。孤独感。	本能のままの行動で、自分を大切にできない。	傷ついた心を癒すことを優先しよう。
仕事・金運	正	利益にこだわり過ぎて、真心や思いやりを失う。	仕事の重圧。手段を選ばず利益を上げる。	ストレスで、これ以上思考が働かない。	上手くいかないなら、応援してもらおう。
	逆	辞めたい。仕事の嫌なことしか思い出せない。	辞める覚悟で仕事に集中。仕事を辞める。	責任をひとりで背負おうと自分を追い詰める。	無理をし過ぎて体を壊さないように。
健康・その他	正	失敗のショックで、意欲や自信を失っている。	失敗。いじめ。苦しみ。健康の不安。貪欲。	理性が正しく働かず、欲求のまま行動する。	悩みごとをひとりで抱え込まないこと。
	逆	罪悪感や孤独感で、気持ちが打ちのめされる。	病気。自信喪失。裏切り。冷酷な態度。	理性が正しく働かず、手段を選ばない。	上手くいかないなら、時には諦めることも大事。

ワンモア アドバイス	このカードは、これ以上無理ができないことを示しています。体は健康であっても、心理的にはかなりまいった状態にあります。

▼マルセイユ版

問題や困難への孤独な挑戦

　左右に描かれた曲刀４本が上下で交差して、そこに１本の直刀が加わりました。[ソードの8]で圧力が掛かっているところに強い力が加わり、破壊的な力が働いていると言えます。また、剣は強い意志の力を表しますが、直刀で示される意志が8本の曲刀の圧力によって止められているとも言えます。「9」は孤独を示す数なので、その苦境を理解してくれる人がいません。

▼GD版

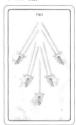

悪意や中傷によるダメージ　　　　　　　＊称号…「絶望と残酷の主」

　左右の雲から出た４つの手が２本の剣先がある剣を持ち、それぞれの剣先は離れています。その下から5つめの手が中央に剣を立て、8本の剣先が集まるのを阻み、制止しているようです。赤いバラも描かれていません。カバラの対応は「ヴァブのソド」、占星術は双子座第2デカン、主星・火星。悲観や不幸、いじめや孤立などの意味があり、失敗を示します。

▼ウェイト版

苦難の受容

　暗闇の中、ベッドの上に女性が上半身を起こし悲嘆に暮れています。9本の剣が、横向きにのしかかるように並んでいます。彼女は悲しみのあまり、頭を抱えています。ベッドには戦う騎士の姿が彫られているので、愛する人を失った悲しみかもしれません。しかし、毛布には情熱を示すバラや兆しを読む占星術の記号の柄があしらわれているので、光明があります。

▼トート版

激しい苦悩と絶望　　　　　　　　　　　＊タイトル…[残酷]

　ここまでのソードの7・8のプロセスで、風の知性の力は劣化しています。絵の中の長さの異なる剣は、すべて下を向いています。剣は刃こぼれして血が滴り、希望のない状態や自信を喪失した状態を表しています。双子座の火星は知識の渇望として現れ、無慈悲な探求を行っています。これは本能的な行動を示し、理性の敗北と言えるでしょう。

読み解きの極意！　[ソードの8]で抑圧された本能と感情の影響で、知性は攻撃的に使われます。悪意や巧妙さ、無慈悲な判断となり、正しい判断は困難でしょう。

ソードの 10

再建のための破壊

「10」という数は9＋1ですが、「9」はサイクルの終わりを示し、「0」は無を示します。「10」は 10 の位という次の局面を迎えるので、無と始まりが共存しています。

　[ソードの10] は、物事の破壊を示す凶札となりますが、それは再建のための破壊です。ソードの破壊と創造の性質が極まり、[ソードの 9] で悲観して問題を正面から取り組もうとせず、逃げた結果の壊滅であることを表しているのです。

| オラクル メッセージ | あなたの考えた通りにいかなくても、強い気持ちがあれば必ず転機や新しいチャンスが訪れます。初心を思い出して、自分の心の中にある純粋な思いや理想を大切にしましょう。 |

正	大きな挫折	破滅	逆	終わり	重病
	現実逃避	致命的		破壊と再生	困難

＊リーディング表

ポジション 占目		心理・気持ち	現象（過去・現在・未来）	課題となるもの	アドバイス
恋愛	正	失恋のショックから立ち直れない。	別れ。破局。取り返しのつかないケンカ。	辛い恋の結果を心理的に受け入れられない。	辛い恋は終わらせて、執着を捨てること。
	逆	人を愛したり、信じる気力がない。不信感。	腐れ縁を断ち切る。修復不可能な恋。	別れた相手の不運を願う。理解されない。	新しい恋に生きることを考えよう。
仕事・金運	正	仕事や人間関係のストレスで辞めたい。	事業の破綻。リストラ。退職。大きな失敗。	会社や社員が壊滅的ダメージを受けている。	無理をするよりも失敗を認める方が良い。
	逆	鬱的な状態。何もできない、考えられない。	自力での再建は不可能。経営破綻。清算。	自力で立て直そうとする力が残っていない。	身近な人や専門家のアドバイスをもらおう。
健康・その他	正	何もかも上手くいかなくて自暴自棄になる。	悩みが尽きない。再建が見通せない。破綻。	悪い状況を打開する力も対策もない。	同じ失敗を繰り返すので、諦める方が良い。
	逆	鬱状態。心身ともに低迷している。	病気の悪化。感覚の鈍化。限界を超える。	一度終わらせないと、再建ができない。	これ以上続けるより早く終わらせた方が良い。

| ワンモア アドバイス | [ソードの10] は、小アルカナの中で最も凶札とされています。心理的に立ち直れないような、大きな挫折感を表します。 |

▼マルセイユ版

意志を貫き失敗する

　左右４本ずつの曲刀が上下で交差し、下から出た２本の直刀が中央で交差しています。[ソードの10] は風のエネルギーが極まった数で、思考が完成し現実化することを意味します。しかし、交差し結集した直刀の力は曲刀の内にあり、内部の破壊が起こります。精神の壊れた状態で思索し生み出されたアイデアは、破綻した状態で実現します。

▼GD版

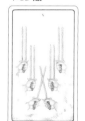

完全なる敗北と崩壊　　　　　　　　　　　＊称号…「破滅の主」

　剣が集まると考えがまとまり、知恵が結集することを示します。[ソードの10] は、４つの手が持つ８本の剣が垂直に立てられています。中央下の２つの手の持つそれぞれの剣は、８本の剣を分断させるように交差しています。カバラは「ヴァブのマルクート」、占星術は双子座第３デカン・太陽に対応。計画の破綻、破壊を意味し [ソードの９] より強いシンボルです。

▼ウェイト版

物事の終わりと心の痛み

　ソードは思索を示し、[ソードの９] までのプロセスで、思索の破綻を意味します。横たわる男の背中に、10本の剣が刺し貫かれています。それは、長期間に渡る苦悩を表しています。また、課題や困難に背を向けた結果であることを暗示しています。しかし、暗闇の先に新しい兆しを予感させる光が差しています。物事の終わりは、始まりを導くのです。

▼トート版

破綻した計画と統制の取れない力　　　　　＊タイトル…[壊滅]

　ソードの10 [壊滅] は、生命の木の現実世界を示す「マルクート」に対応します。ソードの９までの破綻した思考が、現実を作ることを意味します。10本の剣の柄は生命の木のセフィラの位置に対応して配置されて、剣先が折れています。しかし、「ティフェレット」の位置は光を放っています。ひどい出来事が起こっても、次の道が開ける暗示があります。

読み解きの極意！　ソードは、心を貫く強い意志を示します。[ソードの10] ではその意志の力が社会や自分自身の生活に調和していないので、破綻しています。

ソードのペイジ

知性を武器に挑戦する学生

ソードの性質は、知性や理性、知識や技術、社会性や意志です。宮廷札には、それらを持った人物として描かれています。

［ソードのペイジ］は、知的で、自分の知識や技術を武器にどんどん挑戦しようとします。ただ、まだ未熟な人物であり、体験を通して学ばなければなりません。逆に未熟だからこそ、怖いものがありません。その行動は、時に攻撃的で反骨的です。知性や技術を狡猾に使うこともあります。

| オラクル
メッセージ | すでに知っている、また分かっていることであっても、体験を通してあなたのものとなります。実際にやってみてください。情報や技術は、体験を通してあなたの知恵となり力となります。 |

正	利発 実際的知識	器用 感覚の鋭さ

逆	反骨精神 軽率さ	攻撃的 悪知恵

＊リーディング表

ポジション 占目	心理・気持ち	現象（過去・現在・未来）	課題となるもの	アドバイス
恋愛 正	相手の本心が知りたい。会話を楽しみたい。	優雅で美しい若い人物。会話が弾む恋。	会話は楽しいが、口論になりやすい。	会話を楽しむよりも、恋のムードを大切に。
恋愛 逆	浮気を疑っている。相手の軽率さがムカつく。	軽率な言動で傷つく。傷つける。口けんか。	相手を信じきれなくて恋に身を投じられない。	相手を追いつめ過ぎないように話をすること。
仕事・金運 正	知識や技術をもっと高めたい。仕事をしたい。	才能や技術を活かせる。臨機応変な対応。	正義感や知的探求心が強すぎてムードを壊す。	知性を武器にどんどん挑戦しよう。
仕事・金運 逆	不正は許せない。上司の存在を邪魔に感じる。	上司への反抗。利益や物質的結果のみ求める。	不正を嫌うため反骨精神が強く調和が乱れる。	知識があっても、学ぶ姿勢を忘れないこと。
健康・その他 正	いろいろなことを学び、知識を活かしたい。	器用で優雅。論理的思考。感覚の鋭さ。	器用で頭は良いが、攻撃的な要素がある。	知識を高めるためには、経験を積むことが大切。
健康・その他 逆	社会に対する不満と憤り。イライラしている。	イライラする。軽率な行動。狡猾。特殊詐欺。	利益や結果を得るために手段を選ばない。	正しいことでも、配慮と思いやりを大切に。

| ワンモア
アドバイス | 物事に冷静に対応する、情報処理能力の高い人物です。優雅な身のこなしから、諜報活動を行うような特殊能力に長けています。 |

*デッキごとの意味

▼マルセイユ版　経験不足による未熟さ

　剣を鞘から抜き、足を左右に開いてすぐに動いて反応できる体勢から、マルセイユ版のどのペイジよりも即戦力があるかのように見えます。しかし、彼が剣を持っているのは左手です。単に左利きなのかもしれませんし、剣が正しく使えるかどうかも分かりません。これは、知識を持っていても、使いこなせない未熟さを意味します。

▼GD版　知恵と感覚の鋭さ　*プリンセス　*称号…「吹きつける風の王女」「風の宮殿の蓮」

　ローマ神話の知恵と工芸の女神ミネルヴァや、狩猟や貞節の女神ディアナの性質を持ち、魔よけの紋章メデューサベルトを身に着けた誇り高い乙女が祭壇を守ります。銀色の祭壇は天に煙が昇ります。精霊シルフとシルフィードの王女にして女帝。エレメントの対応は、風の中の地。称号は「吹きつける風の王女」「風の宮殿の蓮」。占星術は山羊座・水瓶座・魚座に対応。

▼ウェイト版　知的好奇心を持ち世界に広げる

　知的で隙のない若者が、両手で剣を持ち構えています。その歩みは用心深く、しなやかで何かを警戒しているようです。背景には、荒々しく雲が湧き立っています。それは、彼の置かれている立場や環境なのかもしれません。未来が困難でも立ち向かう勇気を表しています。斜めに構える姿は、彼の皮肉っぽいところや反骨精神を表しているとも考察できます。

▼トート版　破壊的激しさと実際的知識による手際のよさ　*プリンセス

　祭壇の穢れを祓い、立ち向かう姿が描かれています。地上のものを高め天に飛ばす強さや、概念の具体化を示します。トート版の宮廷札には物語があり、プリンセスはプリンスと結婚し、クィーンの座に就きます。そこで高齢のキングに気づき彼女の若さによってキングは目覚めてナイトへと姿を変えるのです。地はアメリカ大陸。易の対応は山風蠱（さんぷうこ）。

読み解きの極意！　ペイジは、メッセンジャーとして情報を伝える力があります。その性質は風の象徴のソードと相性がいいので、機敏に対応する力があります。

ソードのナイト

理想の実現のために挑戦する

　このカードは、新しい道を切り拓く創造的な側面と、古いものや体制を破壊しようとする攻撃的な側面を持ち合わせています。それは、トート版やGD版の人物が、右手に創造を示す剣を、左手に破壊を示す鎌を持っていることからも分かります。

　創造的に生きるということは、すでにあるものを破壊することで、新しい道を切り拓いていくのです。ソードのナイトは知的で、論理的にイノベーションを起こす若者です。

| オラクル
メッセージ | 素晴らしいアイデアに恵まれます。他の誰もが発想できないような素晴らしいアイデアで夢や理想を実現しましょう。困難を克服し、夢を実現する力があなたにはあります。 |

正 独創的なアイデア	企画力	逆 破壊と創造	葛藤
攻撃的な若者	素早い判断力	体制派への反発	八方美人

＊リーディング表

ポジション／占目	心理・気持ち	現象（過去・現在・未来）	課題となるもの	アドバイス
恋愛 正	恋愛に情熱が湧かない。仕事に集中したい。	つき合ってもすぐに別れる。乏しい愛情表現。	恋愛に情熱が湧かないので、上手くいかない。	会えなくてもコミュニケーションはマメに。
恋愛 逆	恋人とのつき合いが面倒。恋愛に興味がない。	恋より仕事。思いやりのない態度。振られる。	恋愛より大切なものがある。相手を振り回す。	関係が上手くいかないなら、別れよう。
仕事・金運 正	新しいアイデアで世界や業界を変えたい。	技術革新。新しいビジネスプラン。刷新する。	使命に満ちているが、時に独善的になる。	社会のために知識や技術を活かそう。
仕事・金運 逆	古い体制を壊さなければ世界は変わらない。	知識はあるが経験不足。計画が定まらない。	意識のムラがあり、考えがまとまらなくなる。	冷静に考え、最善の策を見つけて行動しよう。
健康・その他 正	信念をもとに動きたい。アイデアを活かしたい。	明晰。策士。意志が強く決断力がある。雄弁。	知識は十分あっても、経験はまだ十分でない。	正しいことをやる勇気を持てば道が開ける。
健康・その他 逆	社会や体制、親に対する憤り。反骨精神。	ためらいがない決断。過酷な状況。器用貧乏。	人を信じないので、独断で決める。強引。	自分の知識や技術を過信し過ぎないこと。

| ワンモア
アドバイス | 仕事占いでは良いのですが、恋愛占いなど、感情的なテーマや情緒的な内容を問う場合、あまり良いカードとは言えません。 |

▼マルセイユ版

高い知性と行動力で目的へ向かう

　馬にまたがったナイトは兜を被り、鎧をまとい戦いに向かっています。彼は戦うことで名誉を得ますが、負けると死が待っているかもしれません。左手に剣、右手は馬を制御するために手綱を持っているのは、剣で示す思考を正しく使うためであり、馬で示される本能のコントロールを優先することを意味します。そして、強い信念を持ち進む力を表しています。

▼GD版

思考や計画に満ち溢れる　　＊プリンス　＊称号…「風の戦車の王子」

　GD版の各プリンスには羽根があり、迅速さを表しています。精霊シルフとシルフィードの王子にして皇帝であるソードのプリンスの戦車を、2人の翅（はね）のある妖精が引きます。胸には顔と翼からなる紋章があります。エレメントの対応は風の中の風で、思考の創造と破壊の変化が激しく起こります。占星術の対応は山羊座の第3デカンから水瓶座の第2デカン。

▼ウェイト版

理想に燃え戦う勇ましさ

　剣を振りかざし鎧に身を包んだナイトが、馬に乗って敵を蹴散らすように颯爽と駆けていきます。目標に向かって迷うことなく突き進んでいく様子を表します。彼は理想が高くヒーローのようですが、その挑戦は向かい風の中を進む危険を伴う戦いになるでしょう。ここには、新しい世界を切り拓く創造の力と同時に、破壊的なエネルギーが存在しています。

▼トート版

意志力で思考を制御し道を切り開く　　　　＊プリンス

　プリンスの翼は幾何学模様で、同じく幾何学模様の戦車に乗っています。自らの創造的思考を示す剣と破壊を示す鎌を持ち、彼の思考が結晶化（具体化）される可能性がカード全体を輝かせています。しかし、戦車を引く翼のある3人の子どもは、心の葛藤を表すようにそれぞれ勝手な方向に飛び跳ね、制御が難しそうです。易は巽為風（そんいふう）に対応。

読み解きの極意！

風の中の風を示し、非常に知的です。しかし実行する前の思考の段階で破壊と再生が起こります。それは逆に無力な状態とも言えます。

ソードのクィーン

大人の女性の強さで的確な判断を下す

　［ソードのクィーン］は、結婚歴のある女性を示しますが、彼女は男性に依存しない強い意志力を持っています。キャリアウーマンや未亡人、離婚した女性を象徴するカードと言えるでしょう。

　クィーンは、物事を受けとめる姿勢を示します。ソードは社会性、強い意志、創造性をしっかり携え、考察する力を象徴します。［ソードのクィーン］は、社会に向かって、はっきりと自分の意志表示ができる女性なのです。

オラクルメッセージ	あなたは愛情深く聡明です。時には厳しくても、正しい判断ができるでしょう。最良の判断のためには、自分や身内のことであっても客観的に捉えることが大切です。

正		逆	
洞察力	公正さ	冷酷な女性	疑い深い
頭脳明晰	管理能力	陰険	狡猾

＊リーディング表

ポジション／占目	心理・気持ち	現象（過去・現在・未来）	課題となるもの	アドバイス
恋愛 正	自由な恋愛をしたい。結婚しなくてもいい。	自由な恋愛。浅く広くの交際。相手を誘う。	男女が対等の交際でないと上手くいかない。	社交的と知性を発揮して上手に人づき合いを。
恋愛 逆	交際のメリットがあるならつき合っても良い。	印象だけで当てにならない。美人に騙される。	束縛しないというより、割り切った関係になる。	価値観の合わない人なら早く別れた方が良い。
仕事・金運 正	社会に自分の才能を活かして、役に立ちたい。	人の意見を取り入れる。交渉力がある。管理職。	善悪やルールのために厳しくなり過ぎる。	明晰で直観力や判断力が優れている。
仕事・金運 逆	社会や会社は女性の力をもっと認めるべきだ。	リストラ。狡猾なやり方で手柄を得る。	利益のために手段を選ばない。信用できない。	成功のために大切なものを犠牲にしないこと。
健康・その他 正	自信がある。見た目の印象は美しくありたい。	敏感さ。鋭い洞察力。独立。自立。公正さ。	上品で頭脳明晰で近寄りがたいものがある。	自立すること。自分の意思を主張すること。
健康・その他 逆	美しくないもの、正しくないものは排除する。	厚かましい。見た目にこだわる。冷酷な判断。	計算高く、容易に他者を受け入れない。	計算外の出来事に人生の面白みがある。

ワンモアアドバイス	大アルカナの［正義］のような厳しさを持っていますが、女性のカードは概して優しさを示します。このカードにも受容力と情があります。

優しさと理解力のある聡明な女性

▼マルセイユ版

　クィーンは抜き身の剣を右手に持っています。この剣は戦いの象徴ではなく、[正義]と同じように公正さを示します。呼びかけるような左手のしぐさは、彼女の社交性を表しています。ソードは理性と知性のスートなので、感情に流されず冷静な判断をします。クィーンは女性性を示し、育む力や物事を受容し理解する力があり,物事の本質を見極める能力を持ちます。

正義感が強く自信と誇りを持つ女性　　＊称号…「風の座の女王」

▼GD版

　クィーンは右手に剣、左手に血の滴る男の生首を持っています。彼女が、男性の力に依らず生きていく強さと鋭い知性や観察眼の持ち主であることは想像がつきます。彼女は風の座の女王で、シルフとシルフィードの女王です。占星術の対応は、時期を占う時にも使えます。乙女座の第3デカンから天秤座第2デカンに対応。エレメントは風の中の水に対応します。

鋭い観察眼と知性を持つ貞淑な女性

▼ウェイト版

　クィーンの右手の剣は玉座に当てて垂直に立てられ、左手は手招く仕草をしていますが厳しい表情をしています。彼女は、どんな人に対しても公正な判断をすることを示しています。王冠は蝶の模様で玉座には羽根のついた子どもと蝶の彫刻が施されています。背景には雲が湧き立っています。伝統的に女性の悲しみを示し、未亡人や不妊という意味があります。

優れた理解力で公正に判断する

▼トート版

　高くそびえる積乱雲の玉座に座するクィーンは、子どもの顔がついた幾何学模様の王冠を被り、そこから光が広がっています。右手の剣は下に向けられ、現実を鋭く理解する力を示しています。左手の男の首は解放された男の魂のようにも見えます。半裸が示すのは囚われのない解放された精神で、彼女は観察力と明晰性を持っています。易は沢風大過（たくふうたいか）。

読み解きの極意！

男性に頼らない自立した女性を示す[ソードのクィーン]。彼女にとって大切なのは社交性。社会との関わりが失われると悪意と不幸を示します。

＊ソードのクィーン

第Ⅱ章　── 小アルカナ56枚事典

ソードのキング

鋭敏な頭脳を持つ勇敢で激しい男性

　キングは支配者や権威者、責任感ある成熟した男性を表し、ソードは知性や秩序ある社会、法律やルールによって平和な人間社会を示します。

　[ソードのキング] は、具体的には、裁判官や高級官僚、医師など、社会の中で公正で権威があり、高い技術を持った人物です。知識と技術に自信を持ち、経験によって養われた鋭い直観力で叡智とつながっていきます。彼には絶対的なパワーと知力があり、厳しい判断を下す勇気があります。

第Ⅱ章 ── 小アルカナ56枚事典

オラクルメッセージ	経験に基づいた知識による直観的な判断ができる人です。自分の判断に自信を持ってください。周りの人の意見を聞くのもよいですが、時には自分の意志を通すことが大切です。

正	絶対的判断　高いプライド 鋭敏さ　　　賢明	逆	残酷　　　絶対者 独断　　　非論理的

＊リーディング表

ポジション／占目		心理・気持	現象（過去・現在・未来）	課題となるもの	アドバイス
恋愛	正	自信があり交際に積極的。交際に責任を持つ。	誠実な愛情表現。正式な婚約や結婚。	関係だけ進展して、心がついてこない。	形より愛を育む時間を楽しもう。
	逆	自分の思いを真っ直ぐ相手に向ける。	アプローチが強引。略奪愛。思いやりがない。	出会ってすぐの交際。軽率なところがある。	誠実に交際を進めること。慎重さも大切。
仕事・金運	正	仕事にプライドがある。責任感がある。	決断の成功。権威ある仕事。絶対的な力。	合法であっても強引なやり方が成功する。	先手必勝。早い判断や行動で成功をつかもう。
	逆	誰が何を言おうと、自分の判断が正しい。	戦略を立てて成功する。圧力をかける。	部下を自分の命令に従わせようとする。	スピードよりも冷静さと堅実さが大切。
健康・その他	正	自分の知識や判断力、実行力に自信がある。	鋭い洞察力と直観力で状況を判断できる。	知的だが、自信過剰で強引なやり方をする。	覚悟を決めれば、成功させる力がある。
	逆	いかなる手段を使っても、自分を通したい。	計算高い。支配的態度。威張る。自己中心的。	自分に反対するものを決して許さない。	絶対的な自信があっても、謙虚さを忘れずに。

ワンモアアドバイス	ソードのキングは、他を寄せつけない絶対的な力で勝ち残ります。しかし、他者への配慮がないと、関わる人を萎縮させてしまいます。

▼マルセイユ版

カリスマ的で絶対的な判断

　キングの右手の剣は［正義］のように真っすぐ立て、公正さを示します。左手にも短剣を持っています。剣は知性を示し、彼の鋭い判断力を表しています。肩当てには［戦車］や［ソードのナイト］と同様に顔がついていますが、これは司祭の聖占卜器ウリムとトンミム（光と完全＝真理の光）の象徴と考えられます。彼の判断は、神のお告げのように時に絶対的です。

▼GD版

圧倒的で支配的パワーを持つ　＊称号…「風と微風の主」「風の霊の王」

　風と微風の主で風の霊の王である彼は、翼のついた兜を被り、茶色の馬に乗っています。［ソードのプリンス］では妖精が五芒星を手にしていますが、このキングの胸には翼のついた六芒星が描かれています。六芒星は、叡智を示す形です。彼は賢明で勇敢ですが、ともすれば激烈です。占星術の対応は牡牛座第3デカンから双子座第2デカン。エレメントは風の中の火。

▼ウェイト版

経験と知性で物事を見極め判断する

　ウェイト版のキングは他の［ソードのキング］よりもソードの冷静な判断力と権威が示されています。［正義］のように、善悪を理解し社会性を持って正義を執行する人物です。彼はカリスマ性を持ち、周囲に畏怖の念を抱かせるかもしれません。裁判官のような非常に公正な人物を示します。彼の表情は硬く、冷たさを感じさせて近寄りがたい雰囲気があります。

▼トート版

直観的判断で強弁する　＊ナイト

　ナイトのエレメントである火は最もパワフルです。風と火の組み合わせである［ソードのナイト］は知的ですが、激しく破壊的です。彼は両手の短剣と長剣で馬を御し、目的に真っすぐ進みますが、馬は狂気を帯びているようで、猛進し独断的性質を持ちます。回転する大きな翼のある兜は、直観を受け取ります。易は雷風恒（らいふうこう）。

読み解きの極意！

　［ソードのキング］は知的な戦い、つまり討論を好みます。勝つためには反対の質の理解が必要です。そのため正義と邪悪な性質を併せ持ちます。

ソードのキング

第Ⅱ章　──　小アルカナ56枚事典

コインの1　Ace

物質的世界での成果

コインは地のエネルギーで、物質世界を象徴します。名前の通り、金銭や生きるための現実的な力です。また、財を得るための仕事や労働、物理的な事柄の達成を示します。

[コインの1]では、そのエネルギーが具体的な形になっていきます。金銭的な利益を得たり、今まで努力した結果が現象として目の前に現れます。地に足が着き、思った以上の成功や安定、幸せをもたらします。

オラクルメッセージ	あなたが考えていたことが今、形になります。夢が現実になるのです。もう悩むことは止めて実行しましょう。課題があったとしても、行動しながら解決していくのです。

正	成果 安定した幸せ	物質的利益 労働力		逆	結果が出る 常識的な安定	物質性 満足

＊リーディング表

ポジション／占目		心理・気持ち	現象（過去・現在・未来）	課題となるもの	アドバイス
恋愛	正	安心できる人。相手の存在は心のよりどころ。	親の同意を得た交際。肉体的な満足感。結婚。	安定した状態を継続するために努力が必要。	現在の状態が長く続くよう努力をしよう。
	逆	変わらない安定した状態で、落ち着いている。	活動すれば相手が見つけられる。恋愛の安定。	恋愛成就のためには努力が必要。進展しない。	自分の望む恋愛のために努力が必要。
仕事・金運	正	やりたい仕事ができて満足している。達成感。	大きな利益。良い結果が出る。円満な会社。	結果や利益を出すことにこだわってしまう。	納得いく結果でも、次に進むことが大事。
	逆	納得するためにはまだ努力が少し足りない。	非正規雇用。変化のない安定した利益。	利益優先になり。満足感が少なくなる。	努力をすることで、納得する結果を得られる。
健康・その他	正	健康で心身ともに安定して、充実している。	努力の成果。健康。安定した人間関係。	肉体や物質、金銭、形に執着しやすい。	夢が叶った時からが、新しいスタートとなる。
	逆	欲しいものは手に入っても、何かが足りない。	不摂生。形や形式にこだわる。事なかれ主義。	物質や金銭をもっと手に入れたいと思う。	納得いかなくても結果を受け入れて進むこと。

ワンモアアドバイス	[コインの1]には、大きなコインが描かれています。これは大金が手に入ることや、夢が実現することを示しています。

▼マルセイユ版

物事を始める，着手する

　中央に大きなコインがあり、4つの花によって固定されているように描かれています。小アルカナの4つのスートは、それぞれワンドは火、カップは水、ソードは風、コインは地のエレメントに対応します。地は、安定と地に足を着けた生き方を示します。コインと名づけられる通り、金銭や労働に関することを示すスートであり、[コインの1]は現実的なスタートです。

▼GD版

物質的な利益と富　　　　　　　　　　＊称号…「地の力の根源」

　雲から出た手は4つのバラが咲く枝を握り、同心円で構成される大きなペンタクルスの中央にはギリシャ十字があり、12本の白い光を放っています。ペンタクルスの上部には翼のついたマルタ十字があります。カバラの対応は、地を表す「ヘーのケテル」。占星術は、牡羊座・牡牛座・双子座で、プリンセスと同じ対応です。意識やエネルギーの物質化を示します。

▼ウェイト版

完全な満足と大きな喜び

　雲から現れた手が、大きなペンタクルスを持っています。GD版とウェイト版は、コインのスートをペンタクルスと呼びます。それは、ゴールデンドーンの五芒星の追儺（ついな）式に由来し、小アルカナという言葉も精霊を呼ぶ儀式を指します。思いが物質化した[ペンタクルスの1]は、繁栄と物質的満足を示します。良いことも悪いことも物質化します。

▼トート版

すべての物事の物質的側面と働く力

　クロウリーは、コインのスートを回転して上昇するイメージのあるディスクとしました。ディスクには彼の魔法名ト・メガ・セリオンと書かれ、A∴A∴（銀の星）魔法団の聖なる紋章が刻まれて、背景は草木が芽吹く色の緑で描かれています。物質性を示しますが、固体の移ろいやすさから幻想的という意味があります。地上はヨーロッパとアフリカ大陸を支配します。

読み解きの極意！ コインのスートの物質化とはいかに継続し安定させるかというテーマに展開されます。[コインの1]は、具体的に取り掛かることを示します。

コインの2

交互にやってくる強さと弱さ

　「2」は、対になる2つの質を表します。[コインの2]は、この2つの質が交互にやってくる状態です。コインは物質界や安定性を示しますが、[コインの2]のメインテーマは変化です。

　物質界は、絶えず変化することによって安定が保たれているのです。また、繰り返し変化が起こっていることを無限大の形∞で表しています。ひとつのものが陽から陰へ、陰から陽へと、流動的に変化することで、調和を保ち続けます。

| オラクル メッセージ | 成功や失敗、成果の浮沈が激しい時は、変わらない場所や人間関係にすがりたいものです。しかし起こったことを受け入れ対応することが大切です。安定とは変化を受け入れることです。 |

| 変化 | 正 | 交換 | アンバランス | 逆 | 躁鬱 |
| 多忙 | | 利益と損失 | 終わりがない | | 繰り返し |

*リーディング表

ポジション 占目		心理・気持ち	現象（過去・現在・未来）	課題となるもの	アドバイス
恋愛	正	変化が多くて楽しい。気持ちの移ろい。	コミュニケーション。気まぐれな恋人。浮気。	楽しい交際ではあるが、浮気の心配がある。	コミュニケーションをマメに取ろう。
	逆	恋への情熱が、上がったり下がったりする。	気になる人が2人いる。引っついたり別れたり。	浮気。二股。関係性が不安定な状態で続く。	恋を楽しむには、信頼関係を作ること。
仕事・金運	正	楽しみながら仕事ができ、安定している。	ルーティンワーク。売上の浮沈。自転車操業。	常に何かを変化させることで安定を保つ。	ルーティンワークを楽しんで仕事運アップ。
	逆	同じことの繰り返しで仕事に飽きてくる。	転職を繰り返す。利益の増減が激しい。	変化を求めるあまり、安定が崩れてしまう。	今の調和を保ちながら変化を試みよう。
健康・その他	正	同じことが繰り返されることで落ち着く。	変化を楽しむ。努力の継続。収支のバランス。	変化に対応するため絶えず努力が必要となる。	楽しいことも辛いことも経験が大切。
	逆	自分の気持ちの変化で疲れる。躁鬱状態。	コミュニケーション不足。不安定な経済状態。	変化が激しくバランスを取るのが難しい。	不安定だからこそ心を強く持つこと。

| ワンモア アドバイス | コミュニケーションは、話し手と聞き手が入れ替わりながら進むからこそスムーズです。このカードはコミュニケーションを助けます。 |

▼マルセイユ版

物質の二つの局面

　2つのコインの周りをリボンがSの字に囲っています。マルセイユ版では、伝統的に［コインの2］に版名が入ります。マルセイユ版は複数存在し、現在確認できる最古のデッキはジーン・ノブレ版です。コインに裏と表があるように物事には2つの局面があり、それが入れ替わる可能性があります。それを理解し、対応することを示します。

▼GD版

変化への調和
＊称号…「調和する変化の主」

　ウロボロスの蛇のように尾を噛む蛇によって8の字にペンタクルスが結合し、バラは描かれていません。これは回転するシンボルです。手は蛇の中心を握り、固定された状態による不満を示します。しかし利益と損益は交互にあり、変化が起こります。カバラは「ヨッド・ヘー・ヴァブ・ヘー」の最後の「ヘーのホクマ」、占星術は山羊座の第1デカン・木星。

▼ウェイト版

等価値交換を継続する

　道化のような格好をした若者が、ペンタクルスを両手に乗せて踊っています。［ペンタクルスの2］には、陽気さや気晴らし、娯楽という意味があります。手に持つペンタクルスは緑色の帯で8の字につながり、無限大∞を象っています。背景は、波が大きくうねる海に2隻の船が行き交います。輸出と輸入や金銭のやり取り、物事の交流が永遠に繰り返されることを示します。

▼トート版

繰り返される変化
＊タイトル…［変化］

　タイトルは［変化］。物事は移ろい、変化することを象徴しています。2つのディスクは陰陽が表裏一体であることを示す太極図になり、それぞれ異なる回転を示しています。太極図には、火・水・風・地の4つのエレメント記号があります。ディスクを囲むウロボロスの蛇は永遠や不滅の象徴で、その形は無限大を示します。変化のエネルギーの永続を表します。

読み解きの極意！ コインは金銭がテーマで、［コインの2］は支出と収入が永遠に繰り返されることを示しています。時には、金銭の問題を示すカードです。

コインの3

三位一体となって上手くいく

　[コインの2]が物質界の普遍的な変化なら、[コインの3]は物質界の貨幣経済を示します。かつて貨幣は、金や銀などの価値が保証されることで信用が保たれていました。[コインの3]は、経済の安定とその増加を意味します。

　「3」は創造や、父と母と子どもという組み合わせを示します。子どもが生まれ家族が増えるように、金銭的利益も増加します。努力が必要ですが、計画性を持ち建設的に利益を伸ばすカードです。

オラクル メッセージ	未来での利益を得るために、今何かを始めることが大切です。そしてその活動を継続することが、あなたに成果をもたらします。自分の仕事や取り組みに誇りを持ちましょう。

正
建設的
計画の具体化
事業の開始
物質的な増加

逆
利益の追求
作業
商取引
経済的な問題

*リーディング表

ポジション 占目		心理・気持ち	現象（過去・現在・未来）	課題となるもの	アドバイス
恋愛	正	安定した恋愛。心の絆を感じている。	信頼できる人。未来ある恋愛。安定した交際。	結婚前提など、具体的な恋の将来性を求める。	将来を考えて建設的な交際をしよう。
	逆	建設的な交際のためにはお金が必要。	ゆっくりと距離が縮まる。条件的に合う恋人。	楽しい恋のためには経済問題の解決が必要。	結婚など2人の未来のためにお金を貯めよう。
仕事・金運	正	将来性を感じる。積極的に仕事に参加したい。	ビジネスの成功。利益を上げる。収入の安定。	仕事や立場、利益にこだわり過ぎる。	仲間と協力して大きな仕事を成功させよう。
	逆	まだまだ努力が必要だと感じている。忍耐。	努力の継続。利益優先。建築業。製造業。	結果や利益を優先し、偏った見方をする。	利益にこだわり過ぎると創造性を失う。
健康・その他	正	家族や人間関係の絆を感じる。心の安定。	規則正しい生活。心と体と精神の安定。	まだ発展するのでこれからも努力が必要。	未来の成功に向かって、今、スタートしよう。
	逆	問題はないが安心していない。お金の心配。	努力を継続できない。思いを形にできない。	安定させるために努力の継続が必要。	技術などを修得するためには努力が必要。

ワンモア アドバイス	「2」は2人、「3」は複数人を示します。[コインの3]は、家族や会社、組織など、何人かの人間の集まりの中での安定を示します。

▼マルセイユ版

基礎を作ることで成長が進む

　マルセイユ版のコインには花のような模様があり、植物の花や実を表しているかのようです。［コインの３］はカードの中央に３つのコインが三角形を作るように置かれ、２つのコインの間から四方に植物が蔓を伸ばしています。下の２つのコインを土台にして、上にあるひとつのコインを支え、成長の基盤となっています。コインを守るように蔦が囲っています。

▼GD版

物質的な実現と利益の増加　　　　　＊称号…「物質的作業の主」

　雲から出た手が、バラの枝を掴んでいます。左右対称にペンタクルスが２つ、さらに上へ枝が伸びてもうひとつペンタクルスがあり２つの蕾があります。これは、土台から積み上げていく建設的な力を示します。物質的な作業や仕事の優れたスキルを示し、資産を増加させます。カバラの対応は「ヘーのビナー」。占星術は山羊座の第２デカン、主星・火星。

▼ウェイト版

神聖なる仕事

　石工が教会修復をしています。職人は修道士たちと３人で話し、設計図に基づいて、協力しながら仕事をしています。聖なる仕事とされ、名声や栄光を示します。ウェイトは、「［ペンタクルスの８］で修業者だった者が、熟練工となっている」と言っています。ペンタクルスは教会の装飾の一部となり、現実的なエネルギーが上手く使われ、神に捧げられています。

▼トート版

未来の完成を見据え仕事をする　　　　　＊タイトル…［仕事］

　ディスクは、車輪となっています。頂上から見た三角錐は、「ビナー」の海の中に描かれています。偉大な母なる海の中で、物質的な確立を表しています。車輪の中心には、水銀・硫黄・塩の記号が書かれ、錬金術的な作業を意味します。灰色の海が示すように、地味な作業かもしれませんが、何かを成すためには安定した作業の継続が必要です。

読み解きの極意！ コツコツと仕事をして成果を得ます。［コインの３］は、スートの物語の序盤。後の成果を得るために仕事を始めて継続することが大切です。

コインの4

物質的な利益を持ち続ける

　西洋神秘思想では、物質界は四大要素の火・水・風・地で成り立っているとされていますが、4番目の地のスートであるコインの、さらに4番目であるこのカードは、ここにすべてのエネルギーが秩序正しく整っている状態になります。

　「4」は四角形を意味し、それに囲まれた場は守られて安全です。コインは貨幣ですから、[コインの4]は、ある一定の場所や方法で、経済的な安定がもたらされ、それが継続することを表します。

| オラクル
メッセージ | 欲しい物を手に入れることができます。さらに手に入れたものを大切にしましょう。手に入れたものを持ち続け使うことによって、さらにその価値は高まります。 |

正	逆
物質的安定　秩序	制限　　所有欲
保守　　保有	限界　　執着

＊リーディング表

ポジション／占目	心理・気持ち	現象（過去・現在・未来）	課題となるもの	アドバイス
恋愛 正	相手の気持ちをしっかりつかんでいる。	身を固める、結婚する。安定した交際。	交際に対して答えを出さなければならない。	関係をはっきりさせることで落ち着く。
恋愛 逆	自由がなく面白くない。相手に対する執着心。	やきもち。嫉妬。束縛したり、されたり。	結婚にこだわり過ぎて気持ちを考えていない。	恋愛にまつわる障害や問題を解決しよう。
仕事・金運 正	秩序正しく穏やかに仕事ができる。	利益の確保。不動産業。地位や収入の安定。	利益確保のために労力を惜しまない。	社内が安定することで良い仕事ができる。
仕事・金運 逆	問題を抱えたままで落ち着かない。ケチ。	既得権益を守る。不動産収入。利益の独占。	保守的になり過ぎて、発展性がなくなる。	攻撃は最大の防御。守りに入り過ぎないこと。
健康・その他 正	心と体が落ち着き、リラックスしている。	リラックス。安心。整う。守られている。	堅実だが、結果や利益にこだわり過ぎ。	安心できる環境をつくることが成功の秘訣。
健康・その他 逆	安心できる家族や仲間としか関わりたくない。	保守的で閉鎖的。形にこだわる。独占欲。	現状を維持できるが、それ以上は広がらない。	ルールを作っても相手の心は支配できない。

| ワンモア
アドバイス | [コインの4]では、エレメントが整い、天と人の意志が一致して現実に具現化します。夢を実現をする地盤は、しっかりと整っています。 |

▼マルセイユ版

物質的な安定と保持

　4つのコインは四角形に配置され、安定しています。マルセイユ版では、[コインの4]には紋章を描きます。写真のグリモー版では、フランス国家の紋章のユリの花が見えます。国を守り管理し、維持を示します。古いデッキには、エジプト神話の霊鳥フェニックスが描かれています。自身を燃やし灰から蘇る不死鳥フェニックスには秘教の思想が込められています。

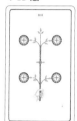

▼GD版

物質的利益の保障と影響力の獲得　　＊称号…「大地の力の主」

　左手に握られたバラの枝先にペンタクルスが四角形を作るように配置され、中央には赤いバラの花が咲いています。聖四文字は、ヨッドは火、ヘーは水、ヴァブは風、ヘーは地を表し、最後のヘー＝地の生命の木に対応します。4つめのセフィラ「ヘセッド」は拡大する機能で慈愛という意味です。「4」は安定を示します。占星術の対応は山羊座の第3デカン・太陽。

▼ウェイト版

成果を守り防御する

　男の王冠の上にペンタクルス、胸の前でもペンタクルスを抱え込み、左右の足それぞれもペンタクルスを踏み締めています。彼は、自ら所有する4つのペンタクルスを放そうとしません。そのため、身動きが取れなくなっています。背景には、の治める領土と思われる町が見えます。町の平和や秩序を守ろうとする意志と、自らが所有するものへの執着が窺えます。

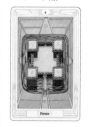

▼トート版

現実的で安定した支配力　　＊タイトル…[力]

　ディスクは四角形で、火・水・風・地の4つのエレメント記号が記されています。タイトルは[力]ですが、この力は穏やかな力であり攻撃的なものではありません。4つのディスクは要塞の一部として描かれているように、防御の力として示されます。組織力や堅い守りという意味があります。要塞の中は法と秩序があり、安定が保たれています。

読み解きの極意！　このカードは金銭の獲得や成功を意味し、現世的な力の頂点を示します。ただし成功しても、それ以上の高次元へ進むことはできません。

コインの5

地位や金銭を失う

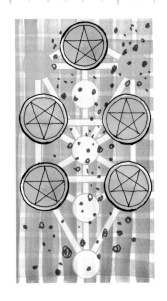

　[コインの4]が資産家なら、[コインの5]は貧困者を示します。「5」は、刺激を与えて興奮させ、優劣がつく数字です。コインは物質と金銭に関することがテーマなので、[コインの5]は与えられたものを奪い合う戦いになります。

　先のカードの流れから、守られていた場所を追い出され、身近な救いのチャンスも見逃し、居場所を失くした状態です。失業したり、経済的な不安が現れています。

| オラクルメッセージ | 人生の中で得たものを失ってしまうつらい時期かもしれません。ただ、あなたの中にある本当の才能や価値は決して失われることはありません。本来の自分の生きる力に気づく時です。 |

正	金銭を失う	経済上の不安		逆	援助がない	貧乏
	秩序の崩壊	喪失			不安定	失業

＊リーディング表

ポジション／占目		心理・気持ち	現象(過去・現在・未来)	課題となるもの	アドバイス
恋愛	正	先行き不安な恋愛。別れの危機を感じる。	経済的な問題で交際ができない。別れの危機。	恋愛を安定させるために相手を束縛する。	別れたくないなら、セックスレスにならない。
	逆	恋愛よりも仕事や生活の安定が気になる。	破局。失恋のショックから立ち直れない。	別れのショックが大きい。失恋を恐れる。	上手くいかないのを相手のせいにしないこと。
仕事・金運	正	努力が報われていないので、意欲が湧かない。	骨折り仕事。出費のわりに利益が上がらない。	安定していた環境が壊れてなすすべがない。	心配よりも経済を立て直す具体策を考えよう。
	逆	リストラや派遣切りなど、失業を恐れる。	過酷な仕事で利益を得る。地位や職を失う。	金銭のために働かなければならない。	お金がないなら、お金になる仕事を探そう。
健康・その他	正	秩序が乱れて平常心が保てない。喪失の不安。	チャンスを逃す。生活の不安定。経済不安。	心配事で新たな考えが持てなくなってしまう。	状況に変化なし。変えていく対策を考えよう。
	逆	経済的な問題で、何をしていても不安。	貧乏性。金銭が絡むトラブル。借金。貪欲。	お金が最優先になる。想像力がなくなる。	怒りの感情は捨て、新たな行動を考えよう。

| ワンモアアドバイス | このカードが出ると、金銭にまつわる相談でなくても、相談者は心の中に金銭や物欲に絡む悩みを抱えている場合が多いです。 |

▼マルセイユ版

エネルギーの放出で、安定が壊れる

　4つのコインは四隅に、中央にひとつのコインが配置されていて、中間点という意味があります。コインのスートは現実的で実際的なことを示し、[コインの4]で経済は安定した状態になります。そこにひとつコインが加わることで、調和が壊れます。「5」は奇数でエネルギーが外に流れるので、[コインの5]は、金銭の喪失、失業という意味になります。

▼GD版

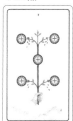

金銭上の不安　　　　　　　　　　＊称号…「物質的トラブルの主」

　雲から出た手は、バラの枝を持っています。枝の中央と4つの枝の先にはペンタクルスがあり、そこにあるバラの花びらは散っています。金銭のトラブル、損失や失業による収入減や地位を失うことを示します。経済的な問題を乗り越えるには、非常な労力を要するでしょう。カバラの対応は「ヘーのゲブラ」。占星術の対応は牡牛座の第1デカン・水星。

▼ウェイト版

病気と貧困、生活の苦しみ

　ぼろをまとった2人連れが、吹雪の中を歩いています。貧困や物質的なトラブルを示すカードです。女が前を行き、感染症の罹患者を示すベルをつけた男は負傷し杖をついていますが、2人は追い出されたのかもしれません。これは、苦しみの共有を表しています。2人は5つのペンタクルス模様のステンドグラスの窓の前を気がつかずに通り過ぎていきます。

▼トート版

基盤の崩壊により秩序が壊れる　　　　　　　＊タイトル…[心配]

　物質世界の象徴のディスクのスートでは、不安定な構図の逆五芒星の頂点にディスクが配置され、基盤が崩れます。対応する生命の木の「ゲブラ」には破壊的な力があり、崩壊を引き起こします。ディスクには、ゴールデンドーンのタットワという霊視の訓練で使われた5つの印が描かれています。卵型が空、円形が風、三角形が日、四角形が地、三日月が水に対応します。

第Ⅱ章 —— 小アルカナ56枚事典

読み解きの極意！

　[コインの5]は、中間点にあります。もともと持っていたものやプロセスを経て得たものを失って、困窮することを意味します。

コインの6

ビジネスの成功で得る報酬

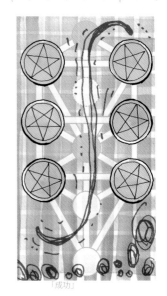

「成功」

　「6」には、美、愛情、調整、完全な調和という意味があります。3×2＝6 という陰と陽がかけ合わされた数で示される図形は、陰陽の調和した六芒星です。「6」は、前の「5」によって壊滅された秩序を取り戻し、愛を持って正しい道を示します。

　[コインの6]は、物質的な世界で調和を取り戻すことができます。真っ当な事業で成功を収め、それに見合った報酬を得ることで、経済的な問題が解決します。

| オラクル
メッセージ | 仕事でもプライベートでも本当に成功を実感するには、それを皆と分かち合いましょう。
そして自分だけではなく、周りの人の成功や幸せを応援しサポートしましょう。 |

正	逆
公明正大　正義 物質的成功　経済問題の解決	散財　横柄 支配　不調和

＊リーディング表

ポジション 占目	心理・気持ち	現象（過去・現在・未来）	課題となるもの	アドバイス
恋愛 正	心が通じ合って上手くいく。信頼できる人。	プロポーズの成功。バランスが取れた関係。	自分と相手の考えは同じだと思っている。	相手と自分の考え方の違いを受け入れよう。
恋愛 逆	けんかはしていないけど面白くない相手。	考え方の不一致。すれ違い。進展しない。	相手との価値観の違いを受け入れられない。	こだわり過ぎないで気楽につき合おう。
仕事・金運 正	仕事が上手く進み、やりがいを感じている。	昇給。出世。仲介業。安定。取引の成功。	反対する意見を取り入れて、調和させる。	いろいろな意見を取り入れれば成功する。
仕事・金運 逆	上司が支配的でうんざりしている。	労働条件の不平等等。上司が支配的な会社。	支配と被支配の関係や上下関係がある。	職場での人間関係の調和を心がけよう。
健康・その他 正	正しいおこないをしている自信。豊かな愛情。	心と体のバランスが取れる。人間関係の調和。	調和を保とうと八方美人になる。完璧主義。	問題は克服可能。具体的なことを考えよう。
健康・その他 逆	家庭と仕事など２つのバランスが取りにくい。	成金趣味。他者に対して支配的。贅沢。	ひとつのことに集中し過ぎてバランスを欠く。	あれもこれもと手を広げ過ぎないように。

| ワンモア
アドバイス | 「6」は内側と外側が相互に影響し合いバランスを取る数です。コインであることから、実際的で具体的なギブ＆テイクが重要になります。 |

▼マルセイユ版

金銭が循環している社会

　コインは中央に4つ、上下に1個ずつ描かれています。コインは4つめの地のエレメントで、天と地の間に4つのエレメント（火・水・風・地）が整って安定している状態を示しています。十字は、時に地球を表します。コインは金銭のスートなので、[コインの6]は、経済としては需要と供給のバランスが取れて、衣食が足りている状態です。

▼GD版

商売繁盛　　　　　　　　　　　　　　＊称号…「物質的成功の主」

　バラの木は左右に3本ずつ枝を伸ばし、花と蕾がペンタクルスに触れています。ペンタクルスは、縦に3つずつ2列に配置されています。カバラの「ヘーのティフェレット」は、物質界の調和のとれた成功を示します。事業における成功と利益でそれが物質界に調和しているので、三方良しを表すカードです。占星術の対応は牡牛座第2デカン、主星は月です。

▼ウェイト版

成功による富の分配

　左手で天秤を持った裕福そうな商人は、困窮する人々に金銭を与えています。彼は事業を成功させ富を分け与えており、心の善良さを表しています。天秤は公正さや平等のシンボルですが、ペンタクルスは、左から3・1・2と偏って配置されています。法の下では平等であっても、経済上の格差があると表しています。また、雇用関係を示す場合もあります。

▼トート版

束の間の幸せ　　　　　　　　　　　　　＊タイトル…[成功]

　6つのディスクには、惑星記号が書かれ、六角形に配置されています。中央にあるバラ十字は太陽の象徴で、6つのディスクを照らしています。そしてこのカードは、全体でバラを象っています。対応する占星術の牡牛座の月は高揚の座で、物質的な豊かさを示し、経済的な問題の解決という意味があります。月は変化を表しますので、次の「7」までの一時的な成功です。

読み解きの極意！　**コインの流れは「5」ネガティブ、「6」ポジティブ、「7」ネガティブです。[コインの6]の好機を掴むためには、今すぐ行動することです。**

コインの7

期待した通りの結果が出ない

　「6」で調和を得て新たな成功への一歩を進み出すのですが、「7」ではわずかな利益しか得ることができず、続けていても期待していた成果が実りません。努力が報われずに失望し、意欲を失います。
　「7」には思考というテーマがありますが、分からないからこそ考えるのです。しかし、思ったように物事は進まない様子です。［コインの7］は、見込み利益が予想を反してしまったこと、損失を出すことを暗示しています。

オラクル メッセージ	思うような結果が得られなくても、結果を受け入れ次の手を考えることで、真価を発揮することができます。どんな結果であっても、それは次に進むためのプロセスなのです。

第Ⅱ章 —— 小アルカナ56枚事典

正 落胆　計算違い　報われない結果　夢が持てない

逆 失望　無気力　損害　努力しない

＊リーディング表

ポジション／占目	心理・気持ち	現象（過去・現在・未来）	課題となるもの	アドバイス
恋愛 正	恋愛や相手への情熱が徐々に冷める。	相手への失望。憂鬱な交際。楽しめない恋愛。	交際に対する期待が失望に変わる。	考えても答えが出ないので現状維持がいい。
恋愛 逆	尽くしても報われない思い。別れの予感。	悩みの多い恋。別れることへの不安。	別れ話をすることや別れることが怖い。	悲観せず、シリアスになり過ぎないこと。
仕事・金運 正	成功すると思っていたのに裏切られた。	儲からない投資。労力のわりに利益が少ない。	先見の明がない。努力が台なしになる。	利益が少なくても、誠実な仕事をしよう。
仕事・金運 逆	仕事のやる気が湧いてこない。辞めたい。	働かない。利益の奪取。失業。失敗。金銭の悩み。	つらい状況下でやる気を失ってしまう。	見通しがつかないなら現状維持に努めよう。
健康・その他 正	失敗に対する恐れと不安。余計な心配をする。	望まぬ結果。損をすることになる投資。	先行きの見通しがなく、停滞する。やる気のなさ。	シリアスになり過ぎず、考え過ぎないこと。
健康・その他 逆	仕方ないと諦める。無気力。惨めな気持ち。	悲観的。健康上の問題。意欲低下。不運。	ショックで意気消沈。チャンスをつかめない。	不運だったと諦めて、切り替えること。

ワンモア アドバイス	**コインには金銭と仕事にまつわるテーマがあるので、［コインの7］ の落胆は金銭問題や職業の悩みということになります。**

▼マルセイユ版

一人孤独に仕事を進める

　上から2・1・2・2と、コインが配置されています。この独特の配置は、GD版とトート版にも見られます。これはジオマンシー占いのシンボル・ルベウスと同じ配置で、争いや不和を示します。孤独を示す数字の「7」であることから、孤立した状態での経済活動となります。しかし、経済は循環してこそ安定が得られるので、物事が上手く回りません。

▼GD版

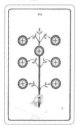

労働に対する利益が少ない　　＊称号…「満たされない成功の主」

　カバラは聖四文字最後の「ヘー」＝地の生命の木の「ネッツァ」に対応。占星術は牡牛座の第3デカン・土星。称号は「満たされない成功の主」です。GD版はこれらの情報を元にカードを描き、意味を持たせています(トート版も同様)。5つのバラはまだ蕾で、地の要素と「ネッツァ」の永遠性が結びつき、苦労のわりに成果が少なく、期待していた結果が得られていません。

▼ウェイト版

金銭に関する思索

　[ペンタクルスの6]は商人や取引を、[7]は農業を示します。杖に寄りかかった男性は、実った作物を見ます。彼の頑張った結果なのですが、浮かない顔をしています。作物の出来がはかばかしくないのかもしれません。ここで、収穫までのサイクルが終わります。実がペンタクルスで描かれており、どこに出荷して作物を売るのか、次のステップを考えています。

▼トート版

夢や理想が欠如し、やる気を失う　　＊タイトル…[失敗]

　「ティフェレット」に対応する「6」の次は7「ネッツァ」ですが、「7」のカードはネガティブな質が現れる傾向があります。ディスクは牡牛座と土星が刻まれた硬貨として描かれ、枯れた植物に抑え込まれています。地のエネルギーの鈍重な雰囲気で、力を失います。クロウリーは悪貨の象徴として、「質の悪い物が蔓延していることを表している」と言っています。

読み解きの極意！

「7」のテーマは理想を求める気持ちを示し、コインは現実を示します。理想と現実のギャップを示すのが[コインの7]で、意味は期待外れです。

コインの8

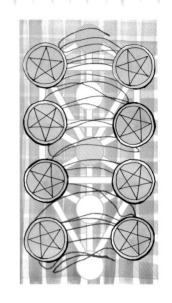

着々と慎重に計画を練る

「8」には、力を得るために努力を続けるという意味があり、コインの示す物質界で、継続することによる安定を示しています。［コインの7］で予想通りの結果が得ることができず、損失を出してしまった失敗を踏まえて、［コインの8］では慎重になり、勉強して技術を高め、貯蓄をし、力を高めていこうとします。

努力のプロセスを表すのが［コインの8］で、その成果は［コインの9］で開花することになります。

オラクルメッセージ 高い山を登る時も、大切なことは一歩前に足を踏み出すこと。その継続が結果となります。今、あなたにできることをやってみましょう。そしてそれを続けていきましょう。

正	慎重	貯蓄		逆	用心深い	欲深い
	技術	勤勉			買いだめ	我慢強さ

＊リーディング表

ポジション占目		心理・気持ち	現象（過去・現在・未来）	課題となるもの	アドバイス
恋愛	正	好きな人への気持ちは、今は潜めておきたい。	恋に慎重になる。結婚の計画を立てる。	慎重になり過ぎて交際や結婚の機会を逃す。	時間をかけて信頼関係を育もう。
	逆	相手への独占欲。ずっと相手を思い続ける。	相手の些細なことが気になる。進まない恋。	関係が成熟するのに時間がかかる。マンネリ。	鉄は熱いうちに打て。慎重過ぎないこと。
仕事・金運	正	コツコツとまじめに働き続けるのが良い。	長期的な計画。安全策を取る。急がば回れ。	観察や考察し、見極めるための知性が必要。	技術力を高め、人材の育成に努めよう。
	逆	失敗しないように慎重に事を進めたい。	時間を稼ぐ。ビジネスチャンスがある。	きっちりしているが、時間がかかり過ぎる。	今は行動に出ない方が良い。結果を待とう。
健康・その他	正	ゆとりを持って物事に対応したい。続けたい。	ゆとりある行動。計画性がある。貯金する。	努力の継続により実力をつける必要がある。	続ければ、ゆっくりでも確実に成長する。
	逆	物事を継続することで気持ちが安定する。	堅実さ。同じものを買いだめし過ぎる。	情報収集と観察力を高めなければならない。	しっかり観察しながら、チャンスを待とう。

ワンモアアドバイス 進捗や状況を見極めながら、自分を信じて努力を続けましょう。今は忍耐力が必要です。未来に結果がもたらされるカードです。

▼マルセイユ版

実力を身につけ安定する

　中央には8枚の花弁の花が咲いて、花と蕾が4つずつあります。コインは4段2列に並び、ジオマンシー占いのシンボル・ポプラスのように配置されています。ポプラスには安定という意味があります。「8」は権力や継続を示す数です。コインの示す物質世界での現実的な力を示します。それは、経験と試練を繰り返し積み重ねて身に付ける力を象徴しています。

▼GD版

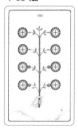

現時点の利益は少ない　　　　　　　　＊称号…「用心の主」

　雲から出た手はバラの枝を掴み、バラの枝の先にコインが左右に4つずつ並んでいます。下の4つにはバラの花が咲き、上の4つは葉だけです。ここでは、目先の利益に囚われ、大きな利益を逃します。努力の継続と慎重さが大切です。カバラは「ヘーのホッド」、占星術も「ホッド」と相性のよい乙女座です。第1デカン・太陽。勤勉さや実際的な技術を示します。

▼ウェイト版

地道な努力の継続

　彫刻家が作品にペンタクルスを刻み、完成した6つが壁に並べられています。彼は集中し作業を続けていますが、ペンタクルスの大きさが不揃いです。それはひとつひとつ手作業であることを示していますが、技術の未熟さを表しています。彼は自分の技術を磨き、努力を積み重ねています。ちなみに、彼は［ペンタクルスの3］で熟練工となっています。

▼トート版

将来的な実りを待つ　　　　　　　　　＊タイトル…［用心］

　肥沃な大地に真っすぐ伸びる幹から、左右に4つずつ紅色の花が咲いています。花は葉に包まれ守られて、内気なイメージと受動的な性質を有し、慎重という意味があります。背景の明るいオレンジ色や緑の大地に活力が感じられ、農業を象徴しています。ディスクの8では花となりましたが、実りや収穫はこれからです。実りの時を待つ必要があります。

読み解きの極意！　地道な努力をするという意味がありますが、このカードではその成果を得ることはできません。継続しながら成功の時を待ちましょう。

コインの9

物質的に満たされた幸せ

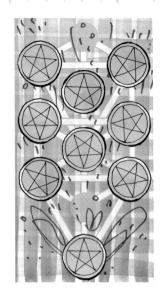

　[コインの8]で努力を続けた結果、[コインの9]では利益を得ることができます。物質的にも金銭的にも、潤い恵まれた状態です。それによって心の余裕や穏やかさを生み出し、他人からも慕われます。

　「9」は、物事をすべて受け入れることができる数。[コインの9]の利益は、自分の力で行動して獲得したものだけでなく、資産などすでにあるものや、人から与えてもらったものを受け取ることによって得ることができる場合もあります。

オラクル メッセージ	今まで自分が頑張ってきたことに意識を向けてください。結果を受け入れ感謝することで、豊かさを味わうことができます。頑張って成功を得た自分に誇りを持ちましょう。

第Ⅱ章 —— 小アルカナ56枚事典

正	満足	好評
	利益の増加	享受

逆	金銭への執着	貪欲
	不正による利益	即物的

*リーディング表

ポジション 占目		心理・気持ち	現象（過去・現在・未来）	課題となるもの	アドバイス
恋愛	正	満たされて幸せな気分。相手の愛を受け入れる。	幸せな恋愛。恋が実る。結婚につながる恋愛。	経済力や経済の安定により恋愛が上手くいく。	安心できて心が満たされる恋愛ができそう。
	逆	親切にするのが当然だと思う。愛よりお金。	打算的な関係。お金目当ての交際。結婚詐欺。	お金で愛を買う。交際にお金がかかる。	愛情表現にお金をかけ過ぎないこと。
仕事・金運	正	努力が実って、良い結果を得た喜び。	職場に満足。利益向上。経営状態が良好。	利益を得るために、問題行動も正当化する。	頑張ったなら、結果を受け入れよう。
	逆	もっと利益が欲しい。お金や利益が最優先。	実利を優先し過ぎる。売上額にこだわる。	利益を得るために手段を選ばない。守銭奴。	結果と同時に頑張ったことを評価しよう。
健康・その他	正	物事に積極的。金銭的に満足して心も穏やか。	財産相続。収入増加。物質的に恵まれている。	状況を受け入れることでやってくる幸運。	出来事を受け入れることで成功する。
	逆	欲しいものを手にするために手段を選ばない。	金の切れ目が縁の切れ目。独自の生活スタイル。	満足しても、足りない。もっと欲しくなる。	物質利益よりも、冷静に今を受け入れよう。

ワンモア アドバイス	物質的な成功を示すカード。それは[コインの8]での努力の継続で得られた結果でもあるので、その恩恵を受け取ることが大切です。

▼マルセイユ版

利益の獲得

　左右に４つのコインが並び、中央にもひとつコインがあります。上下にある花は、中心から赤と青の色彩が反転しています。天であるものと地であるものが交わっているかのようです。「９」は個人的達成を象徴する数で、コインのスートであることから、理想が実現します。金銭を示すスートなので、利益や資産が個人にとどまりまだ周りにはもたらされていません。

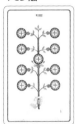

▼GD版

財産の相続　　　　　　　　　　　　　　　＊称号…「物質的利益の主」

　雲から伸びる手はバラの枝を持ち、左右に広がる枝にはそれぞれ４つずつペンタクルスがあって、バラの花が咲いています。中央にひとつあるペンタクルスにはバラの花と２つの蕾があります。収入の増加や、物資的利益の完璧な実現を表しています。蕾は次のステップを表しています。カバラの対応は「ヘーのイエソド」。占星術は乙女座第２デカン・金星。

▼ウェイト版

安定した成功による豊かさ

　たわわに実ったブドウに囲まれて、ドレスを纏った女性が自由の象徴である小鳥を手にのせています。右手はペンタクルスに触れ、彼女の所有であることを示し、物質的な豊かさを表しています。[カップの９]が男性の成功者で他者への優越感が描かれているのに対し、[ペンタクルスの９]は女性で周囲にも潤沢さをもたらし、成功を共有しています。

▼トート版

物質的な幸運　　　　　　　　　　　　　　　　＊タイトル…[獲得]

　[イエソド]に対応する[ディスクの９]は、地のエネルギーの物質化を示し、６つの硬貨となっています。上向きの正三角形状に、土星・木星・火星。下向きの正三角形状に月・水星・金星が描かれています。中央にある３つのディスクは太陽を象徴し、「９」の充実したエネルギーを放っています。背景は、「マルクート」に対応する３つの色彩で彩られています。

読み解き
の極意！

[コインの９]も[10]も物質界における成功や繁栄を示しますが、[９]の方が「個人的な努力による達成」という意味が強くなります。

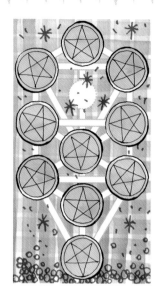

コインの 10

物質的な成功の頂点

　[コインの10] は、物質世界の極みである、経済的な成功の頂点です。手に入れたいものをすべて手に入れた状態なので、これ以上の発展や進歩は望めません。「10」は、1の位が0＝何かを手放して、10の位が1＝新しいことを始める時です。

　富の保有を表す [コインの10] には、蓄えた財産の豊かさをどのように使うかは示されていません。富の保有という価値は次第に失われて、徐々に無気力になっていきます。

オラクル
メッセージ　目的が達成した充足感と穏やかな時間を味わいましょう。しかしその状態が長く続くと幸せは色褪せていきます。物質的な満足感は一時的なので、精神的な充実感に意識を向けましょう。

正		逆	
経済的繁栄	蓄財	金銭感覚のマヒ	老化
成功の頂点	裕福	停滞	失われつつある富

＊リーディング表

ポジション占目		心理・気持ち	現象（過去・現在・未来）	課題となるもの	アドバイス
恋愛	正	安心できる相手。贅沢なデートを楽しみたい。	ラグジュアリーでセレブなデート。結婚に吉。	安定しているので現状より進展しにくい。	心が満たされる交際ができる。楽しもう。
	逆	結婚を考えると親との信頼関係や家柄が大切。	家と家との結婚。経済観念が合わない相手。	経済観念が一致していないと交際が難しい。	結婚は家族や家柄の影響を受けそう。
仕事・金運	正	商談や取引、交渉の才能がある。達成感。	大きな利益を得る。投資の才能。目標達成。	現時点が成功の頂点。今以上の進歩はない。	交渉の才能を活かした仕事をしよう。
	逆	目標を達成し、仕事の意欲が薄れている。	現状以上の進展はない。才能を活かせない。	次の投資を考えないと富は次第に失われる。	成功体験に執着し過ぎないで、次に進もう。
健康・その他	正	心も体もリラックスでき、満足している。	資産家。家族への気配り。伝統を継ぐ。	今が頂点なので、これから衰えていく。	成功を十分に楽しんだら、次の目標を持とう。
	逆	物事に対して徐々に意欲がなくなっている。	宝の持ち腐れ。パトロンになる。パトロンを得る。	不活発な状態が続き、力を徐々に失っていく。	お金を有効に使えば新たな価値が生まれる。

ワンモア
アドバイス　**富や蓄財を示すカードですが、現状を維持することには怠惰で、財は次第に失われ無気力へと陥ります。次の投資を考えましょう。**

*デッキごとの意味

▼マルセイユ版

目的を達成し、完了する

　左右にコインが4つずつ並んでいて中央に花があり、その上下にコインがひとつずつあります。「10」は、サイクルの完了と新しいサイクルへの準備を示します。コインは物質や金銭のスートなので、目的達成や金銭に関する活動の終了を示します。結果として大きな利益を得ましたが、経済は循環してこそ価値が生じます。次の目的へ進むことを示唆しています。

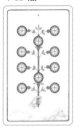

▼GD版

商才による物質的利益と蓄財　　　　　　　　　　*称号…「富の主」

　雲から差し出されたバラの枝には、左右に4つ、中央に2つのペンタクルスがあります。すべての枝に10個のバラの花が咲いていますが、蕾はありません。財産と富を象徴していて、成功の頂点にあると言えますが、その先がないのです。富は次第に失われてゆくでしょう。カバラの対応は「ヘーのマルクート」。占星術の対応は乙女座の第3デカン、主星・水星に対応。

▼ウェイト版

家族の幸せ

　館と領土に続く門の下に話をしている夫婦、子どももいます。その様子を、豪華な衣装を身に着けた老人が見守っています。ペンタクルスは、生命の木の形に配置されています。老人の傍らには2匹の犬が寄り添い、三世代の家族の人々の幸せな暮らしが描かれ、富や平安が表れています。このカードには、年老いた人や伝統、家族の気配りという意味があります。

▼トート版

物質的幸運の極み　　　　　　　　　　　　　　*タイトル…[富]

　タイトルは[富]。ディスクの性質は回転し上昇するものでしたが、このカードではディスクは硬貨となり、生命の木の形に並んでいます。「マルクート」の硬貨は大きく描かれ、最も次元が低いエネルギーの状態です。40枚の数札のプロセスの終わりです。乙女座の水星は、商才を示します。貯蓄したお金を留めるのではなく、使い道を考えると良いでしょう。

読み解きの極意！　[コインの10]には、物質界の達成という意味があります。占いの相談が何であれ、金銭や場所などの影響で成功していることを示します。

第Ⅱ章 —— 小アルカナ56枚事典

203

コインのペイジ

創造して育む力を持つ

ペイジは見習いという立場なので、一般的なタロットでは立ち姿で描かれています。これは、地に足を着けて行動することを示します。

[コインのペイジ] は、より現実的な状況に対応する動きを着々と実行しているのです。また、下積み生活をしているので、勤勉さがあり、努力家でなければならないでしょう。日々、前へと進みながらも、なかなか自信が持てず、弱気なところもあります。

オラクル メッセージ	自分の目標を持ったら、その実現のためによく考えて実行プランを練りましょう。そして、それを実行しましょう。あなたは、自分の望んだことを実現する力を持っています。

正	逆
勤勉　　親切 成長を待つ　　律儀	消費　　遊び好き 打算的　　停滞

＊リーディング表

ポジション 占目		心理・気持ち	現象（過去・現在・未来）	課題となるもの	アドバイス
恋愛	正	ゆっくりと確実に愛を育み進めていきたい。	信頼関係を育みながらつき合う。官能的恋愛。	情が深いが、相手への独占欲が強い。	ゆっくりと進展する恋のプロセスを楽しもう。
	逆	好きな人にもっと逢いたい。セックスしたい。	相手に執着心を持つ。相手を待つ、待たせる。	享楽的。浪費とセックスに溺れやすい。	肉体関係よりも信頼関係を育てよう。
仕事・金運	正	一つ一つの仕事を丁寧に誠実に行いたい。	注意深く仕事を進める。勤労。利益を守る。	結果や利益に執着する。まだまだ成長が必要。	一つ一つの仕事を確実にできるようになろう。
	逆	楽して儲かる仕事がしたい。面倒くさい。	計算高い。仕事をさぼる。不真面目。不謹慎。	楽な方に流されて、努力の継続ができない。	今の努力が将来の自分の力になるはず。
健康・その他	正	自然体でリラックスしている。寛大な心。	努力家。自然を愛する。目標を持つ。見守る。	丁寧だが、一度にたくさんの処理ができない。	今を味わいながらゆっくり成長していこう。
	逆	楽しいこと、刺激的なことがあれば良い。	贅沢。不摂生。目の前の現実にとらわれる。	痛い目に合わないと行動を変えない。	損得勘定での行動は、成長に限界がある。

ワンモア アドバイス	今の努力は、将来報われる予感を示します。ただし、努力しても望む結果を得られるとは限りません。努力を楽しむことが大切です。

▼マルセイユ版

地に足を着け、準備を進める

　大きな帽子を被ったペイジは、足を大きく左右に開いてしっかりと大地に立っています。彼はコインを下から掲げるように右手で持ち、それを見ています。さらに、足元にもコインがあります。この２つのコインは、天と地を表しています。天のエネルギーが地で形となり、この地上を豊かにしたことを表しています。夢を実現するための努力が実を結ぶのです。

▼GD版

優しく慈悲深く　　＊プリンセス　＊称号…「こだまする丘の王女」「地の宮殿のハラ」

　花咲く丘の草原でノームの王女にして女帝であるプリンセスがペンタクルスと円盤のついた笏を持ちます。彼女はギリシア神話の女神ヘラ、ペルセポネ、ローマ神話の地母神セレスを暗示し、情け深いです。牡羊の紋章のベルトを着け、慈愛と勇気があり、勤勉で忍耐強くもあります。エレメントは地の中の地。占星術は牡羊座・牡牛座・双子座に対応。

▼ウェイト版

物事に没頭する勉強好きな若者

　若者が、手の上にペンタクルスを掲げて微笑んでいます。彼は草原や木立、山や畑など、のどかで美しい風景の中にいますが、歩きながらペンタクルスに見入ってしまい、周りの美しい景色には気づかないようです。物事に集中しながら熟考し、歩みを進めています。持っているものをこれからどう使おうか、思案しているのかもしれません。

▼トート版

寛大な生命の保護者　　　　　　　　　　　　　　　＊プリンセス

　牡羊の頭部と大きな角を頭に戴いたプリンスは、「ケテル」を象徴するダイヤモンドのついた笏を大地「マルクート」に突き刺し、木立の中で佇んでいます。彼が左手に持つ太極図が描かれたディスクは、地の生み出す力を表しています。祭壇には束ねた麦の穂が彫刻されています。地上は[ディスクのAce]と共にヨーロッパとアフリカ大陸を支配。易は艮為山（ごんいさん）。

読み解きの極意！　[コインのペイジ]の対応は、地の中の地で、計画に基づいた具体的な行動を示します。ペイジは若者なので体験を通して成長することが必要です。

コインのナイト

状況をしっかり把握して行動する

　馬が他のナイトよりも屈強に描かれており、戦車を引く牛も力強さを感じます。［コインのナイト］は、たくましく頼もしい男性です。ペイジという立場を経てナイトという地位に至るのですが、それはさまざまな経験を経て成長した若い男性を示します。そして、これからもさらに経験を続け、自己を成長させます。

　彼は、起こった出来事を感情的に捉えず、常に冷静に受けとめ、粘り強く対処していきます。

オラクル　メッセージ　どんな大きな目標でも、日々の努力の積み重ねで成すことができます。急がば回れ。自分のペースで確実に事を進めてください。あなたには成し遂げるための才能と力があります。

正	有能 実際的	我慢強い 冷静沈着

逆	唯物的 愚鈍	鈍感 非情緒的

＊リーディング表

ポジション 占目		心理・気持ち	現象（過去・現在・未来）	課題となるもの	アドバイス
恋愛	正	相手の同意に基づいて恋愛を進めたい。	片思い。交際継続。官能的な恋への憧れ。	ロマンチックなムードが乏しく現実的過ぎる。	信頼を得ているので恋愛を進めていけそう。
	逆	相手の心が理解できない。愛情表現が困難。	上手くリードできない。ムードのないデート。	スキンシップが大事なので遠距離恋愛は無理。	デートを楽しむためにムードを大切にしよう。
仕事・金運	正	どんどん仕事を拡大させていきたい。	目標達成に向け努力する。金融関係の仕事。	努力家で勉強家だが、社交的ではない。	人間関係を作りながら仕事を進めよう。
	逆	苦手なことはしたくない。経験を積みたい。	進捗が遅い。マルチタスクで働けない。	ひとつのことに粘り強いが、要領が悪い。	自分の能力を信じて、努力を続けよう。
健康・その他	正	成功することだけをしたい。思慮深い。	信頼できる人。マイペース。体験したい。	想像力が乏しいので未体験のことは苦手。	体験を通して学ぶ。失敗を恐れないこと。
	逆	自分の世界を邪魔されたくない。	物質主義。頑固。興味のないことに鈍感。	穏やかな性格だが、怒りだすと激しい。	唯物的にならず、精神的なことに関心を持とう。

ワンモア　アドバイス　　［コインのナイト］は、ひとつの場所や会社に愛着を持ち、そこに長くとどまって長く勤め、自分の世界を築くことで成功します。

▼マルセイユ版

目的達成に向かう情熱を持ち進む

　マルセイユ版では、16枚の宮廷札の中で［コインのナイト］のみ右向きです。右は一般的に未来を示す方向で、コインは右側に宙に浮いたように描かれています。彼は今ではなく、到達する目的地や未来で利益を手にしようとしています。右手には火のエレメントを象徴する杖を持っているので、そのゴールに向かっていく情熱を内側に秘めています。

▼GD版

実践し利益を増加する　　　＊プリンス　＊称号…「地の戦車の王子」

　ノームの王子にして皇帝、地の戦車の王子が、牡牛に引かれる戦車で花咲く草原を進みます。積み重ねた経験により物事が好転し、物心ともに充実していきます。右手の笏には円形に十字があり、大いなる業の成就を示します。左手には十字を下向きに持っています。エレメントの対応は地の中の風。占星術は牡羊座の第3デカンから牡牛座の第2デカンに対応。

▼ウェイト版

結果を見据えて堅実な行動を取る

　ウェイト版の他の宮廷札ではペンタクルスをのぞき込んでいますが、ナイトは右手にペンタクルスを乗せて行く先を見ています。重量感のある黒い馬に乗っていて、彼の地に足の着いた堅実な性質を表していますが、足取りが重いとも言えます。背景の耕された土地は、資産の運用を示しています。経済的、物質的繁栄を重んじる人物を示します。

▼トート版

安定感があり力強く慎重にことを進める　　　＊プリンス

　トート版のプリンスの多くがほとんど鎧をまとっていないのは、若い男性の率直な質を表しているからです。地のエレメントを象徴する牡羊の冠を被り、右手に笏を、左手に地球のような形のディスクを持っています。彼は忍耐強く安定した感情の持ち主で誠実な人物ですが、非情緒的で精神的なものを嫌います。易は風山漸（ふうざんぜん）に対応。

読み解きの極意！　粘り強く、確実に結果を出すことを大事に。そのため、自分の専門分野でないことにはリスクを伴うので、手を広げないことです。

コインのクィーン

母なる大地の豊かさと安定

　クィーンは、キングの指示や力を受け取り、より良い方法を模索して計画を立てます。ペイジやナイトとは違い、彼女は座っています。何らかの行動を起こすというよりは、とどまって考えます。

　［コインのクィーン］は、地上の世界における自然の生と死のサイクルを司る母なる大地のエネルギーです。自然界のサイクルを理解し、それに従って生きるための知恵と忍耐力を持ち、育む母性を表現します。

オラクル メッセージ	あなたには物事を秩序立てて管理して整える力があります。自分の環境を整え、心地良い環境で過ごすように心掛けてください。そうすればもっとあなたの力が発揮されるでしょう。

正		逆	
教養ある女性	堅実	臆病	気分屋
妊娠	包容力	愚か	メランコリック

＊リーディング表

ポジション 占目	心理・気持ち	現象（過去・現在・未来）	課題となるもの	アドバイス
恋愛 正	結婚前提で交際したい。安定した深い愛情。	安定した交際。家庭的な女性。結婚を考える。	愛情深いが、内向的で本心を表現しにくい。	結婚をして家庭を持つことを考えよう。
恋愛 逆	自分の気持ちを上手く伝えられない。	進展しない恋。片思い。出会いがない。	忍耐強いので、我慢してつき合っている。	気持ちを言葉に出して信頼関係を高めよう。
仕事・金運 正	経済的にも精神的にも安定して仕事ができる。	仕事の計画を立てる。不労所得。管理職。	安定させることができても改革できない。	利益を上げるための具体的な計画を立てよう。
仕事・金運 逆	もっと努力や勉強が必要。しんどい仕事。	ルーティンワーク。責任のある仕事。	安定した仕事に飽きる。マイペース。	自信を持って何かを決定することが重要。
健康・その他 正	自然体でリラックスできている。穏やかな心。	専業主婦。知的。忍耐力がある。内向的。	五感的な充実感が価値判断に強く影響する。	状況を受け入れ改善するように工夫しよう。
健康・その他 逆	メランコリック。気分屋。決定力がない。	臆病。内気。気まぐれで変化が激しい。退屈。	臆病で問題があっても現状を変えられない。	問題があるならひとりで抱えこまない。

ワンモア アドバイス	現実世界を生きるキャリアウーマンであり、家庭的な女性を表します。状況を受容し、女性の感性を大切にして生きるカードです。

▼マルセイユ版

秩序の安定を好む保守的な女性

　右手にコインを持ち、左側を向いた横顔で描かれています。左側は内向性や過去を示し、クィーンは受容力を持っていますが、心を開きつつも保守的な質も示されています。彼女は芯が強くルールを重んじる女性で、マルセイユ版のクィーンの中では見た目の華やかさはありません。左手で持つ笏の先端は花や実を示し、物質的な豊かさを象徴しています。

▼GD版

メランコリックな女性　　　　　　　＊称号…「地の座の女王」

　彼女は地の座の女王、ノームの女王です。右手に立方体のついた笏を、左手には十字のついた玉を持っています。傍らには地のエレメントを象徴する山羊がいて、彼女の胸にも翼のある山羊の頭の紋章があります。彼女には臆病な面がありますが、優しく心が広く教養があります。射手座の第3デカンから山羊座第2デカンに対応。エレメントは地の中の水に対応。

▼ウェイト版

財力があり常識と分別を備えた女性

　ウェイト版ではナイトは男性性をクィーンは女性性を象徴し、各スート4枚のクィーンはそれぞれ女性の在り方や生き方を示します。ペンタクルスでは妊娠している女性を象徴し、大地の豊かさを表し、蓄財の力があります。うつむき加減の姿勢は彼女の内向的な性質を表し、膝の上に抱えたペンタクルスを見つめる姿は深い学識を持っていることを表します。

▼トート版

穏やかで愛情深い女性

　大きな山羊の角のついた冠を被り、植物の葉でできた玉座に座って、砂漠に肥沃さをもたらす川を見つめています。右手の笏の立方体の中に、六芒星が見えます。左手のディスクにはたくさんの輪が交差しています。山羊は玉の上に乗り、大いなる業の達成を暗示しています。エレメントの対応が地の水であるように、大地に潤いを与えます。易は沢山咸（たくざんかん）。

第Ⅱ章 ─ 小アルカナ56枚事典

読み解きの極意！

　クィーンに限らず、コインの宮廷札は安定や実りに関心が向きます。愛情深いのですが、情緒的な豊かさより物質的な豊かさが重視されます。

コインのキング

地道な努力で着実に成功する

　キングは、一国一城の主です。各スートの示す分野で、権威や権力と自信を持って存在するので、[コインのキング]は物質界の王ということになり、主に経済を支配します。

　彼は、資産家でありビジネスマンで、金銭的な利益を上げる力を持っています。粘り強く、地道な努力により成功を掴みます。コインは地のエレメントに対応するので、不動産や農業など、土地に関するテーマを持っています。

オラクル
メッセージ　努力の結果を受け取ることができます。今まで頑張ってきた自分を褒めましょう。そして得たものに感謝して他者と共に使うことでさらに発展して富が増し、さらに豊かになります。

	正		逆	
実業家		経済力	要領が悪い	独創性に欠ける
豊富		着実	嫉妬深い	機転が利かない

＊リーディング表

ポジション／占目		心理・気持ち	現象（過去・現在・未来）	課題となるもの	アドバイス
恋愛	正	結婚など未来を考えて交際したい。	経済的に安定した人との交際や結婚。玉の輿。	経済力さえあればどうにかなると思っている。	年上の男性に縁あり。結婚前提に交際しよう。
	逆	物を手に入れるように、相手も手に入ると思う。	相手に対する執着心と独占欲。嫉妬心。	マンネリの関係を続ける。嫉妬心が強い。	これ以上相手に執着しても上手くいかない。
仕事・金運	正	自分の知識やビジネスセンスを信頼している。	ビジネスの成功。農業。不動産業。金融業。	自分のやり方への自信が考えを狭める。	経験と実績で信頼される。成功は確実。
	逆	自分の方法を過信する。要領を掴めない。	妥協できず、交渉が難航する。忍耐が必要。	物質主義的で、所有こそが成功の証と考える。	方針転換の必要があれば早めに検討しよう。
健康・その他	正	地道な努力を続けた揺るがない自信がある。	豊かな資産。現実的。収集。物の価値を知る。	経験から物事を考察するのでやり方が古い。	実績を活かしてもっと大きな舞台に出よう。
	逆	今までの実績と信頼があるのでやめられない。	運動不足。過食。頑固。所有欲。物質主義。	小回りが利かない。スピード感がない。	こだわりを捨てると、人生が楽になる。

ワンモア
アドバイス　**物質界の王であるキングは、物質主義で精神を重視しません。金銭や所有物など、現実に触れるものや結果を大切にします。**

▼マルセイユ版

高度に発達した経済観念

　マルセイユ版の他の宮廷札ではコインは顔の高さにあり、人物はそれを見ていますが、このカードのコインは膝の上で、顔は右を向いています。未来を示す右側を見ていることから、彼は所有している富の使い道を考えています。組んだ足は、財産を示す木星記号の形です。彼は経済に振り回されず、手段として用いています。実業家としての成功を意味します。

▼GD版

KING OF PENTACLES

現実的で実際的な実業家　＊称号…「荒野と豊かな地の主」「地の霊の王」

　GD版とトート版では、キング＝ヨッド、クィーン＝ヘー、プリンス＝ヴァブ、プリンセス＝ヘーと聖四文字に対応し、聖なる力を有します。称号は「地の霊の王」であり「荒野と豊かな地の主」。地上を開拓し、実りを得ます。確実な成功という意味があり、物質主義者で貪欲です。エレメントは地の中の火。占星術は獅子座第3デカンから乙女座第2デカンに対応。

▼ウェイト版

KING of PENTACLES.

実践する知恵と勇気を持ち、成功する

　人間の性質や物質界の四大要素は五芒星に支配されるという思想から、ウェイトはコインにペンタクルスを刻みました。[ペンタクルスのキング]の玉座には牡牛の彫刻があり、服は豊穣を示すブドウの柄です。物質界の王で左足で精霊を支配し、大地の王であるのですが、ペンタクルスを眺める顔は暗く、表情が少しうつろで無気力です。

▼トート版

Knight of Disks

勤勉勤労、慎重で我慢強い　　　　　　　　　　　＊ナイト

　牡鹿の頭の兜、黒い鎧は堅固です。彼の体型は背が低く、がっちりとしています。馬の四肢は太く、しっかりと大地に立っています。右手に殻竿、左手には盾になったディスクを持っています。戦う様子はなく、穀物が実る大地の中にいて収穫を示しています。農業や大地に関する仕事において、地道な努力で成功を収めます。易は雷山小過（らいざんしょうか）。

読み解きの極意！　**各キングは強い力を持つので、上手く力が働かないと破壊的になります。[コインのキング]は時に貪欲で嫉妬深くなるので注意が必要です。**

第Ⅲ章

スプレッドを
マスターする
コツ

この章では、吉田ルナ・片岡れいこオリジナルの、「ラブアンドライトタロット」を使用します。

大アルカナ 22 枚

小アルカナ 56 枚

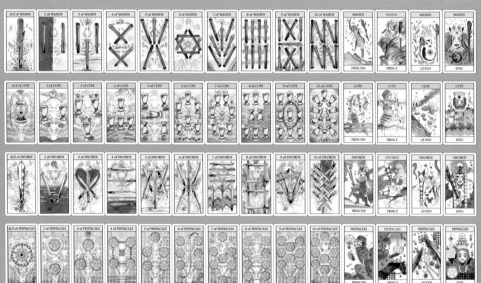

※ペイジ→プリンセス、ナイト→プリンスとし、宮廷札の男女比を同じにしています。

第Ⅰ・Ⅱ章では、カードの意味を４大デッキとともに解説しました。それらを踏まえれば、お手持ちのどのデッキでも実践的な占いが行えますので、その例として本章では、オリジナルの「ラブアンドライトタロット」を使って解説します。

リーディングのコツを３ステップに分け、それぞれ代表的なスプレッドと、それに合った占目を使用して解説していきます。まずはタロット占いの心得として、下記の準備を整えてから始めましょう。

✳ 成功するタロット占いの手順と浄化 ✳

▶占う前に道具を整えます。
タロット占い用のクロスは、麻や絹などの天然素材で滑りの良いものを選びましょう。

▶タロットカードは事前にチューニングしておきます。
カードを入手したら、すべてのカードに触れ、並べて目を通し、自分がマスターだと伝えます。以降は、定期的にすべてのカードに触れながら順番に並べるだけでOKです。

▶エネルギーを整えます。
お香などを使って場を浄化し、クロスの上にデッキを置きます。静かに瞑想し、想念を手放すと共に集中力を高めます。エネルギーが整ったら、占いが始められるよう心を鎮めます。

▶占目を宣言します。
相談内容を聞き、占目を決定したのち、天に占目を宣言します。

▶心を無にして、シャッフル＆レイアウトします。
クロス上でカードを右回りにシャッフルし、ひとつにまとめてリズミカルにカットしながら、心を整え、カードを揃えて中央に置きます。カードの山（パイル）を、左手で一度切ります。対面占いの場合は、相談者にもパイルを左手で切ってもらい、占者の元へ反転して戻し、カードの天地が変わらないようにオープン、レイアウトします。

▶占い終了後の作業。
すべてのカードを伏せて左回りにシャッフルし、カードに残るエネルギーを浄化します。終了したら、タロットボックスやポーチなどに入れて保管します。家の中で最も神聖な場所や、むやみに他人に触れられない場所で保管するのが良いでしょう。

※既刊の『もっと本格的に人を占う！究極のタロット新版』『この一冊で本格的にできる！タロット占いの基本新版』で詳しく解説しています。

絵からストーリーを作り
正逆にとらわれ過ぎずに読む

　スプレッドを読む基本は、カードの正位置・逆位置にとらわれ過ぎず、展開された絵にストーリーをつける要領で意味づけをしていきます。この創造的な作業を通じて、直感が働き、良いリーディングにつながります。

相談例: 最近、出会って親しくなった男性がいます。彼は私のことをどう思っていますか？　恋愛に発展する可能性はありますか？　（24歳♀会社員）

＊　展開例　＊

②自分の気持ち
［ワンドの7］

④過去
［女教皇］

①現在
［正義・逆］

⑤未来
［ワンドのペイジ・逆］
※

③相手の気持ち
［カップの5］

※表示の「ラブアンドライトタロット」は、ペイジ→プリンセスです。

第Ⅲ章
スプレッドをマスターするコツ

ステップ1

＊少ない枚数で運命を読む、基本のクロススプレッド＊

５枚というシンプルな枚数で、運勢の特徴を簡単に読みながら心の状態を知ることができる基本的なスプレッドです。相性占い以外にも、ポジションの意味を「顕在意識・潜在意識」と変えて、深層心理を読むことができます。運命は意志と想像力が作り出すものなので、心の状態を知ることで未来をつかみ、変えることができます。

①現在…現在の運勢。一般的に現時点から前後１ヵ月くらいの期間。

②自分の気持ち（顕在意識）…自分が強く意識していること、願望や怖れ。

③相手の気持ち（潜在意識）…相手が自分をどう思っているか（心の状態）。

④過去…現在に影響を及ぼしている過去の出来事や体験。

⑤未来…一般的には３〜６ヵ月先くらいの未来の運勢が現れます。

☞各カード一覧表から読むコツ：④**過去**［女教皇］＝恋愛に対して自信がなく、なかなか行動できない。①**現在**［正義・逆］＝けんかになるほどではないが、相手との意見の相違がある。⑤**未来**［ワンドのペイジ・逆］＝感情的になると、関係が壊れやすくなる。

☞このリーディングのポイント：①**現在**［正義・逆］、⑤**未来**［ワンドのペイジ・逆］で、２人の交際は上手くいかない、と読むことも可能ですが、［ワンドのペイジ］自体は魅力的な性格なので、その個性が発揮できていない、と読むと良いでしょう。④**過去**［女教皇］＝内向的な性格で、①**現在**［正義・逆］＝距離を上手く計れず、⑤**未来**［ワンドのペイジ・逆］＝恋が楽しめない…と、絵本を完成させるように物語をつけましょう。

リーディング例：相手への情熱を、恋を楽しむエネルギーに変えて！

　過去のあなたは恋に自信がなく、消極的なところがありましたが、この恋では情熱的になっていて、彼をリードしたいと思っています。しかし、彼との意見の違いを感じていて、距離ができてしまいました。相手は、あなたと意見が合わないというよりも、関係が気まずくなったことに対して後悔ばかりでどうしたら良いか分からないようです。お互いに感情的にならず、恋を楽しむことを大切にしましょう。

リーディングテクニック　逆位置のカードは、自分の心理や運勢を確認し、意識することで正位置の現象が現れます。正逆にとらわれ過ぎず、相談者と占者にとって創造的で愛のあるリーディングを心がけましょう。

全体のバランスから
イメージをつかむ

　ポジションの意味を順番に読む前に、並べられたカード全体の状態から
イメージをつかむことが大切です。ポジションを超えたところにあるメタ
メッセージに気づくことができるでしょう。

相談例：大学受験ですが、Aは偏差値が高く合格が難しい、Bは合格圏内だが
自宅から通えない。どちらを受験した方が良いですか？（18歳♂高校生）

＊　展開例　＊

④Aの遠い将来
　（入学後）
　［コインの3・逆］
　※

⑤Bの遠い将来
　（入学後）
　［ワンドの3・逆］

②Aの近い将来（合否）
　［カップの9］

③Bの近い将来（合否）
　［悪魔・逆］

①現在
　［コインの10・逆］
　※

※表示の「ラブアンドライトタロット」は、コイン→ペンタクルスです。

ステップ2

第Ⅲ章

スプレッドをマスターするコツ

＊人生の選択におすすめ、二者択一のスプレッド ＊

選択したいことを明確にしたら、レイアウト前に選択のAとBをそれぞれ設定して占います。例えば、左側を「選択A／Yes／○○する場合」、右側を「選択B／No／○○しない場合」などとポジションを設定します。また、「近い将来」や「遠い将来」で知りたいことを細かく設定することで、選択をサポートすることができます。

①現在…現在の状況や、心理状態が現れます。

②Aの近い将来…比較的近い将来など、設定したことの状況が現れます。

③Bの近い将来…比較的近い将来など、設定したことの状況が現れます。

④Aの遠い将来…遠い将来や結果など、設定したことの答えが出ます。

⑤Bの遠い将来…遠い将来や結果など、設定したことの答えが出ます。

☞各カード一覧表から読むコツ：**③Bの近い将来**［悪魔・逆］＝自分の力ではどうしようもない、となるので、不合格というよりも経済的に受験を諦める可能性がある。**②Aの近い将来**［カップの9］＝目標達成とあるので、合格の暗示が出ている。

☞このリーディングのポイント：まず全体像をつかみます。大アルカナ1枚、宮廷札0枚。ワンド1枚、カップ1枚、ソード0枚、コイン2枚。正1枚、逆4枚。数「3」が2枚。逆位置が多いことから、進学への不安が現れています。コイン2枚は経済的な心配を暗示。**③Bの近い将来**［悪魔・逆］は困難さを表しています。仮にBに合格しても、④［コインの3・逆］⑤［ワンドの3・逆］と、遠い将来は共に小アルカナの3なので、どちらを選択しても運命は大きく変わらないと読みましょう。

リーディング例：A大学に合格するための、努力と意欲を高めよう！

現在、受験に関する心配から不活発な状態が続き、やる気を徐々に失っています。それは、経済的な問題にも関係しているようです。しかし、難しいと思っているA大学に、努力した結果が表れ合格するという暗示が出ています。今は不安に感じていますが、どちらの大学でも入学後は楽しい学校生活が待っているようです。A大学は、知識や技術の取得などには努力が必要ですが、仲間と協力して良い研究ができそうです。

リーディングテクニック

大アルカナは運命の軸となるので、二者択一のスプレッドでは、運命は大アルカナの方に流れます。しかし、［悪魔］は悪札で、［カップの9］は願望実現を意味しますから、結果的には選択Aをすすめます。

ポジションに
優先順位をつけて読む

　相談に応じて、占う前にどのポジションが重要なのかをチェックします。レイアウト後は優先順位をつけ、全体の核となるカードを見つけます。いかなる時も大アルカナが軸になり、次に宮廷札、Ace の順で重要視します。

相談例：職場の人間関係が合わず、転職も考えているのですが、リスクもあり、本当は辞めたくありません。仕事運を見てください。（40代♀会社員）

第Ⅲ章 ─── スプレッドをマスターするコツ

＊　展開例　＊

①過去
[世界]

⑥本心
[吊られた男]

⑤周囲の影響
[ソードの8・逆]

⑦最終結果
[ワンドの5]

③近い将来
[コインのキング・逆]

②現在
[ワンドのキング]

④対策
[ソードのナイト]
※

※表示の「ラブアンドライトタロット」は、ナイト→プリンスです。

＊相性占いにも活用できる、ヘキサグラムスプレッド ＊

魔術的な要素が高く、自分の心に影響する運勢の流れを読みながら、最終結果の良し悪しに関わらず、具体的な対策を高次から得ることができます。
⑤⑥の意味を「相手と自分の気持ち」に変えることで、相性占いも可能です。

①過去…過去の大きな出来事。もしくは、数ヵ月前の過去の状態。
②現在…１ヵ月前後の運勢。期間は占う内容によって変わります。
③未来…３ヵ月先から半年先くらいを示します。
④対策…問題解決や成功のための秘訣やヒントを得ます。
⑤周囲の影響(相手の気持ち)…環境や人間関係からの影響を示します。
⑥本心(自分の気持ち)…自分の心理状態を知り、意志の力や想像力を高めます。
⑦最終結果…遠い未来や最終的な結果を示します。

☞各カード一覧表から読むコツ：⑤周囲の影響 ［ソードの８・逆］＝妨害や圧力があることへの疲れと怒り。⑥本心 ［吊られた男］＝仕事を辞めたくても辞められない。与えられた仕事はこなしたい。①過去 ［世界］＝環境への配慮。

☞このリーディングのポイント：相談内容から、⑤周囲の影響のポジションが重要になります。［ソードの８・逆］は孤立していることの表れ。そして、大アルカナの ①過去 ［世界］・⑥本心 ［吊られた男］が運命の軸となり、次に重要な宮廷札は、［ワンドのキング］［コインのキング・逆］［ソードのナイト］と７枚中３枚。人物を示す宮廷札の割合が多い場合は、人間関係に振り回されていることを示します。心理を表すカード⑥から、相談者の心をつかむように読みましょう。

リーディング例：今はつらく感じるけれど、会社を辞める必要はありません！

　人間関係の影響で仕事が上手くできないと感じ、孤立しています。過去は、周りの人に気を配り上手くやっていただけに、今の状況をつらく感じるかもしれません。けれど会社を辞めることにはなりません。同僚との軋轢や、合わない上司もいるでしょうが、社会の役に立つこの仕事にやりがいを感じていますし、これからも能力を活かし続けていけます。今の対立は、そのうちお互いに刺激し高め合える存在であると気づくことができるでしょう。

リーディング
テクニック

宮廷札が多く出ていると、人間関係の影響が大きいことを示します。宮廷札は人物の個性や性格の特徴を表します。相談者の個性なのか、関わる人物の個性なのかを上手く判断して読んでいきましょう。

さまざまなスプレッドを
マスターしよう

　タロット占いのスプレッドは、古典的なものからオリジナルのものまでさまざまです。ここでは特にお勧めできる3種類のスプレッドを紹介します。占目別に操れる得意なスプレッドを3つ以上マスターできると良いでしょう。

＊　ホロスコープスプレッド　＊

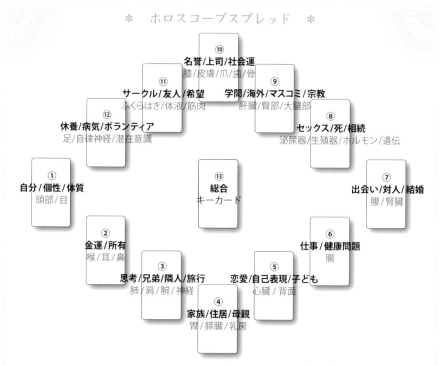

ひとつの目的の全体的な運勢を知りたい時や、一年の運勢を占うなど、占者が定めた一定期間の総体的な運勢を見ることができます。また、体のエネルギー（茶字）に置き換えて、健康運を知りたい時にも活用することができます。

☞リーディングのポイント

ひとつのポジションに複数の意味があるので、相談者の状況に応じて選択し、期間の設定を明確にしておきます。自分＝相談者を示す①と、総合的な運勢を読み取る中央の⑬、相談のテーマとなるポジションを重要視しながら、大アルカナ＞宮廷札＞Ace の順に優先順位をつけて読むと良いでしょう。